澄海楼漫笔集

孙志升 著

燕山大学出版社

2018·秦皇岛

图书在版编目（CIP）数据

澄海楼漫笔集 / 孙志升著．—秦皇岛：燕山大学出版社，2018.3
ISBN 978-7-81142-506-2

Ⅰ．①澄… Ⅱ．①孙… Ⅲ．①散文集—中国—当代 Ⅳ．① I267

中国版本图书馆 CIP 数据核字（2017）第 314612 号

澄海楼漫笔集

孙志升 著

出 版 人：陈　玉
策划编辑：朱红波
责任编辑：朱红波
封面设计：于文华
出版发行：燕山大学出版社 YANSHAN UNIVERSITY PRESS
地　　址：河北省秦皇岛市河北大街西段 438 号
邮政编码：066004
电　　话：0335-8387555
印　　刷：秦皇岛墨缘彩印有限公司
经　　销：全国新华书店

开　　本：700mm×1000mm 1/16　　印　　张：23.5　　字　　数：302 千字
版　　次：2018 年 3 月第 1 版　　印　　次：2018 年 3 月第 1 次印刷
书　　号：ISBN 978-7-81142-506-2
定　　价：58.00 元

前言

整理过去发表过的文字结集，既是重温自己的人生旅痕和心路历程，也为复观审视社会的繁杂厘革和前行轨迹，以便能在进入“从心所欲不逾矩”的人生阶段，参透“心”“欲”“矩”的宿命真义。

《澄海楼漫笔集》套用了20年前出版的《澄海楼漫笔》的书名。收集的文字与图片都是在“文革”结束后创作发表的。而就是在这些发表过的文字里，必然还会有话不尽意的味道。

“久居他乡是故乡”，秦皇岛是我从小成长起来的地方，我看着并参与了她从一个自然环境优越但基础设施落后的滨海小城变化成现代城市（如果可以这样称谓的话）的发展过程，当感性认识升华到理性认识时，我真的觉得她实在是值得眷恋赞颂的，值得寄予愿景的，这便是集“乡恋篇”的原因。

秦皇岛是引发秦始皇下决心修筑万里长城的地方，是北朝（北齐和北周）长城和明代万里长城入海的地方，命运把我这个出生于江南水乡的孩童与长城结缘，同样是因为感性升华为理性，使我能集“长城篇”表达我对长城的情感和认识。

我对家乡和长城的真挚情感，其实在《澄海楼漫笔集》的每个篇章中都有情不自禁的表露。而能较系统、全面、真切地表达我的这种感知的，是我编著并出版了的十多本书籍，“序跋篇”可见一斑。

我的老师，原中国人民大学新闻系主任罗列曾在为我的《澄海楼漫笔》所作的《序》中提到：“他是学新闻出身，相信客观事实（真心的本质的）是阐扬真理最有力的论据，抨击邪恶荒谬不易驳斥的证词。他的写景、咏怀、谈论，都力求不离开这一原则，并努力去达到一定的高度。”我不敢忘却这种勉励，努力把“真实”作为做人行文的标准。有鉴于此，这次收集的文章都保持发表时的原样，不做应时的修改，以便读者能真实感受到时代的脉动及其对人思想情感的影响。

生命真奇异，人生真有趣，真诚表达求真过程与信念，也是一种幸福。

庆幸自己遇上了变革巨大的时代，每个人的人生都变得比以往丰富多彩，然而无论怎样的人生，最终都会发现一切都在“矩”中，在“道”中，在一种无法逃避的规律中。入世的激情和希冀，出世的淡定与从容，所不同的，只是程度而已。而这种程度，又受所处的社会位置和占据的事业平台所影响，努力摆脱这种影响，要看每个人自担的社会责任与思想（这里也可作动词用）的大小深浅了。

人的思想和情感的书面表达，必然要借助语言的载体——文字，中文（恕不用“汉字”称谓）是很特殊的文字，是世界上最具魅力的文字。正是有了中文，中国的历史与文化得以一脉相承，未作中断，能借助这种文字很好地表达自己的真实思想和情感，是值得庆幸的。

在瞻前顾后地走向生命的原点时，会发现有很多惑是难解无解的。今天面对第四次工业革命浪潮引发的对传统观念的冲击，对人生应持一种怎样的态度呢？我想，还是按先贤们说的那样：“格物致知”“朝闻道，夕死可矣！”

目录

随感篇

提倡民主与平等 //3
拿来主义与白眼 //5
人道主义在我心中 //7
从“天下第一关”谈起 //9
长城和它所展示的 //11
正常和不正常 //13
看电影及随大流之类 //15
美食的文化 //17
也要请“文先生” //19
收藏古钱之乐趣 //21
提倡讲真话 //23
有感于对“老九”评价的变化 //25
不仅是科学不应再沉默
——评伪气功的猖獗及其骗人术 //27
我当过农民 //30
《中国古代玉器鉴定》序言 //33
邂逅的故事 //35
“名人”称号的卖与买 //37
收藏民窑瓷碗之趣 //39
守护文化家园 //41
给相士看相 //43
世纪之交的感悟 //45

在日本认识徐福 //48
悼念罗老 //50

游悟篇

导游散记 //55
碣石观海 //61
苍岩山二题 //64
乘槎游天河 //66
海天佛国的感悟 //69
观瞻法门寺 //72
白云世界 //75
记游巴陵胜状 //77
韶山纪闻 //80
童话世界九寨沟 //83
认识波尔多 //85
文明的衍化与时代认知
——游西欧获得的印象 //89

诗思篇

丰碑 //93
悼伟人 //94
“四五”三周年祭 //96
宣誓 //97
浪花 //99
贝 //100
防鲨网 //101

海缘篇

海浴、日光浴和沙浴 //105
海缘 //107

思得篇

思得录 //131

长城篇

朝圣老龙头 //153
关于成立中国山海关长城研究会的发起书 //156
建立“中国长城学会”倡议书 //158
长城与长城文化 //160
长城的象征意义与认识演化 //165
壮美长城诗 //177

乡恋篇

神美秦皇岛 //181
秦皇岛三大历史文化 //187
海岳天开万代城 //194
百年如梦话沧桑
——感受 20 世纪秦皇岛的变化 //199
见证旅游圣地历史的北戴河老别墅
——《北戴河百年别墅文化论坛》报告 //204

论是篇

对外报道要坚持实事求是 //215
“新闻炒作”不可为 //218
老龙头与古代长城旅游 //221

孟姜女故事再研究 //226
碣石、秦皇求仙与徐福集团东渡 //237
秦始皇东巡秦皇岛与方士集团入海求仙 //250
古钱钱文探胜 //257
新闻工作者最好是杂家
——在燕山大学文法学院新闻专业班上的座谈讲话 //263

序跋篇

《澄海楼漫笔》序与后记 //273
《大雨落幽燕——北戴河百年风云》序言与后记 //277
《长城古诗二百首》序言与后记 //282
《到北戴河看老别墅》引子与后记 //288
《中国长城》前言与后记 //296
《北戴河——中国现代旅游业的摇篮》前言与后记 //303
《中国旅游圣地北戴河》前言与后记 //310
《天开海岳秦皇岛》后记 //316
《长城》（中国名片丛书）绪言 //319
《长城雄魂》（秦皇岛历史文化览胜丛书）前言 //321
其他著作书影 //325

摄影篇

我的摄影 //331
摄影作品 //333

后记 //365

随感篇

SUIGANPIAN

提倡民主与平等

多少年来，一提起“民主”和“平等”来，有些人就觉得这是属“资”的东西。在“触及”灵魂和肉体的“文化大革命”中，人们对此更是讳莫如深。这也难怪，既然连“横刀立马”的彭大将军都因曾提倡民主与平等而遭厄运，何况无功立身的芸芸众生？

所幸的是，这几年民主与平等的提法屡见报端，正在形成一股声浪。关于民主与平等含义的争鸣，我辈非为专门家，未敢贸然参与；但作为人际关系而言，民主与平等是应该大大提倡的。

民主与平等，自古以来就为民众和统治阶级中的开明人士所追求，所提倡。真正的马克思主义者也是民主与平等的热烈追求倡导者。为此，他们曾极力反对资产阶级的假民主，假平等。民主、平等的呼声日高，有人听了就不舒服，这其中，不乏从来未认真读过马列的“正人君子”，思想昏昏的糊涂先生，也有一定数量的封建卫道士。毋庸讳言，我国悠久的封建历史，集大成的封建统治术，培养出了一批颇为能干的卫士，遗传下来，至今不衰。但最重要的，乃是封建观念的留传，毒害着在等级森严的台阶上一心向上的“进取者”和对金字塔顶礼膜拜的人们。君不见，有些人哪怕有个芝麻大点的衔，也要对下属和群众抖威风，乃至爬上了“入品”的位子，便出则要车，行则要陪，处处要显示出凌驾于百姓之上的样子，就是说话，也要拉长声作出个“官”腔“官”调来，更有甚者，在伊们经营的小天地里称王称霸，作威作福。倘有哪个小民不买他的陈腐账，则对不起，必祭起权术之法宝，置之于死地而后甘。

如果把他们赶下位，褫去衔，那伊们平时只对上司才有的那种讨厌的奴婢相，就会暴露在大众面前。但这并不是解决问题的好办法，关键是要使人民大众认识自己的那份宪法赋予的权利，懂得尊重它，运用它，捍卫它，并改革那些源源产生蠹类的体制。

人，本来就是平等的；人民，是国家的主人，在社会主义社会的当代，在深入进行改革的今天，在人际关系方面，尤其要提倡民主与平等。这一点，近日在报上见到毛泽东同志对《聊斋志异》中“小谢”评语中说的“人与人的关系应是民主的平等的”以后，胆子似乎更壮了，这该不是离经叛道吧！

1986 年 9 月

拿来主义与白眼

在人类进化的历史长河中，被称为“主义”的种种，或沉或浮，或流或滞，也可谓洋洋大观了。我觉得，这其中，“拿来主义”倒可称得上是万岁的一种。

想当初，人类的先祖拿来了兽的皮，草的茎，树的叶，遮羞御寒，由洪荒时代走向文明时代。此后，人类为自己的发展，一直没少“拿来”过。在中国，那个被后人尊为雄才的赵武灵王，就拿来过骑射胡服，从而使赵国强盛起来，成为战国七雄之一。而日本，也拿来中国的文字，发展了自己的文化。至于到了现代，由于信息传播方式的进步，人类本身的进化，相互拿来的就更多了。睁眼看，我们现实中的很多东西，包括思想理论、种种模式乃至电器之类，不都有从外国拿来的吗？因此，“拿来主义”实在是天经地义，对此绝不必大惊小怪。然而，尽管事实铁一般地明摆着，但倘若有人提倡拿来主义，依然会遭到尊崇国粹的人们的白眼。这白眼，国史上记得明白，当是晋朝逸士的发明，也算得是国粹了。但这国粹，似乎也被北胡、东夷、西狄、南蛮们拿去了，要不，怎么他们的不满，也是以白眼相待？说起这白眼的力量，端的厉害得很，倘被所击，必致心骨寒彻，甚至灵魂出窍。因此，避祸的妙法是在提倡“拿来主义”时先申明：我的拿来主义只是拿来大家喜爱的，适合诸公胃口的。不过我想，当初人类的先祖中有一位勇敢的英雄拿来火照明时，很多保留着兽性的老祖宗一定是害怕的，反对的，说不定还曾一起上去把那位拿火者处死，或者曾幸灾乐祸地看着拿火者因不慎而被焚身。对“拿来主义”施以白眼的人们，其杀手锏是攻击拿来主义者拿来了“诲盗诲淫”的西方文化。其实西方文化和东方文化一样，都是人类进化的轨迹。既为文化，其中就有了可取的东西。就说人体美吧，在国粹家们看来，这是不洁的东西，“非礼”的东西。其实谁敢保证，这些白眼先生在观看穿着“三点式”衣装的健美比赛时，不会白眼变青睐，从捂着脸的指缝里放射出贪婪的目光呢？

拿来主义就是进化。鲁迅先生说：“总之，我们要拿来……没有拿来的，人不能自成为新人，没有拿来的，文艺不能自成为新文艺。”我深以为然。

1986 年 11 月

人道主义在我心中

“人道主义”在中国，被贬，被毁，没有过过好日子，真可谓命运蹇剥。然而这又能怪谁呢？我们老祖宗留下的全套以“存天理，灭人欲”为纲的伦理大典，以及全套与之相匹配的吃人制度，是绝不允许“人道主义”在中国存在的。

五千多年前，我们先祖中的首领就要表现出自己上天般的权威，并且死后埋入地下也要如此，而小民，能葬身于首领附近的乱石堆中也就算得是幸运了。这一点，是我站在辽宁省凌源县牛河梁出土的积石冢前产生的一点感受，不过对此感受的理性反映，却是奇怪地认定了这是历史的进步。

或许，我们祖先中的圣人君子们，正是在这种历史进步的理性认识中，精心创制了“亲亲、尊尊、长长、男女有别”类的“天理”。在这种“天理”面前，君要臣死，臣不敢不死；父要子亡，子不敢不亡；女子嫁人，须是嫁鸡随鸡，嫁狗随狗，丈夫死了，一生不得再嫁……人们在种种贞节牌坊的炫惑与重重的权力宝塔的压迫下，自然无从知道真正的人道为何物，只能把自己的自由、尊严、幸福乃至生命寄托在那罕如凤毛麟角的青天大老爷身上。然而可悲的是，这些青天大老爷原也不过是皇帝万岁爷手中的治民器具。他们所能给予子民的，更多的倒是“存天理，灭人欲”那一套。

人，乃是自然的精灵，宇宙的骄子，是“世间最可宝贵的”。千百年来，人为了自身的解放，为了能和谐地发展人性，与摧残人性、毁灭人道的邪恶势力进行了不懈的斗争，最后终于摸索出了一条真正的能实现人道主义的道路——社会主义的道路。按说，在社会主义社会，“人道主义”的赞歌可以唱了，但是实际情况有时候正相反，人们不会忘记，在那不堪回首的“全面专政”的年代里，人的尊严、人的自由、人与人之间的友爱，人性中一切美好的东西，统统被不断升温的阶级斗争的烈火焚烧干净；就是人被逼死了，还要被骂“死有余辜”，而这一切的前奏曲和冲锋号，又正是“彻底批判人道主义”！人，在“红色恐怖万岁”的环境中，有的做了无休止斗争的牺牲品，有的却成了专事整人的政治动物。

政治动物们欲以整人、灭人道而成大器，自然要借助政治气候，依仗权势与权术。可喜的是，在历史沉思反思后的今天，政治气候已进入了中华人民共和国成立以来的最为宽容和谐的时期，人道主义不但重被提起，一些勇敢者还搞起了颇有声势的社会活动，这不仅是为残疾人搞搞募捐的活动，这还是一种向卑琐的封建势力挑战的口号。

是的，人道主义在我心中！

1986 年 12 月

从“天下第一关”谈起

提起山海关，炎黄子孙中凡有点历史知识的，几乎无人不晓。在山海关的故辖地住久了，对山海关的标志“天下第一关”的掌故简直可以摆上一天的龙门阵。然而文章一经点题，其奥妙只在于“天下第一”而已矣。

的确，在祖宗们自认为这里是世界中心的中国，一向好说自家特有的东西为“天下第一”。早已被人鄙弃的毛发神鞭、金莲小脚之类不去说，就看现今的东西南北吧：东面有“天下第一关”，西面便有“天下第一雄关”（甘肃嘉峪关）；北边有“天下第一泉”（山东济南），南边就有“天下第一汤”（云南安宁）；这儿有“天下第一江山”（江苏镇江），那儿就有“天下第一奇山”（安徽黄山）……即便是“天下第一”的名目都已用完了，也还会有人造出个别的什么“第一”来抬高身份，参与竞雄。

“山不在高，有仙则名，水不在深，有龙则灵”，然而神仙不灵，神龙乌有，壮门面提身价的事自然还得由造神造龙的人去做。不可否认，做这种事多为善举，意在表明祖国大好山河的壮美独特，但如果事事都在“天下第一”上做文章，那就不妙了。别的不说，如果哪位好汉拍着胸脯说“老子天下第一”，那除了说明他的狂妄无知外，别的实在难以恭维。

自吹“老子天下第一”的人，现在倒也不多见，但自以为“天下第一”的，现实中却也不难找。什么都认为是自己的（不管这“自己的”挂着何样的招牌）最好，全天下第一，山川如此，建筑物如此，人物如此，工作亦如此……那坐井观天、孤陋寡闻、自吹自擂、不知天外还有天的夜郎国君般架势，看了真叫人感到好笑、好气又好可怜。

坚持实事求是，抛弃妄自尊大，虚心学习别人的长处（不管是国内的，还是国外的），这不仅是改革、开放的需要，也实在是建设具有中国特色的社会主义的必备思想条件。

1986年12月

长城和它所展示的

长城，以它特有的魅力吸引着世界各族人民，特别是华夏的亿万子孙们。我就遇过这样的场面：几位来自美国、日本的台湾同胞，在游览老龙头时庄严地从地上拾起几块长城的砖头碎块，极其小心地用手帕包好，捧着它，就像捧着神圣的信物……此时此刻，在场者的心灵一下子沟通了，感情的潮水也融汇在一起。是啊，反映中华民族悠久文化、悲壮历史和英雄业绩的长城，不愧是华夏子孙的一种带有凝聚力的宝贵财富，有了它，世上就没有什么力量能把我们民族分离开。

对于如此神奇的长城，我们的先人有过许多描绘和评述。早在1700多年前的东汉末期，诗人陈琳写过一篇《饮马长城窟》，说的是秦朝筑长城给人民带来的痛苦，诗中借用了秦时的民谣："生男慎勿举，生女哺用脯。不见长城下，尸骸相支拄。"以此说明长城是古代劳动人民用血汗和躯体筑造起来的。然而也许正是因为这一点，长城筑造者的后人们才不理会文人墨客的褒贬，而是对长城永怀着一种发自心灵深处、带着遥远记忆的尊崇情感。这种情感，像地火，平时在大地深处静静地流淌着，显不出什么特别来。但当到了关系到国家民族存亡的关键时刻，它就会爆发、冲腾，形成燎原烈火，呼唤着每个有热血的中国人，"用我们的血肉，筑成我们新的长城"，去保卫美丽富饶的祖国，保卫光荣神圣的中华民族。当历史行进到宇宙飞船遨游太空的今天，长城所显示的内涵也变得更深更广更远。

长城，作为从太空中用肉眼所能望到的唯一的人类古代文明遗迹，已不仅仅是中华民族的宝贵文化遗产，而且也成了全人类的文明财富。它所体现的人的伟大力量与奋斗精神，已为越来越多的各种肤色的人们所认识、崇拜和敬仰。

英国著名科学家李约瑟认为，“现代世界”赖以建立的基本的发明创造，可能有一半以上来自中国。同样，长城所显示的人类的创造力和追求，也非世界上其他建筑工程所能比拟，但首先从太空中发现这一点的却是美国人，这委实应该引起国人们深切的反思。

充分地认识长城和它所展示的一切，振奋精神，再接再厉，脚踏实地地去营造新的第一流的文明长城，比起无知地在那里一味夸耀“天下第一”的长城是我们的，或者胡乱称赞“外国的月亮比中国的圆”来，都要有益得多，实在得多。

1986 年 12 月

正常和不正常

过去常遇到这样的情况，大家都在规规矩矩地排队买东西，某人来插队，大家便会指责他，他也就不好意思，乖乖去排队。当时谁都认为，这是极其正常的事情。

然而这种正常的事情不知怎么就变了，变成如果某人能走后门，人们便会羡慕他，甚至有人希望能和他攀上关系，也好沾点光。更叫人哭笑不得的是，如果你依靠正常途径（比如排队）办成了一件事（比如买到了紧俏商品），人们却会说你一定是走了后门，更甚的还会说你的后门如何之大、如何之厉害云云。在这里，不正常变成了正常，正常变成了不正常。

在现实中，把不正常看作正常，把正常看作不正常的，岂止是走后门之类。比如勤俭节约本来是美德，却被一些人看作是小气，而挥霍浪费反被认为是大方；正直成了“死心眼”的代名词，老实真的成了“无用”的别名；投机便是能干，阿谀逢迎的成了忠诚……对于诸如此类的反常行径，上下左右或多有不满，“不平则鸣”，发发牢骚本是正常事，但竟有人把发牢骚这类正常事也视为不正常。

当然，发牢骚无济于事，求诸人不如求诸己，人人都从自我做起，保持洁身自好，并以此相互影响，应当是恢复正常的是非观念的重要途径。而各级干部率先示范，对于刹住不正之风真是功莫大焉。譬如奢靡之风，如果取消了犯纪违法的公费请客、公费住超级宾馆……取消公费的一切奢靡行为，那结果是不言而喻的：以好奢者个人的财力，是绝对成不了气候的。

如何才能改变这种积非为是的思维方式呢？自然又是仁者见仁，智者见智。但马克思主义认识论的基本观点是，人的认识是从社会实践中产生的，要改变人的认识，就要改变产生这种认识的现实。这观点，是不应该也不会过时的。

1987 年 1 月

看电影及随大流之类

孩子下午不再上学，说学校组织看电影《孤独的谋杀者》，并要交两毛的票钱，我有心不叫他去，可这是学校组织的集体活动，连一年级的七岁小孩都得参加，他已三年级了，不去就显得特别；而如果叫他去，又怕这血呼啦的片名所显示的内容会刺激坏他那尚未涉世的心灵，在犹豫了好一阵子后，最后还是掏钱决定随大流了。

这种境况，并非初次。从《少林寺》开始，什么《南北少林》啦、《少林小子》啦，凡此类影片上映，停课掏钱去看已成惯例。

我曾听电影院的同志讲，看《孤独的谋杀者》时，有的小同学吓得哇哇叫，这当然是由于他们胆子小，但他们毕竟是十来岁的孩子，孩子们稚嫩的感官可受不了野蛮的杀人场面、淋漓的鲜血以及床上美人计一类的强刺激。

孩子们的口味和大人们是不一样的，这道理谁都明白。但某些学校在组织小学生看电影时，往往忽视或无视这一点。结果电影是组织看了，而孩子们到底会受何样的教育就不去管了。诸如此类，现实中不分层次、不看对象、不论条件、不讲区别，爱用组织手段、行政命令，搞大呼隆、一刀切、一锅烩的现象比比皆是。就说组织学习吧，不看人们职业的性质、工作的轻重；不分文化程度的高低、水平的深浅，硬性规定必须占用多少时日（自然是工作时间）来集体凑堆学习，还“雷打不动”，就颇似学校组织小学生们看武打凶杀片之类了。

本来，马列主义毛泽东思想活的灵魂是具体问题具体分析，这可以说是常识了。可生活中总有人忘记这常识，而热衷于搞表面化的一律，搞形式主义的一套。更可怕的是，彼时若有人发出异议，便会有热心人出来劝诫道："何不随波逐流呢？"

学校组织小学生看武打片、谋杀片的原因，说穿了是迁就传道授业者的口味而已。而热衷于搞形式主义的人们，迁就的又是什么呢？其背景自然要复杂得多，难言得多了。

1987年2月

美食的文化

中国人对于吃历来是很讲究的，大圣人孔夫子就“食不厌精”，至于帝王家及公侯将相们，那就更不用说了，近代史上祸国殃民的慈禧太后，平常的一顿饭所吃去的美食，其价值就足够当时几个穷人吃上一年的。

有权有势的要吃好喝好，自然要役使人们去做，去提供第一流的“服务”，于是乎，中国菜食的制作便日臻完美，并终于登上了“世界第一”的宝座。在这方面，西洋第一的法国菜大餐，东洋闻名的日本料理，都是自叹不如，甘拜下风的。

中国有了如此精美的菜食，自然也就有了高水平的食客，这食客，近人雅称为“美食家”。“美食家”遍尝“美食”，也是工作的需要。然而天下可吃的东西其实就那么多，其中一些美食，实在是物以稀为贵，营养丰富也许是真的，但未见得是绝顶美味。比如山珍海味中的熊掌、狸唇、燕窝、鱼翅之类，它们的本体，过去就不多，现在更都成了需要保护的珍贵动物了。所以古今美食家们往往另辟蹊径，不断地搞些花样翻新，其法之一，便是借用堂皇优美的名词语汇，来激发人们的食欲：喝一碗“翡翠白玉汤”，总比喝菠菜豆腐汤助兴；吃到了“红嘴绿鹦鹉”，自我感觉也要比吃老菠菜时良好得多；至于咀嚼“龙凤虎”之类，那自然要比咀嚼蛇鸡猫之类雅美；而敢于咬“狮子头”的，也自然比咬大丸子显得英勇威武。至于翻烤鲥鱼叫“时来运转”啦，蚝汁发菜叫“好事发财”啦，还有什么“大团结”“群英会”等等，又很是迎合了一些人的心理，那作用，便是在讨取吉利与口彩的心情下，高高兴兴地把那些美食消灭干净。不过时常也有例外的，总有一些人在吃时要叹道：“原来如此！”更有的则连呼上当。

中国的词汇真是丰富，典故也因历史悠久而繁多。美食的学问之一便是大胆地借用这些词汇和典故，去启发吃食者，让他们按照词意去进行丰富的想象，并且美美地吃下去，而不要管吃下去的到底是什么。

1987 年 3 月

也要请“文先生”

在中国求强抗辱的历史进程中，民族的精英们曾请出过“德先生”和“赛先生”，而后到了强调商品经济的时候，“商先生”堂而皇之地跑了出来，与此同时，“法先生”也在加强法制的呼声中登台露面。在众先生一个个都化入“中国特色”里发挥其应有作用的时候，有些具有忧患意识的人士提出也应该请请“文先生”了。

文先生何许人也？有的介绍说是文化氏，有的介绍说是文明氏，文先生自己倒也不置可否，文化也罢，文明也罢，具备现代精神的“文”乃是主要的。就是所谓的体育，从引进的英文原意上看，也是一种文化呢！

文先生的出现，就像德先生和赛先生的出现一样，拥护者有之，旁观者有之，不赞成或反对者亦有之，其中不赞成乃至反对的一条理由便是我泱泱文明古国，岂缺文化乎？诚然，我中华民族有着悠久的文化传统，但那无休止的社会动乱以及建立在究其实质依然是小农经济基础上的一整套几乎没有更变的种种体制，又使现代社会继承了多少优良的文化传统呢？实际情况是，悠久的文化传统成了抵挡现代文明的盾牌，长期的社会动乱和全面的大破大灭又把悠久文化传统中的精华遗弃殆尽，间或请出孔夫子来所尊奉的竟是尊尊亲亲之类的封建精义，而对那儒学中煌煌的民本思想却绝口不提；至于拉出法家呢，所要借用的也是治民的手段、弄权固权的术能，而对富国强民的策谋，则又有意无意地回避了，这不能不说是一种对传统文化的亵渎，一种民族的悲哀。

要现代化的进步，不可不请具有现代性格的文先生，这，可谓是对得起祖宗，无愧于后人的义举，否则当到了那么一天，表面的繁荣再也掩遮不住背后的那片没有文化的荒漠世界时，老祖宗也会骂我们的。

1988 年 10月

收藏古钱之乐趣

二十年前，那时我刚从大学毕业，被分配到农村接受再教育。一次有人从土里刨出一把把绿锈斑斓的小刀，那年头，人们视之如弃屣，我便得到了几枚。出于好奇和求知，我查寻了不少资料，好不容易才弄懂了这是两千多年前的燕国刀币。以此为契机，我便喜欢上收集古钱币了。

收藏古钱有何乐趣？该不会“玩物丧志”吧？其实把玩得当，不但于志无害，而且还可防止变俗。试想于“想得青光未破时，买尽人间不平事”的历代货币中窥解风云变幻、朝代兴衰、人事成败、钱财聚散，不就会把功名利禄看得开些淡些吗？“君子之泽，五世而斩”，又有谁家能永久地拥有钱财及与之相连的权力名利呢？

在闲暇或躲避世事纷扰之际，细细把玩与文明历史同步的各种不同质地、不同形状、不同版别、不同性质的钱币，欣赏那寸径之间气象万千的文字演变和书法艺术，不啻是一种艺术享受，而且是一种学问研究，间或从中有新的发现，那就又得另一番精神享受了。

把玩之间，我常常从凝思中得到一些满足。比如说流通了两千多年的方孔圆钱的形状，就其实用技术与功利价值，与世界上各类钱币相比，我不得不对祖先们的智慧表示敬佩，赞叹不已，并引为骄傲；而就其包孕的诸如天圆地方之类的精神追求和哲学价值来说，有时在静思默想中亦会听到仿佛是从古人那里发出的会心的笑声。借助或许还留录着当时使用者血汗泪水、笑声哭声的古钱，超越时空，和他们建立一种奇妙的沟通，阅物亦如阅人阅事，审钱亦如审史，这该有多么开心。

收藏古钱的过程，也是学习历史和向历史学习的过程，我敢说，没有任何一种古董能比古钱更全面、更完整、更真实、更形象地反映历史进展和变革的沟沟坎坎了。凡社会兴盛时期，钱必整齐划一，凡动乱衰败时期，钱必恶劣混乱。有人想在钱币上做文章以聚天下之财为己有，其最终必将自食恶果，比如望着叫收藏者爱不释手的王莽令铸的多种精美钱币，透见到的却是“新”王朝的摇摇欲坠、轰然倒塌，每逢如此时刻，自己也就不知不觉地处在一种明理增识的欢愉之中。

比较齐全地收藏历代钱币，似乎是拥有了几千年的中国文明史，那份时时溢起的带有历史庄严感的陶醉劲儿，真不是收藏其他物品所能获得的。然而收藏古钱，如同收藏其他物品一样，对每个人来说，只不过是拥有其一段时间罢了，而那铸有历代皇朝年号和标志的古钱，不正清清爽爽地向我们显示了人生苦短这一启示吗？明白了这一道理，也就不会为了增加收藏而去巧取豪夺，或者像守财奴一样仅为占有而去收罗了。

每一枚钱币的背后，以及收藏它的过程，都有着或平淡或离奇的故事，挖掘、整理、体会这些缊藏着爱憎和哲理的故事，也是一大乐趣啊！

（载1990年4月1日《秦皇岛日报》,1990年8月18日《人民日报》（海外版））

提倡讲真话

讲真话，是人类良知所使。讲真话难，自古如此。因为讲真话，被杀头枪毙者有之；因为讲真话，把牢底坐穿者有之；因为讲真话，一生穷困潦倒者有之。提倡讲真话，在当今时代似无必要，然而环视上下左右，谁又能说讲真话是件容易之事呢？

熙熙攘攘的大街上，飘然而至一位充满青春活力的年轻人，在大家都称赞其高雅的仪态和风姿时，也有不敢赞“美”的，因为在他（她）的身边有一位妒性十足的法定伴侣或醋意浓重的异性对象。

面对一幅色彩斑斓、气象万千的画卷，人们为之震惊、叫绝，但也有大唱反调的。这并非为着艺术见解的不同，而是因为有大人物不喜欢此类艺术，而自己又是同道竞争者，正可借权势伐异也。

不敢夸美人，不肯赞佳画，这种不讲真话，无碍国计民生，无伤前途生命，实可谓无所谓也。但凡经历过中国当代几次影响国家和个人命运的大运动的，大多不会忘记讲真话的艰难和可贵。在“人有多大胆，地有多大产”的日子里，就很少有人敢在公开场合宣称亩产万斤粮是屁话，挖地三尺（谓深翻土地）是混账事，在三面红旗万万岁的岁月里，也没有多少人敢说人民公社搞早了，“大跃进”冒进了；至于在向老大哥学习、欢呼老大哥的今天就是我们的明天的年代里，也少有人敢讲苏联（甚至苏联人）的毛病。当然也有斗胆讲真话的，但他们不是成了“右派”分子就是成了“右倾”机会主义分子，成了专政的对象。与之相对照的，便是那些胡吹乱夸、假话连篇、大搞形式主义者的走红、发迹与升腾。在经历了种种正正反反的教育后，人们变得聪明起来，尚未泯灭良知的人们学会了不讲假话的办法，那便是闭起嘴巴，然而因为闭上了嘴巴，真话也就咽到了肚里。在“史无前例”的“文化大革命”中，林彪一伙及“四人帮”的愚民政策达到了登峰造极的地步，那时很多人不是看不出来，而是不敢、不愿、不想说出来，其原因是“红色恐怖”及“全面专政”已把真话存在的环境横扫得一干二净。

提倡讲真话，说穿了是提倡建造讲真话的环境和气氛。党中央近年来一再强调要实事求是，强调要讲真话，但在实践中还有很多工作要做。在社会主义社会，早已没有了封建的“君臣”关系，但有一个“民主集中制”，有一个“下级服从上级”的纪律，然而这并不是说下级不能讲与上级相反的真话，封建的开明君主还懂得“兼听则明”呢，再说上下级是依组织关系、工作关系而言，绝没有人身、人格的依附关系。任何人都无权在精神上、肉体上摧残他人，逼迫他人讲假话。

文学泰斗巴金老先生曾把以说真话作为晚年奋斗的目标，其勇气、其精神令我们汗颜。讲真话，要有真话存在的环境；讲真话，也需要克服我们自己的种种卑劣心理。

1992 年 7 月

有感于对“老九”评价的变化

这辈子作为中国人，对于汉语词汇的丰富和微妙，真是感受太深了。就比如“臭老九”这个词吧，如果不是生活在那个特定的时代和环境里，就很难明白其中的真切含义。

追根溯源，“臭老九”这个词的来源还是“四人帮”得势时发明的。那时有个自诩为是“无产阶级金棍子”的文痞姚文元在一篇“工人阶级必须领导一切”的文章中，把大学生们排列在他要警告的“地、富、反、坏、右、叛徒、特务和死不改悔的走资派”的后面，名次老九。就因为有了这篇文章，大学生们便成了专政对象的第九种人物。推而广之，凡是具有一定学历的知识分子便都成了和地、富、反、坏、右、叛徒、特务、走资派一样臭的“臭老九”了。

那时，“臭老九”的确是臭了一阵子，尽管有人宽解道是臭豆腐，但总是脱不了一个臭字，许许多多的知识分子被下放到工矿、农村劳动改造，用特定的词汇叫作“接受工人、贫下中农再教育”。知识分子和工农相结合是对的，但这种改造已远不是原来意义上的“相结合”的意思了。

纵观历史，中国的知识分子实在是很可怜很可悲很可叹的，古时没有知识分子这个词，类似的大概被称为士或儒生吧，或者统称读书人，读书人的出路只有做官一条，如果做不了官呢，那便只有沦入到下九流中去了。

历史总是要前进的，“四人帮”倒台后，被毛泽东主席挽留不能走的老九们终于成了无产阶级的一部分，知识分子头上姓“资”的帽子开始摘除，他们的才能开始得以发挥，知识开始恢复那特有的光彩和魅力。

随着改革开放大潮的推进，知识越来越为人重视，知识分子的作用也越来越明显，更叫人振奋的是，在江泽民同志代表中国共产党第十三届中央委员会向十四大作的报告中，有这样一句话：“知识分子是工人阶级中掌握科学文化知识较多的一部分，是先进生产力的开拓者。”此种评价，是经过了多少曲折才得出的啊！经历了老九地位变化的老九们，现在真该是万分幸福了，但这万分幸福的感受，是因有过去政治上受压的对比。其实知识分子就是知识分子，作为一个阶层，作为社会成员中有文化有知识的一部分，他们应该是精华，应该对社会的进步起开拓作用。

1992 年 10 月

不仅是科学不应再沉默

——评伪气功的猖獗及其骗人术

发行量颇大又颇具特色的《北京青年报》最近不断刊文揭露伪气功及其大师们的真相，读后环视四周，耳闻目睹，颇具同感。

一个时期以来，在气功热的背后，冒出了一些神秘的“大师”，他们打着弘扬气功的旗号，以治病防病、延年益寿为名，公然掀起一股股拜佛、请神、闹鬼的浊流，借此猖狂地诈骗群众钱财，更有甚者，竟发展为具有所谓“执法队”，要前来求功者举行封建效忠仪式，并对怀疑不从者以“打鬼”名义进行迫害的某种类似外国邪教的势力。在此种势力猖獗之时之地，竟张贴纸人和“大师永远和我们在一起”“大师我们永远跟着您”一类的标语，唱什么“大师您是我们心中的红太阳”一类的改词歌曲，扬言要以相互介绍的方式发展成千上万（更有计划以百万千万计）的信徒。这不禁使人想起中国历史上曾发生过的“以中国功夫对付外国洋枪洋炮”之类的运动，但如果说历史上的此类活动可以以历史的局限性以及爱国热情、造反精神解释的话，那今天的这类活动只能是一种反科学反民主的沉渣泛起。

曾在中央电视台播出的“3·18”科学晚会上揭露伪气功奥秘的司马南先生说：“一个人可以被骗一生，一些人可以被骗一时，但没有人可以把所有人欺骗永远，一个民族不可能被长久地欺骗，更何况中华民族这样一个伟大的民族。”的确，伪气功大师们的骗术可以休矣！

综观伪气功大师们的骗人伎俩，几乎同出一辙，说穿了无非是“假、大、空”的那一套：

一是故弄玄虚神秘化。伪气功的来源不是出于深山老林，就是出于偏远怪地，其创始人或传授者不是不愿透露姓名的高人，就是历史上的佛祖道祖，更可笑的还有炒热了的剑侠小说中的人物。

二是拉大旗作虎皮。在时兴官本位的时代，自然是拉大官最能唬人，伪气功大师的传说中，没有不与某大官或其夫人有联系的。骗成一位高官，就等于骗成成千上万的群众，在这上面“大师们”是不惜工本的。但人们应该明白，聪明才智以及人格并不是与官位成正比的。

三是利用媒介吹得越大越玄越好。伪气功大师们有出书的，有出录像带的，有出录音带的，无此能力的也要在报刊上显脸露相。说穿了这一切都是花大钱的。而某些文人及准文人们之所以愿意为其摇旗呐喊，树碑立传，无非是卖文卖良知取利也。

四是兴风作浪必在他乡。深入调查便会发现伪气功大师全是在他乡吹五咋六，弄神弄鬼，如果在故乡，谁还不知道他那两下子呢？一吹准爆。

五是必举“诚则灵”的灵幡。成了则是他那功法神力的效力，不成则是你心还不诚的原因，与他那套骗术毫无关系。天下哪有比这更好的推卸责任的办法呢，伪气功大师们是深明其道的。

六是功法必是十分简陋。因为只有这样才能吸引那些头脑简单或素质低下的人，而所谓“信息水”“信息物”等，更是骗子们的拿手好戏。

善良的人们不妨想一想，伪气功大师们口口声声济世救人，但他们为什么还要几十元乃至上百元地销售那一瓶瓶只有几元或几角成本的“信息水”呢？

当今社会竞争激烈，物价上涨，贫富分化，还有权钱交易，灯红酒绿……有人理想破灭，信仰丧失，思想茫然，精神空虚，便胡乱求助于那些擅长编造假话给人虚伪安慰的“大师”，这便是伪气功大师们并不高明的骗术之所以屡屡得手的原因。

对待伪气功，真气功不应沉默；对待伪科学，真科学不应沉默，但不应沉默的绝不仅仅是科学，那些被伪气功大师们搞得乌烟瘴气的地方，有关方面应该深入反思，抱对社会、对人民，也对自己及子孙后代负责的态度，坚持科学的唯物史观，采取有效措施，抵制那些早已被抛入历史垃圾筒里的垃圾变种——伪气功及其制造者们，还大好江山一片纯净。

1992 年 10 月

我当过农民

出这个题目写文章，缘于最近发生的一件事，这事勾起了对刚参加工作时的一段经历的回忆，明白了自己当时的真实身份与地位。

23 年前，我们作为“资产阶级、修正主义教育路线培养出来的末代王子”，毕业分配四个面向：面向边疆、面向基层、面向农村、面向矿山。当时我们几乎是百分之百地无悔无怨地服从组织的分配，奔赴可以锻炼一颗红心的广阔天地里。我被分配到正值军管的滦县，同时到该县报到的，还有中国科技大学、天津大学、南开大学、河北大学等高校的数十名大学生。这些“老九”们被分配到远离县城的几个村里去接受贫下中农再教育。所谓再教育的内容，从没有人向我们讲过，模糊概念中的自我认识是要学习贫下中农的阶级斗争觉悟和为革命种田的精神，具体地讲就是要恨那些被定为“黑五类”的阶级敌人，要晒黑皮肤炼红心。当时我们诚心诚意、老老实实地按着我们的认识水平去努力实践，以为能和贫下中农一样地熟悉农活了，一样地黝黑粗壮了，一样地把阶级斗争的弦绷紧了，就可以成为再教育好的大学生了。至于当时自己的身份，我们根本没有想到会有什么变化，以为自己还是毛主席强调“不能走”的“老九”呢！

在我们安营扎寨的村上，已有一些下乡及回乡知青，他们远不如我们受村民的欢迎，因为我们除了干活卖力气外，重要的是不挣工分，不用分口粮和其他生活资料，等于是白送来的不要报酬的劳力，而那些没能上大学的知识青年则是要和村民们争分那并不富裕的口粮和分值不高的工分的。

当时我们过的是集体户生活，大队（即村委会）派人给我们做饭，而粮油菜盐之类则是由我们出钱去城里买来的，开始时大家觉得这很方便，免去了做饭之烦事，我们可以一个心眼儿地接受再教育了。我们每天早出晚归地在大队创业队里干活，打石头，修水库，割谷子，刨花生，还利用休息时间写黑板报，利用有线广播搞宣传，很紧张也很劳累。原来女生也一样要出早工（即早晨起来先下地干一二个小时后再回来吃早饭），后来考虑到她们的身体条件，早上就不叫她们出工了，即便如此，她们看来也有些吃不消了。由于下村后再也得不到县里的任何关于我们的信息，不知这种日子何时是头，集体内部也开始出现小矛盾，有人提出要分开吃饭。我当时是组长，觉得大家庭中还是应发扬共产主义精神，再说分开会有分开的难处，便劝大家坚持下去。这样过了两个来月，县里突然下达通知，命令“老九”们全都到乡村学校当教师，于是我们这个家也就坚持到了头，大家互道珍重地各奔前程了。而我当时因公社（也就是乡）军代表需要有比他们认字多的人帮忙，便又留在公社办公室干了半年，不过最后还是与大家一样去当当时大家都非常不愿干的乡村教师了。

那段在农村的日子，是我们离开校门后刚刚踏上社会的人生之初。20 多年来，我一直以为那是组织对我们的关怀、爱护和锻炼，因而在填个人履历时，总是把那段时日写为接受贫下中农再教育，职务这一栏上则总是空着不填。

前些日子，又逢热热闹闹地给知识分子评职称了，而且说这次是评聘分开的改革举措，报评材料中须有毕业证书。但当时我们被赶下乡时，学校并没发毕业证书，后来听说补发过，但我认为证明身份的东西在那决定生死命运的个人档案中都有，没有必要再去补办。谁知这次评职称在形式上颇为认真，非要有学历证明不可，无奈之际，请示领导将档案中可资证明的材料复印一份借用，结果有关同志找出了一份大专院校毕业生统一分配报到通知书，通知书上盖的是“北京市革命委员会招生分配就业领导小组大专毕业生分配办公室”的大印，但叫我大为惊悟的是，在此通知书的备注一栏中，明白无误地写着“当农民”三个字。

从组织上决定分配我当农民至今已过 23 个年头，我一直被蒙在鼓里，因而在填各种带有个人经历的表格时，从来没有写过“当农民”三个字，现在好了，我终于明白了，我是被分配当过农民的，并且是实实在在、名副其实地当过一阵子农民的！尽管每月拿着 40 多元的工资，但这才是堂堂正正的社会职务啊！

我想，绝不仅是我一个人如此吧！

1993 年 5 月

《中国古代玉器鉴定》序言

在我国，玉器有着悠久的历史和独特的含义。可以说，在被称为文物或文玩的物品中，除了石器和陶器，没有比玉器更古老的了。而石器和陶器，在美学方面无疑比玉器要逊色得多。玉，更确切地说是玉器，包含着古人们无穷无尽的理想追求和美好向往。古往今来，人们把一切美好的东西以玉喻之，更有赞美玉有五德——仁、义、智、勇、洁者，则真实地反映了玉在古人心目中的崇高地位。也可以说，玉器在中国文明史上的位置，是其他文物很难相比的，而在世界文明史上，也没有任何别的国家会把玉器摆到如此重要的地位。

几千年来，人们赞玉，治玉，爱玉，佩玉，但对玉的认识和研究，却不甚深入，更缺少文字整理。今天，处于科技飞跃、知识爆炸的时代，更多的人对人类自身的历史也开始表现出越来越大的兴趣。而玉器，似乎成了打开这扇大门的一把钥匙。但当人们在接触和认识这把钥匙时，不免感到了迷惘——要区别出不同时代的各式各样、不同种类的玉器，认定它们的特点，实在需要有位好老师在旁指导。

现在一位擅长用通俗明了的语言描述深奥玉器的老师出现了，这就是由李光红和施俊二位女士编著的《中国古代玉器鉴定》一书，这是一本图文并茂的玉器入门书。这本书在为数寥寥的玉器书中独树一帜，它的通俗性和实用性无疑会使每位阅读者深感受益匪浅。

李光红、施俊二位女士均在天津市文物局供职，从事古玉鉴定工作都已 20 余年。20 年来，她们一面工作，一面学习，在张永昌、顾德威、田凤岑、云希正、尤仁德、刘光启几位老先生的指导帮助下，学业渐进，涉猎渐深。迄今为止，经她们鉴定的玉器，总数不下几十万件，实力之雄厚由此可见。而这些丰富的实践经验，便是此书获得成功的奥妙所在。

作者曾诚恳地说过，此书是为广大古玉器爱好者写的，希望能为他们帮点忙。我作为玉器爱好者中的一员，有幸得以先睹为快，把一些认识和感受说出来，承蒙作者厚爱，权作书的序言吧！

重阳生

一九九三年八月十七日于北戴河

（此文为地质出版社1999年1月出版的《中国古代玉器鉴定》的序言）

邂逅的故事

1994年9月，中国长城学会组织召开长城国际学术研讨会，我在学会办公室帮做接待工作时，遇见一位名叫“王俊逸”的匈牙利的青年人。他的汉语说得不错，待人诚恳，我们攀谈起来，我回答了他关于长城的一些问题，他回答了我关于今天匈牙利人是不是匈奴人后裔的问题。他明确告诉我，今天的匈牙利人跟匈奴没有关系，而是欧洲马扎尔人后裔。中国汉朝时的匈奴人也没有直接到达过匈牙利，可能是后人把“匈人”和“匈奴人”混淆了，“匈人”曾在马扎尔人之前占据过“匈牙利”。我们谈得很投机，我答应介绍他加入“中国长城学会”，他很真诚地拿出一条小绣品送给我，说他是个穷学生，这是他祖母绣的，送我作谢礼。他还告诉我，他的汉语是在台湾学的。

9月24日，大会发言，我的发言题目是《老龙头与古代长城游览》，发言后，王俊逸找到我，问我是否写过一本关于秦皇岛旅游的小册子，封面是黄色的，我问他是怎么知道的，他说是他在台湾学汉语时教汉语的老师给的，给他书的老师叫李静宜，是位老太太，并告诉他如果去中国看长城的话可以去山海关，去看长城入海处老龙头，那本书上有介绍。

我惊讶地想起来了，那是四年前的1990年早春，秦皇岛市青旅的负责人找到我，希望我帮助他们接待一个从台湾来的一家三口的旅行团，该团的男主人姓赵，女主人叫李静宜，女儿叫赵静。我带他们去了北戴河，去了山海关，记得在山海关“天下第一关”的城楼上，李静宜向我问了好多关于长城和中国历史的故事，我尽我所知详细告知，李静宜很高兴，并说在台湾这方面的教育很不够。她对她的女儿说："你应该好好听听这位先生的讲解，好好学学中国的历史。"看到李静宜如此热爱中国历史，我便把我和好友刚刚编写出版的两本《秦皇岛旅游》小册子送给他们。回宾馆后，李静宜坚持要她女儿拜我为老师。不久赵静来信称我为老师大人。

此后，由于种种原因，我们没有再联系。

1995 年年底，我突然收到李静宜寄来的贺年卡，贺年卡上提到，她的"学生王俊逸能有幸聆听您精辟详尽的论述，真是机缘巧合，您给他很多指导，也帮他很多忙，实在谢谢您。""您的学生赵静已结婚，定居英国。现在剑桥大学教书，伦敦大学进修学位，敬请不吝，惠予指教。"

两次有趣的邂逅，机缘巧合，其"机缘"在哪里？在长城？在中华文化？是的，应该是对伟大长城与辉煌中华文化的热爱和守望。

1996 年 5 月

“名人”称号的卖与买

人活世上，要摆脱名利的诱惑，是件很不容易的事，因为名利乃是人生竞技场上的奖杯，争夺奖杯也是人之常情，但若看不出奖杯后面的种种勾当，则又是件很可悲哀的事情。

随着市场经济的发展，很多有形无形的东西都成了商品，在林林总总、眼花缭乱的商品中，冒出了“名人”这种颇有市场的玩意。“名人”是由“名”和“人”组成的；重名声的一般都是讲道德的人，但如果把名声当作商品，则无论对个人还是对社会都不是好征兆。

近几年常常在报端或影视上见到介绍什么什么名人的文章与节目。名人在当今社会，当然也分等级，有县级、市级、省级、国家级等等，最高的当是世界一级（如果人类能进入宇宙生活，自然还会有宇宙级名人）。对名人，百姓多半是仰慕的，正因为有人仰慕，也就有人愿意做名人，做大名人，做世界名人。最近“世界名人”犹如雨后春笋般地冒了出来，连一些文化氛围还很淡漠的地方，也都冒出了好多“世界名人”，倘是货真价实的如同外国的哥白尼、居里夫人、莎士比亚、莫扎特、毕加索、凡·高等，中国的屈原、李白、黄道婆、齐白石、徐悲鸿乃至李政道、吴健雄等世界名人，自然是值得地方庆贺的大好事，但天不作美的是，好多“世界名人”连自己的老婆孩子都不知道他的辉煌，更不用说他的同事朋友以及父老乡亲了。

其实他们成为“世界名人”是很有些蹊跷与时代特色的。笔者就见过一些一夜之间就可叫你成为“世界名人”的专函通知。此类奇文，种类不少，这里不妨录份供众人赏析：

尊敬的 ××× 先生／女士：

由于阁下对社会的杰出贡献以及您所具有的身份和地位，在社会上已产生了积极而深远的影响，你不平凡的业绩和奋斗的精神已被社会所注目。为此，经有关部门和新闻机构以及中外名人研究中心、《中国经济报》等单位的大力推荐，经严格审定，你被作为对社会有特殊贡献的人士选编入《世界名人录》大型权威辞书（中文版）中。鉴于您在社会以及专业上的知名度和广泛的影响，现请您担任《世界名人录》大型辞书的特约顾问编委，参与组织和推荐，并请同时将您最新的个人材料及时提供给我们，以便编辑刊登。

此类入选通知当然还有一些附件，比如要你订购书，要你自撰简历等等，更有的还当场要你交入编费。上录奇文的奇处之一便是你只要得此通知，便成了他们的特约顾问编委，就有推荐权，就可推荐更多的想当“世界名人”者入此套中。当然谁愿意花钱买这种录有自己名字和二三百字简介的《世界名人录》《世界名人辞典》之类的东西，那是他自己的事，但如果拿着这种东西去自吹或叫人去吹自己是“世界名人”，无疑是很可笑很可叹又很可悲很可厌的。

搞《名人录》《名人辞典》或《×× 家辞典》之类卖名的出版物，是赚钱的一种道道，合法不合法姑且不说，其浑水摸鱼、玷污神圣之嫌是赖不掉的。喜欢成为名人乃至“世界名人”的人们，如果预先申明不掏钱买书，那后来就是翻烂了录有数千名被他们评定为“世界名人”的厚厚印刷物，也是找不到你的尊姓大名的。

再言之，凡搞此类勾当，总离不开传播媒介的打哈凑趣，如果没有了此道先生女士们的推波助澜，那种种“名人”称号的市场就会萧条萎缩以至关闭了。

1997 年 3 月

收藏民窑瓷碗之趣

无论收藏何种物品，都有其独特的乐趣，而收藏具有与祖国同一英文名称 CHINA 的瓷器，自然更多一些民族传统与民族精神的意趣。

古往今来，无人能比较齐全地收藏那几乎与中华民族历史同步的各种瓷器（包括原始瓷），于是人们便刻意寻求那些价值连城的官窑器。官窑器制作精良，代表了那个时代烧瓷艺术的顶峰。但我认为，以艺术踪迹、艺术生气以及艺术的多样性而言，官窑瓷器就显逊色了。用句不贴切的比喻来讲，好比中国绘画，宫廷画是无法取代也不能代表整个中国绘画艺术的。以往中外的瓷器收藏，似乎都钻进了官窑的死胡同，都把丰富多彩、生动活泼且具民族精神的民窑瓷忽视了。有鉴于此，又鉴于收藏能力和精力，我喜欢上了淳朴、众多又多彩的民窑瓷，并选择了收藏民窑瓷碗这个专项。其中的乐趣，更多的是感悟，真不是几句话就能说清的。

先哲讲，民以食为天。而民窑瓷碗，是民食的重要用具，它不仅反映了我国历代经济及瓷业发展的基本水平，而且显示了不同时期人们的审美意识和时代崇尚。收集把玩不同瓷质、不同形状、不同颜色、不同图案的历代民窑瓷碗，体会古人中除皇家以外不同阶层人士的生活习俗、乐趣与艰辛，不仅是一种别有趣味的精神享受，而且可以获得一份豁达的聪颖。细研那多数人类捧之端之吃饭喝粥且形态无大变化的历代民窑瓷碗，多会悟出些尽管世事变化无常，天翻地覆，而人类生存的基本要求却是简单而不变的道理。人类只有在果腹之后，才会有其他各种追求，而这一切又都首先表现在这无论是王公贵族还是平民百姓都要天天与之打交道的碗的身上。

不是嘛，不要小看宋、辽、金及其前朝民窑瓷碗瓷釉的厚薄、颜色与刻印花的不同，正是这些不同，向我们显示了那个时代各族民众的价值取向与追求。而更有趣味的是手绘在碗上的民间艺术家们的杰作。这些杰作，当以明、清两朝为甚，可以毫不夸张地说，其中有些手绘青花人物花鸟并不比名家画在纸上的差。想了解那个时代的民间艺术家们是怎样养育了名画家的，或者说那些名画家是怎样从民间艺术家那里吸取营养的，再或说名画家们又是怎样影响民间艺术的发展的，我们从历代民窑的青花上可以觅得答案；而从瓷碗图案上的从实相到虚相，从具象到意象的演变，又可悟出写意画的始源；间或从民窑瓷碗的精品中，我们还可看出官窑瓷借民窑生产以及民窑精品开官窑先河的道理。

我们往往看重宏大的壁画艺术，但对细微的碗画艺术却缺乏深究，这不能说不是一种遗憾。其实，画刻在碗上的艺术真的是非常有趣的。我收藏了一只辽金时期的小碗——就其粗陋的形质而言，似乎没有收藏价值，但那不腐的瓷面上有前人认真刻的牛和羊，还有具有象征意义的莲花和飞翔着的小鸟，以及在牛上面的“犀角”二字。这是一位民间穷苦艺人的精心之作，他也许不无自豪地把他自己或朋友制作的这个小碗当作了只有豪门望族才有的犀角杯，希望着有大批赖以生存的羊群和牛群，热烈地向往着理想中的幸福和自由。我常常端详这只小碗，仿佛与这位相距近千年的艺人建立了一种沟通：精神的丰足是不必用物质来衡量的，精神的追求也不是用物质能满足的。

民间古瓷碗，尽管多而普通，但它与人的关系太深了，它所包含的玄机太多了，收藏它，也是在收藏人世间一个个动人的故事，一个个深情的追求。

（载 1997 年 3 月 11 日《秦皇岛晚报》，1997 年 12 月 26 日《人民日报》（海外版））

守护文化家园

商品经济的大潮冲击着文化领域，抑或是反作用力的表现，抑或是商界精英们的炒作，各种各样的商品以及可能给人带来生意的东西，都在寻求文化光环来笼罩自己。没有几年的时间，各种各样的“文化”纷纷亮相：食文化（又分若干具体的分科文化）、酒文化、茶文化、浴文化、性文化、鞋文化……甚至厕所文化、马桶文化（有首歌的歌词是“每个马桶都是朋友，亲爱的马桶”）。这多少反映了人们开始注意到事物的文化价位，开始有了文化意识，但攻之者批评的“乱套的滥烂”现象也真叫人哭笑不得。

文化这个词，从来没有像今天这样被人闹腾得如此辉煌和无奈。

其实文化是分层次分侧面的，我们很难笼统地说某种文化就比某种文化优等，文化只能放在同一层次同一侧面上比较时才显示其高级和低级，而这先进和落后，又是对照时代和社会的进步而言，绝不是某种文化天生优种，某种文化天生劣种。

当人类一步步地从低级阶段走向高级阶段，他们所创造的文化也就会随之不断进步。

当今时代，已进入了高科技突飞猛进的时代，在高速和快捷的交通与资讯面前，地球缩小了，俨然天下一家，文化的交汇融合已是大势所趋。而当今社会，有人说是个讲物欲轻精神的转型期社会，文化的平庸与混乱在所难免。如是，提出文化家园的守护问题也就不是无的放矢。

守护文化家园，主要是守护我们的民族文化和历史文化，这绝不是要像一些古董商们那样把小脚绣花鞋（有人冠以“三寸金莲文化”）都收藏起来待价而沽，而是要对我们拥有的东西面对现实进行科学的认识和认定。其中一些基本的东西，如语言和文字、建筑与环境等，应该很好地守护。

谈及语言和文字的守护，有些人很不以为然，然而只要我们稍微用心审视周围的传媒，便会发现其遭受的污染是何等严重。成语的篡改、语法的混乱、逻辑的抛弃、错别字的滥用、洋字码和中文字的胡乱搭配，以及某些歌词词句的随意堆砌，不仅大煞风景，而且遗患无穷。

守护文化家园，在某种意义上就是守护产生文化和文化赖以存在的环境，每个城市都有自己的文化，比如独特的建筑、独特的文物以及独特的风景。城市在日新月异发展的同时，应该注意守护某些历史建筑，某些作为风景的风物（哪怕是一棵大树、一块巨石），应该注意新建筑与城市历史文化保持一种脉络上的联系，保持经历了历史冲刷而形成的城市老个性，建立能发扬历史传统而又有别于其他城市的新个性。

当一个城市在推土机和混凝土搅拌机的轰鸣声中飞速变化的时候，一些人拿起照相机和笔，抢着去拍、去画、去写历史文化的画面，呼吁人们保护环境，他们在尽文化家园守护者的责任，我们向他们致敬！

1998 年 11 月

给相士看相

从“天下第一关”所在地去遥远的云南昆明出差，自然要去看一看当地名胜——金殿。金殿是“冲冠一怒为红颜”的吴三桂打开“天下第一关”迎清兵入关，又衔满清主子令一路南下厮杀，用同胞鲜血染红了平西王的顶戴后在那里用200多吨铜修铸的。吴三桂其人，其历史功罪在当今竟颇有相左之评说，但不管他人如何评说，我看冠以“汉奸”“小人”还是名副其实的。

在金殿游览区内有座新建不久的钟楼，内挂明代永乐年间铸的铜钟一口。在去钟楼的路上，我与已是当地报社老总的昔日同窗被一位老兄挡住，再三地说要给我们看相。挥之不去，颇为执着。

或许是当时心情极佳的缘故，我突发调侃一下的怪念，于是笑着对他说：“你要给我看相还不如我给你看相。”不想说者无意，听者有心，这位相士竟一下拉住我说：“你真会看相？请给我看看吧！”我忙摆摆手说：“不必了吧！”谁知他竟伸出手来坚持要我给他看手相，态度颇为诚恳。搞得我要抽身就显得太不近人情了，于是不得不给这位相士看起手相来。

我拿起他伸来的手看了看后说：“你的生命线显示你的寿命不短，只是晚年60多岁以后好像有沟坎要闯。”说罢我便欲溜之乎也，不想他竟连连点头，口中念道：“对！对！我60岁时闹过一场大病，差点死了，你看得真准，请给我看看爱情线如何？”到了这种地步，我不禁笑了起来：“你这么大年纪了还来问这个，要不好意思啦！”

谁知他一脸虔诚地说："不敢不敢，实在是请你看看我在这里能否找到爱情。"听他这么说，我也就明白了大半，只得又拿起他的手来端详一番说："你的婚姻出过问题，出问题不能怨对方，而是你也有不对的地方。"他连忙承认说："是的是的，我与妻子离婚了，但不知在昆明能否再遇一个。"我当时真想招供我本不擅此道，但想到人家已入角色，自己又何苦不把假戏唱完呢？于是便故作玄虚地说："这就要看你自己了，机会照说是有的，但要看你今后的德性修行了。"他不住地称是，并一再要我确认他的姻缘前程。这时，我那位在旁一直未开口的老同学插话和他攀谈起来，得知相士乃山东人氏，来昆明时间不长，在这里干此营生，每日也能进三四十元，出手大方者，一次扔下 50 元大票也是有的。他之所以在此不为景区管理人员驱赶，是因为兼有维护治安（如告发抢劫、偷盗等）的责任。问他为什么要在这里干，他说这里游人多，财路也就多。言语间他还热情地要向我们讲述吴三桂和陈圆圆的故事。

我们要走，这位相士十分客气地给我们指路，并说干此营生时间不长，经验不足，还要向我等求教云云。我呢，自然只能是假戏唱到底，以大家子的口气说："天外有天，是得多多学习啊！"

看着老同学疑惑的眼色，我赶紧不打自招："我哪里懂得这一套。相士的相术，2000 多年前的荀子就反对过，想不到在现代高科技推进社会飞速发展的今天，此业反而兴盛不衰，天南海北，到处有操此业者，气候使然也。这次本想与相士开开玩笑，不想他竟当真，于是便假戏真唱了一番，愿他多做善事积德，娶个好媳妇吧！"

1999 年 2 月

世纪之交的感悟

孔老夫子在川上作“逝者如斯夫，不舍昼夜”的咏叹调犹在耳边回响，历史倏忽间已经过了2500年，以西方耶稣诞辰为纪念的20世纪也将掠过，一种对于时光易逝的惊恐，一种对于所历时代瞬间万变的惊愕和对新世纪更快变化的惊奇，急急敕令我赶紧加入友人发起的“告别20世纪”的应征行列。

记得70年代的第一个夏季，当时我所在学校的政治辅导员，后来当了文化部副部长的陈昌本先生在给我作“生在旧社会，长在红旗下”的毕业鉴定时，着实使我在一种似是而非的满足中觉到了时代精神。是啊，当年在校的大学生们都是在红旗下长大的，受的是一整套行之有效的党的路线、政策以及道德思想教育，培养了革命的理想和精神。大多数人都怀有“以天下为己任”的抱负和情操，在史无前例的“文化大革命”风暴中经风雨、见世面，曾为要建立一个红彤彤的毛泽东思想新世界而奋斗过。然而几年下来，在看遍了各色人士（也包括自己）于变幻莫测、反复无常的政治斗争旋涡中浮起沉下，种种丧失人性的狂躁表演，特别是当初所谓的无产阶级司令部中的一些“头面人物”指鹿为马，猖狂推行愚民政策，大搞顺我者昌，逆我者亡时，原有的那种盲目信仰因此而动摇，政治热情也像大海退潮般地消退。大家开始怀疑、开始思索，怀着一种失落、一种厌倦、一种无可奈何的惆怅离开已由军宣队、工宣队占领并领导着的学校，戴着“臭老九”的帽子四个面向（面向农村、面向矿山、面向边疆、面向基层）地步入社会。

我们这代大学生，虽然被戴上了“臭老九”的帽子，但比起比我们晚几届的高中生、初中生们来，命运还是要好得多。那些当初被剥夺了继续学习及上大学机会的弟妹们，他们深埋心底的渴望与理想，只要看看他们今天在对待孩子教育方面的那种执着和牺牲，也就可以明白了。

在社会大熔炉中熔炼了若干时日后，大学生们自以为“天之骄子”的那种蠢劲傻气也就被淘洗得差不多了。我曾并非戏谑地总结道：“上大学时，觉得整个世界都是自己的；大学毕业时，觉得整个中国都是自己的；分配到某地区某城市时，觉得某个地区某个城市都是自己的；到工作单位报到时，觉得整个工作单位是自己的；尔后若干年，便觉得自己是自己的；再过若干年，竟然觉得自己都不是自己的了。”这种个人心态的表达，实际上也反映了对社会及其变化的无奈，反映了“平民意识”的增强，在社会基层和普通百姓的真诚相处，使我们懂得了生活的真实含义，懂得了革命理想的基石所在，“爱祖国、爱人民”已不再是一句空泛的口号与誓言，而成了溶于血液沁入骨子里的生命要素。

20世纪可谓人类社会有史以来变化最为激烈、最为深刻的时代，而我们恰处于这个世纪的后半叶。值得幸运的是，改革开放的春风吹散了遮眼的浮云，使我们得以睁眼看清了世界。人们在挣脱了某种意识形态思想的束缚后，又在飞速发展的科技成果面前惊呆了。我们刚刚嘲笑完万亩吨粮田是天方夜谭，却又发现水稻亩产1138千克竟是科技的事实（“杂交水稻之父”袁隆平在云南的试验田里创造的高产世界纪录）。我们来不及对以往的理念作一下清理，“科学技术是第一生产力”的论断又已应运而生。科学技术的发展，是几何级数的发展，无论我们怎样展开想象的翅膀，结果总还是赶不上飞速发展的时代。20年来，当我们在电视机前的惊疑还未解除，复印机、手机、电脑的冲击浪潮便接踵而来。在迅猛发展的资讯业前，整个地球真的成了一个村子，世界真的成了一个家庭。而1978年7月第一个试管女婴的诞生和20年后1997年2月第一只“克隆羊”的无性繁殖成功，更叫我们惊讶得合不上嘴，宇宙和生命看来都不是看不见摸不着的东西，我们祖先留下的很多观念看来得进行一番彻底更新了。

我们赶上了这样的时代，即理论家们赋予各种时髦名词和奥妙玄机的时代，委实高兴理应高兴却又不能尽兴，不敢尽兴。科学技术的发展似乎超越了人类认识世界感受世界的能力，超越了人们更变思想观念所需的时间和空间，而非理性或理性主义地运用科技成果造成的问题，又如巨大的核阴影笼罩在人类社会及心灵的上空。生态破坏，环境污染，物种不断灭绝，贫富分化加强，以及普遍的政治腐败，叫广大普通老百姓怎样也摆脱不了忧郁和忧虑。环顾世界，总会发现有人依然生活在仿佛与现代化绝缘的古老落后环境中。

尽管如此，我们还是为赶上了这个跨世纪时代而庆贺。没有什么比生命感受的丰富多彩更有意义的了。几千年人类制造的种种神话和幻想，许多在今天已成了现实。如果孔老夫子处于故乡知识爆炸、物欲横流、人们心态常常处于高度紧张的今天，还有时间和闲情对着河水悠然地作“逝者如斯夫”的感叹吗？如果有，我想也是一种奢侈了。

时间就是速度，速度就是时间，这个由本世纪伟大科学家发现并被今人炒得火热的命题，似乎已为20世纪所证实并将进一步去证实新世纪。毋庸置疑，20世纪的百年，真可以抵得上以往的数千年，而由此引发的思想及社会的变革，肯定还会影响到下个世纪。我们这代人所能做的应是努力唤发人类的良知和智能，让地球这个共同的家园更好地载着人类在宇宙中良好运行。

这便是一个在“文革”中受了那种高等教育的人在迎接新千年时的感受。

1999年12月

在日本认识徐福

公元2002年11月9日至17日，日中韩JRT徐福国际研讨会在日本举行，我应邀参加。日本、中国、韩国的专家学者在北海道的上富良野公民馆、青森县小泊村的日本海渔火中心、京都府伊根町妇女儿童中心、三重县熊野市保健中心及东京星陵会馆五地举行了关于徐福的研讨会，并在上富良野田丁的静修熊野神社参拜了徐福童男童女的神像，在小泊参加了徐福石像的揭幕仪式，在尾崎神社拜谒了徐福神像，又到伊根町的新井崎神社参拜徐福庙，参观了徐福登陆地，并在熊野市参观了徐福墓和徐福宫，在新宫市参观了另一徐福墓和徐福公园，在东京国立博物馆特别拜阅了江户时代复制的《王子缘记——徐福渡海图》。会议在日本民间引起很大反响，每次讨论会都有当地民众参加。在上富良野举行的讨论会上，一位叫秦谨卫的日本老人展示了已有600年历史的家谱，家谱用汉字明确记载着他们的祖先是徐福。在熊野市天女座音乐团上演了自编的《徐福》剧，吸引了当地不少男女老幼。而中日韩三国专家学者的每次发言，也都吸引了众多的听众，人们向专家们提出诸多问题，表示了对徐福这位历史人物的浓厚兴趣和真挚情感。

徐福曾一度被认为是传说中的人物，但实际上，在中日韩的史籍中都有徐福为秦始皇入海求仙药到海外做国王后不再回去的明确记载，在这三个国家至今保留有很多关于徐福的遗址遗存，在日本民间有很多地方都把徐福作为神来祭祀，认为徐福是日中文化交流的先驱者，是伟大的航海家、海上探险家，他给日本带去了稻作、医药、缫丝、冶炼等当时世界上最先进的技术，他带去的童男童女为发展日本的文明做出了伟大的贡献。目前在日本佐贺县、福冈县、鹿儿岛县、宫崎县、山口县、广岛县、京都县、和歌山县、三重县、爱知县、静冈县、山梨县、秋田县、青森县的20多个地方都发现了有关徐福的遗址遗存。现在，很多日本人都认为自己是以徐福为代表的“秦人”的后代，日本前首相羽田孜在这次研讨会的结束晚会上，又一次地赞扬了徐福在日本历史上所起的作用，再一次地表示了自己与徐福及秦人所具有的历史渊源。

为纪念日中两国邦交正常化30周年，日中两国合作歌剧《蓬莱之国——始皇帝与徐福》于12月在日本各地巡回演出，而由日本著名导演冈本明久执导的《徐福》电影也于12月5日起在日本各地上演，《徐福》电影的海报中讲：“徐福的渡海可以说给日本带来了真实的弥生文化的正式黎明。”

在日本，我深深地感受到了徐福的深远影响和其真实存在。这次徐福研讨会的全国实行委员会委员长山本弘峰先生讲，希望通过这次经过日本外务省、中国驻日大使馆、韩国驻日大使馆及众多地方与团体同意支持的活动，掀起更广泛更深入认识徐福的活动，以争取日本教科书中能写上徐福一笔。

2003年1月

悼念罗老

5 月 15 日，友人来电话说：“你知道罗哲文老先生的消息吗？”当即，一种不祥的感觉涌上心头。接着，传来的便是连日来我一直担心而又畏闻的噩耗。

5 月 11 日下午 4 时，我在北京参加《长城志》工作会议的间隙，给罗老家中挂电话，接电话的人告诉我，罗老已经住院很久了，现在在重症监护室，外人不能探视。我说，是不是我们秦皇岛市政协的几位同志 3 月份到他家谈事后他便住院了？对方没有明确回答，我心中甚感不安。

3 月 13 日下午 4 时，我与秦皇岛市政协副主席关敏、文史委主任李琼、秦皇岛日报周末版副主任卢纪峰到罗老家，请他为由秦皇岛市政协编辑的《秦皇岛保护长城纪实》和由秦皇岛碣石暨徐福研究会编辑的《碣石》两书作序，罗老是躺在家中的床上强忍着病痛的折磨接见我们的，因为罗老已经得病很长时间了，医生告诫罗老不要累着，要好好休息。罗老则坚持要接见我们，说这是公事。罗老为了接见我们下床等了我们好长时间（原定下午 3 时我们到），最后实在坚持不了了才刚刚上床躺下的。当我们说明来意后罗老只说“好好”，并说，实在对不起，只能躺在这里见你们。几分钟的谈话，他痛得几次闭上眼睛。当我们在床前告别时，他还特别叮嘱要把他写的《神州行吟草——罗哲文诗词摄影选集》送给我，不想这竟是他给我的最后的最珍贵的纪念物。

我与罗老的最初接触，是在祖国改革开放深入发展的1984年夏。当时的秦皇岛市代市长顾二熊要我帮他筹建一个旨在为修复山海关长城而能向社会号召集资的群众学术团体组织，我便通过与罗老相熟的秦皇岛地方志办公室主任王岳辰介绍，进京拜见罗老。因为我认为，建立一个有影响力的长城学术团体组织，必须要由在长城学术界有极高声望的罗老牵头。罗老高兴地表示愿意承担，并告诉我，他早就有建立长城学术团体组织的愿望和打算，现在秦皇岛市政府能这样做，实在是太好了。他提出了很多很好的建议并亲自列了一大批会员名单，其中包括魏传统（解放军艺术学院院长）、侯仁之（北京大学教授）、郑孝燮（国家城市建设总局城市规划局技术顾问）、单士元（故宫博物院院长）、王定国（老红军、老年文物学会副会长）等全国政协委员，还有文化部文物局及北京市文物局的朱希元、杨烈、杜仙洲、吴梦麟等。看得出，罗老与他们的关系都非常好，大家都愿意为保护长城、发展长城事业积极做贡献。在“中国山海关长城研究会”成立大会召开期间，罗老带头为修复山海关长城捐款200元，是当时为修复山海关长城捐款最早最多的人之一。

在筹建中国山海关长城研究会和后来筹建中国长城学会的过程中，我与罗老接触很多，知道了他是由朱启钤（也是北戴河海滨公益会首任会长）创办的中国营造学社的年轻学员，师从著名的古建筑学家梁思成、刘敦祯。罗老曾说，梁思成先生他们很爱护年轻人。罗老原名罗自富，常被人取笑为“罗斯福”，是梁先生给他改名为“哲文”。师母林徽因也常抽出时间为他补习外语。因此他现在也愿像梁思成那样，积极帮助年轻人学东西做事情。罗老当年积极支持我市青年工人董耀会、吴德玉徒步考察明代万里长城就是很好的说明，而我在筹建中国山海关长城研究会和中国长城学会时，得到了罗老多方面的悉心指导和帮助。罗老待人谦和，但在一些原则问题上则态度鲜明，毫不含糊。他总是说，对为长城做事的人特别是年轻人要爱护，要帮助。他对大家在筹建中国长城学会过程中所做的贡献，总是充分肯定，高度赞扬，让人感到温暖和感动，愿意与他一起为伟大的长城事业奉献力量。

罗老与秦皇岛有很深的关系。作为中国著名的古建筑专家、长城专家、国家文物局古建筑专家组组长，自1952年起，他曾为维修保护山海关长城，为建立健全长城学等工作来过秦皇岛百余次，在发现、发掘、保护北戴河秦行宫遗址，保护秦皇岛近代建筑等方面都起过相当大的作用。秦皇岛许多单位和个人编写的书籍著作，求他作序的，他都乐于成人之美，对秦皇岛的文化文物工作和大家的努力给予肯定和支持。凡是与罗老接触过的人，都会为他的谦和、认真、诚恳、热情所感动。

我见到的罗老，总是穿一身简朴的中山装，外出时总爱挂一台用了许多年的照相机，不辞辛苦地跑来跑去拍摄各种资料，而他拍摄的照片，总是乐于无偿地提供给需要的单位和个人。他家居住面积不大，屋里到处都是书，20多年前就是这个样子，现在更是连过道都摆满了书，几乎连下脚的地方都没有了。从这里我们感受到了一位大学者的精神所在。网上说，罗老是中国很少有的“活到老、学到老”的杰出学者。凡是到过他家的人，都会赞同这种评价，而我还想加上一句：罗老是个“终生学用”的人，一个值得我永远学习的榜样。

罗老是5月14日晚11时40分逝世的，享年88岁。他离开了我们，但他的风范和感人精神永存我们心中。

（载2012年5月21日《秦皇岛日报·开发区周刊》）

游悟篇

YOUWUPIAN

导游散记

作为一个地方导游，工作是单调而又多彩的，说它单调，是因为常年总是循着一条基本不变的线路进行讲解，周而复始，老生常谈；说它多彩，是因为在这重复的线路上总能有新的感受和收获。自然风光和人文景观的壮美绚丽所显示的广度是没有边际的，而人类的热情所传递的深度也是无限的，再没有比生活在美丽的风景与热情的人们之中更叫人高兴的了。人在高兴的时候，总喜欢把自己的感受告诉给其他人，现在，我就正处在这样的时刻，让朋友们和我一起来领略下作为一个导游所能认识和感受的一些事与物吧。

美与美的感受

俗话说，看景不如听景。对此说法，我过去是深信不疑的，现在则表示怀疑了。为了能胜任要做的工作，对于家乡的绝妙导游词，比如秦皇岛史话啦，万里长城变迁啦，北戴河二十四景啦，我背得滚瓜烂熟。但从我第一次做导游时起，我就发现，家乡的美要比我要介绍的美得多。这种对于美的深一步认识和感受，自然也与客人们的影响有关，真的，当我陪同客人们从北戴河火车站坐车向海滨进发的时候，这种美的认识和感受就开始了。此刻，你会看到客人们一个个都伸着脖子向车外张望，车速并不快，从车里向外望去，只见一排排挺拔的白杨树，一座座别致幽雅的院落，一幢幢仿佛点缀在碧玉中的琥珀般的楼房，都顺序着慢慢向后退去，而在似乎没有尽头的翡翠屏的南边，忽然展现出一条金黄色的沙滩和蓝宝石般的大海，海水亲吻着大地，发出悦耳的声响，凉爽清润的海风，穿过半开的窗口，吹拂着客人们的脸颊，驱赶着由于炎热和长时间坐火车带来的疲劳，这时，客人们的身上似乎注入了一种神奇的兴奋剂，情绪很快地活跃起来。我明白了，这是大自然的美带来的活力，这种活力很快转换成了笑语和歌声，特别是那些没有来过祖国北方的海外侨胞和港澳同胞，表现得就更为热烈，他们想顷刻了解祖国一切的急迫心理和对祖国大好河山的眷恋之情，往往使各种各样的问题和语词像机关枪似的向我放来："这就是祖国的内海渤海吗？""渤海冬天结冰吗？""秦皇岛为什么是不冻港？""这里冬天下雪吗？雪景一定很美吧？""这沙滩是多么美啊，在香港是看不到这样漫长的沙滩了。""这里的颜色和谐极了，真像一幅水彩画，完全可以与火鲁奴奴相比！""真想不到在祖国北方也有这样美丽的地方，真是江山多娇啊！"朋友，当你听到这些出自肺腑的言语，你有什么感受呢？至于我，仿佛沉没在感情的潮水之中，一个个问题在我心中激起一个个浪花，此刻，我简直无法用那些倒背如流的讲解词来解脱自己，因为，我也深深地被眼前的景色所迷住。我好像第一次涉足此地，一切是那样的迷人，这种美的感受是我过去所没有的，也是我无能为力表达出来的。我敢说，这种感觉，只有我或与我有类似机遇的人才会有。我们过去"不识庐山真面目"，恐怕是"只缘身在此山中"吧！

不时有这样的情况，皓月当空的夜晚，客人们不愿去观看文娱节目，不愿去舞厅跳舞，但却要求去海边散步，用他们的话说是要在他乡领略一下大自然给人类带来的美。我们漫步海边，只见天地之间银色迷蒙，连那黑黑的大海和海边的岩石，也淡淡地敷上了一层浅晕。月光照在平静的海面上，泛起阵阵磷光，大海显得更加深邃神秘。远处岸边的灯火，倒映在融融的海水里，变成了一条条向上游动的金蛇。潮水发着十分柔和而又富有节拍的声响，把人的思路引向遥远的地方。海风不知是从哪里吹来，只叫人感到有一只看不见的温柔小手在你脸上四面抚摸。海边到处是散步的人们，白天喧闹的气氛已消失得无影无踪，有的只是宁静、安谧与和谐。客人们常常高兴而幽默地说:“欣赏这样的美景，比参加十个舞会更惬意。”我望着眼前的景色，品味着客人们的话，不觉间也渐渐陶醉了。我知道，此刻我对家乡又有了另一番的认识。看来，美的感受是深受感情驱使的，对祖国爱得越烈，才能真正体会祖国更美。

迪斯科与喇叭裤

在灯光迷蒙暗淡的舞厅里，立体声的音箱放出节奏明快的音乐，随着这种激人的节拍，人们在尽情地扭跳着。我作为一个陪同导游，坐在休息着的客人旁边观赏着，向他们询问一些有关的问题。客人们热情地告诉我，这种舞蹈，是世界上目前最流行的舞蹈，特别是对年轻人，吸引力很大。它是在20世纪60年代末70年代初才兴起的，这种由南美洲的民间舞蹈加上非洲的爵士音乐改进而来的舞蹈，很容易跳，但跳时必须要有节奏明快而激烈的音乐陪伴，没有这种音乐，也就没有这种舞蹈了。“那么，你们觉得跳这种舞蹈有什么好处呢？”我并非随意地这样问道。一位有着中国血统的外籍青年客人认真地冲我说:“人们跳这种舞蹈主要是为了运动。它可以使你跟着音乐随心所欲地活动身体的各个部位和关节，可以欣赏你身体各个部分活动的美，并表达自己的欢乐情绪。”说完，他就和他的夫人跳了起来，我仔细地观赏着他们的动作，不得不承认，他们跳得确实很美。但是当我把目光转向另一些人时（里面还有一些年轻的同乡），我又产生了怀疑，我从他们的扭动中发现一种无目的的发泄和疯癫（如果还没有疯狂的话），颇有些“逮着了”的劲头。这使我想起了一位香港老人的话，她告诉我说:“新潮舞（香港称谓）跳起来是很厉害的，越跳越疯，会引起很多不好的事情，我就不让自己的孩子去跳这种舞。”我看过香港电影《失踪的少女》，影片讲述了一个纯洁的良家少女在舞会上被流氓勾引走入歧途的故事，所以知道老人所说的不好的事情指的是什么。现在，两种现实、两种看法摆在我的面前，我到底应怎样认识这个“迪斯科”？我想，作为一种艺术，舞蹈应当是美的，而这种美首先要来源于心灵之美。因此，我只有一个愿望，愿国内那些热衷于跳这类舞蹈的年轻人，能正确对待这种舞蹈，使自己的精神和动作变得美些，更美些。

参加跳舞的，有一些人穿着喇叭裤。自然，喇叭裤子也成了我们的话题之一，据有的客人讲，喇叭裤最早出现在第二次世界大战中，那时英国有的舰队的水兵为了跳水时能迅速脱掉长裤，就把裤腿放大，因为这样跳水时裤腿就会张开而不粘缠小腿。如此看来，喇叭裤的产生不是为了时髦美观而是为了实用。现在，有些青年人爱穿喇叭裤，这本没有什么值得大惊小怪的，问题是不知怎么搞的，穿喇叭裤成了一种标志，标志着追求时髦、享受与新奇，因此喇叭口也就愈来愈大，简直到了不成比例的地步。一位青年客人对我说：“现在在国外穿喇叭裤已经过时了，流行的是多少年前风行过的牛仔裤。”我想，如果那些认为穿上了喇叭裤就等于赶上了世界潮流的人听到了这句话，又会怎样想怎样做呢？当然，我也是同意这位青年客人的意见的，他说：“你们为什么对穿戴那么看重呢？你能说穿戴一样的人的思想都一样吗？比如说像你那样的穿戴就都是革命的？我看不见得吧！你看我也没穿喇叭裤，没穿牛仔裤，但这只是我的爱好，我不想追赶时髦，但也没有必要抓住过时的东西不放，更不必盲目地崇拜。”

龙与龙的传人

大凡来中国北方旅游的，都想要观瞻一下象征中华民族精神的万里长城，因此来秦皇岛旅游的，也就一定要去登临万里长城的最重要关隘山海关了。

登上拔地三丈六尺高的山海关东关——天下第一关城楼，极目南眺，可以看到烟波浩渺的渤海，而万里长城的顶端，宛如一条长龙的巨首在那里吞云吐雾，玩弄着变幻万端的潮水海浪；回头北望，万里长城修筑在嶙峋起伏的燕山间，恰似龙身在那里伸屈蜿蜒。一位对中国的事物颇有兴趣的外国游客高兴地宣称，只有此刻，他对于中国的龙的形象才算是真正地确立起来了。听了他的话，我忽然想起了台湾校园歌曲《龙的传人》来："古老的东方有一条龙，它的名字叫中国，古老的东方有一群人，他们全都是龙的传人，巨龙脚底下我成长，长成以后是龙的传人，黑眼睛，黑头发，黄皮肤，永永远远是龙的传人。"此刻，我真切地感受到了龙的传人的真实含义，明白了台湾青年喜欢这首歌的原因。

在"龙"的面前，不是"龙的传人"的人们也都表现出浓厚的兴趣和深深的敬意。我常常看到，一些客人在城台上紧张地跑来跑去，唯恐忽视了一丁点儿有关的东西。他们十分欣赏这里的建筑群体，当他们弄懂了罗城、瓮城、内城和翼城的位置和作用后，赞美地说："这哪里是一般的古代城堡，这简直是一件精美无比的艺术品。"当我自豪地告诉大家，美国的宇航员在月球上回顾家乡地球时，他所能看到的人类活动的工程，除了荷兰围海造田的大堤外，只有这清晰的万里长城时，大家热烈地鼓起掌来，连连赞叹道："伟大啊，长城！伟大啊，中国！"

"伟大啊！"这是外国游客登临天下第一关后情不自禁的赞语，可以想象，作为龙的传人的海外侨胞和港澳同胞的反响又是怎样的呢？下面，是我记录的一位年逾花甲的老华侨的肺腑之言："当我还是孩童时，爷爷就告知我山海关是万里长城的第一关，我企望着能有一天登上山海关城楼，今日得偿夙愿，真可谓百闻不如一见。就拿'天下第一关'五个大字来说吧，我们在海外就有耳闻，可是只有今日身临其境才得以解其奥妙。此五字确实如你们所说，庄重而不呆滞，潇洒而不轻佻，雄深雅健，气势磅礴，既烘托出该地连山据海、地固金汤的独特景色，又显现了'扼险倚雄边''作镇隆三辅'

的强烈气氛，真神品也。我知道，这里是明朝的建筑，我国古长城还在北面几百里的地方，但在六百年前要修筑这样的工程谈何容易？老夫为我们中华民族的勤劳勇敢、聪明才智感到自豪，为自己是一个中国人感到骄傲。”这番话，曾长时间地使我激动，又使我陷入了长时间的沉思之中。我想，同是龙的传人，我是否为自己是个中国人而感到光荣和骄傲呢？是的，漫步在山海关长城上，追溯中华民族的历史，抚摸着在月球上也能看到的伟大的建筑，我们应该感到光荣和骄傲。这光荣和骄傲，是祖先和前辈给我们留下的，我们不但要珍惜，而且要继承，要发扬光大，只有这样，才不愧为龙的传人。

（载 1981 年《汪洋》第四期，1982 年《旅行家》第四期）

附记：据香港《凤凰卫视》2000 年 7 月 16 日《名人面对面》栏目报道，31 年前首次登上月球的美国宇航员奥尔德林（另一名是阿姆斯特朗，传说他曾说在月球上可见到中国的万里长城）讲：“我可以告诉所有的中国人，在月球上是看不到万里长城的，那是电视对答上产生的误解和人们对事实不了解所造成的。”

碣石观海

记得登东岳泰山时，站在山顶上居高揽远，望齐鲁田畴万顷，众山拱服，或尔云海浮动，山势欲奔。又听松涛嗖嗖，天风萧萧，叫人深感精神振奋，淘虑铭心。然而，就在这心目豁然的感受中，一种不足悄然爬上心头，那就是如果站在高山上能望见大海，该有多美啊！这种缺憾，没想到在我数年后登上位于河北昌黎县城北8里的碣石主峰——碧云峰时，竟然得到了深深的补足。

碣石主峰当然高不过泰山的南天门了，然而，站在690多米高的碧云峰上，抬头东南眺，一种无比壮观奇伟的景象扑入眼帘，会使你产生登泰山时荡起的那种激情。120多度的视野内，从秦皇岛港到滦河入海口的上百里海面，一下子跃向脚下，仿佛只要我们一抬腿就可以跨到里面似的，而海山之间30多里宽的陆地，宛然是条平放着的门槛了。浩渺的大海，雄伟的山岭，辽阔的原野，甚至苍茫的天空，在这里似乎都缩小了，缩小到了可舀、可捧、可抹、可摸的地步。在这浓缩的世界里，人却感到了扩大充实，感到了自己可以掀山倒海、扭转乾坤的伟力，这就是古人说的登高可以“长志气、拓胸襟”的意思吧。高山沧海的壮阔奇观，曾吸引了多少风流人物争相登临啊，触景生情，又产生留下了多少千古名唱啊！秦始皇在碣石门刻辞赞颂自己一统天下伟业时的得意神态，曹操在征伐乌桓得胜后在碣石山上赋诗吟咏时的豪迈举止，唐太宗东征中“碣石想秦皇”“披襟眺沧海”时的翩翩风采，恍惚间都出现在眼前……

站在这里，举目细看，不但离山较近海面涌波翻动的景象清晰可辨，就连远处秦皇岛外进进出出的艘艘巨轮也一一可数，海天一色，朵朵白云犹如风帆，在天空中，不！在大海里悠悠飘荡。在山上执勤数年的海军某部李副指导员对我们说："赶上特殊天气，连海里洁白的浪花和山海关万里长城都看得见呢！"他还如数家珍般地向我们介绍了这里一年四季所显现的种种奇景美色："就说雨后吧，有时彩虹就像七色的拱桥，一头搭在山上，一头伸向大诲，真是美极了，战士们真想从这座桥上走到海里去钓鱼呢！"听着他富有感情的介绍，我真羡慕这些长年驻守在此地的指战员们，他们那像海一样广阔的胸怀，像山一样坚强的信念，不能说不是受了祖国大好河山的陶冶。

正当我们在李副指导员的指点下观赏着种种山海胜景时，不知从哪里升起了一片云雾，云雾擦着地皮和大海相连，竟叫人分不清哪里是海洋哪里是陆地了。阳光普照，云蒸雾腾，秋风骤起，汹涌翻滚，恰似潮水涨到了眼前。放开眼界，远处的北戴河海滨一带，尽管苍翠的莲蓬山和金山嘴浮游在海云之中，上面的楼台亭阁却历历在目。"这不是蓬莱仙境、海市蜃楼吗？"我们忍不住高叫起来。自古以来，那神秘缥缈的景致给人带来了多少梦幻和失望啊，而今天，这奇妙的景色所带来的是真实的美的享受和创建更美的信心与力量。

晚上，我们借宿在山顶的碣石山电视转播台里。转播台里的年轻人告诉我们不要错过了观赏夜景的机会。于是，当夜色降临的时候，我们走出屋去。此刻，天地浑黑一团，星星和灯火混合在一起，或聚或散，发出晶莹的闪光，就像无数绚烂夺目的珍珠、宝石，镶在那盖得住穹庐的黑绒帐幕上。对着这奇异的夜色美景，我们简直陶醉了。当我们乐陶陶地向东南望去时，瞧见帐幕的中央已经出现了横向裂纹，微弱的光线透过裂纹逐渐扩散，仿佛朦胧的银河派生出了清晰的子河，一轮圆月和黝黑的大地分离。而大海呢？大海在哪里？它是隐在了白的天空中，还是藏在了黑的大地里？我们寻找着，待月亮升到一定高度的时候，我们发现月儿下面仿佛倒置着一堆熠熠闪光的碎银，电视台的年轻人告诉我们，那就是大海。大海随着月亮的升高而伸延扩展，当月儿给天空和大地都敷上一层银色的浅晕的时候，大海恰似一条明亮宽阔的大河浮动在天地之间。处在这迷人的意境中，曹操那“日月之行，若出其中，星汉灿烂，若出其里”的诗句，我不禁脱口而出。同行的市文化局的王老诙谐地说：“我敢保证当年曹操在这山上过过夜，不然，‘星汉灿烂，若出其里’的诗句，是无论如何也写不出来的。”对碣石颇有研究的昌黎县创作股的董同志说：“等明晨看大海日出吧，那真是妙不可言啊！届时红日从北戴河金山嘴的海上冉冉升起，把整个北戴河海滨罩上一层璀璨的光环，而后又把一大片海面的波光粼影，耀得金碧辉煌。”他的富有文学色彩的描述，把我们引到了一个更加奇妙的境界。

凌晨，我们真的看到了红日映照下的金色的大海。站在这神奇迷人的碣石山上，面对那不盈不灭、气象万千的大海，我感到了一种异常的满足，我不仅领略了无论是在远离大海的泰山，还是在靠近大海的北戴河莲蓬山上都无法领略到的壮观，感受了一种无与伦比的博大气派，磅礴气势，并且还似乎发现了谜般的碣石山的真实情趣和奥妙，而更使我感动的是那些常年在山上或为保卫祖国的领海领空，或为千家万户的荧光屏上能清晰地显现祖国新貌、四化进程而勤恳工作、埋头苦干的普普通通的年轻人。想到这些，一种意念和渴望腾然升起，我极力想捕捉些什么，忽地，一首名篇飞来，啊，这不正是我要捕捉的吗？

“……往事越千年，魏武挥鞭，东临碣石有遗篇，萧瑟秋风今又是，换了人间。”

1983 年 4 月

苍岩山二题

碧涧灵檀

金秋时节，曾随省青联委员们游井陉苍岩山。“五岳奇秀揽一山，太行群峰唯苍岩”，而苍岩山最佳游览处，是有 1000 多年历史的“福庆寺”。这里曾是隋炀帝的长女南阳公主在国破家亡后出家的地方。今天，当我们步入“福庆寺”山门，踏山涧石径前往凭吊古迹时，只见路边乱石参差，断壁嶙峋，一种沉重严峻的肃穆之感，不禁从心底油然浮起。

突然，我们发现就在这些光滑坦露的乱石断壁上，竟生长着众多浓荫茂密、生机勃勃的白檀树，特别是那些裸露在外面紧裹着岩石的银白色树根，纵横交错，相互缠绕，宛如翻滚的长蛇，又似扭曲的虬龙，更像老人手上勃起的条条血管青筋，呈现出一种竭尽全力与痛苦挣扎、与命运搏斗的情感与力量。看了使人震惊，使人感动，使人觉得有一股生命的灵气在浮动；仿佛听到了呻吟，听到了呼喊。

我见过多种植物树木，欣赏过各种纯净色彩的树叶、花朵和各种优美形态的树枝、树干，但从未见过如此彻底、如此真切、如此形象的显示其精神与力量的树根。正是有了这样的树根（不管是暴露在地上的，还是掩埋在地下的），树木才得以成长壮大，以它们的丰姿美态招引人们的青睐，并以不同的质材造福于人类。美哉树根！壮哉树根！伟哉树根！

细细想来，世上万物不也都是这样的吗？没有底层的拼搏，哪有上层的伟岸；没有辛苦，哪来甘甜；不作奋斗，焉能立身？碧涧灵檀，给了人们多么美好而有益的启迪啊！得此，也就不虚此行了。

桥 殿 飞 虹

“福庆寺”的主体工程，随着时间的流逝，现在当数并肩飞架于断崖峭壁间的两座石拱桥了。两桥大小相似，前座桥上还建有斗拱重檐的楼殿，金碧辉煌，颇有气派。我们从崖下仰视，只见一线青天在上，而拱桥桥殿，恰似双虹贯空，无比壮美。仰视未久，但觉头晕目眩，一阵天风吹过，轻云游动，只觉得桥殿也在飞移了。

望着这充满神巧纯美的艺术与科学启示的历史杰作，我不由得惊呆了。先人们在这深山峡谷中把人工和自然神奇地结合起来，创造出了这般世间难得的壮美景象，真叫人叹为观止矣！不可想象，如果这两座拱桥不是建在这独特的自然环境中，那又怎么能产生出“千丈虹桥望入微，天光云彩共楼飞”的奇妙壮观？世上凡是美的存在，都是顺乎自然，巧借形势，修饰合度的；而美，也只有在产生它的自然之中，并保有其自身的特点，才见得其真正的价值。

反映于人们视觉里的桥殿飞虹，俯首之间就消失了，但其所显示的美和启示则长久地留在人们的记忆之中。

1989 年 4 月

乘槎游天河

曾听一位同行讲，辽东有个本溪水洞，在很多方面堪称全国乃至东亚第一。他那风趣的描述，形象地勾画出一幅人间仙境图来。勾得大家好馋好馋。1990年金秋时节，我有幸同几位远方客人在《辽宁日报》的一位朋友的陪伴下，在那神奇的洞中做了小半日的神仙。

本溪水洞坐落在本溪县境内千山山脉二架岭的山脚下，距本溪市35千米。洞口面对太子河，开豁伟巍，颇似巨鲸张口。进入洞中，里面是一座可容千人的“迎客大厅”，大厅高20米，面积近2000平方米。考古发现，远在4000年前，就有人类在此洞内繁衍生息。岁月流逝，风水依旧，大厅右侧10余米高的瀑布的哗哗击石声，似乎在述说着先人们的搏击和艰辛。

大厅里分水旱两洞。水洞口码头停泊着数十只小游艇，每艇可坐10来人，我们在导游小姐的指引下先登艇游水洞。

水洞可游长度2300余米，游艇往返不到1个小时，但我却觉得过了许久许久（实在是因为感受了很多很多）。初进洞中，就有水珠从上而降，导游小姐说这是圣水，落在谁的身上就是福降临在谁的身上。听此一说，刚才还东躲西闪的人们便安稳下来，开始期望起此水能多滴几滴于自己身上。洞中河水清凌凌，两岸及顶上晶莹斑斓的石钟乳、石笋、石柱、石幔等千姿百态。山峦花树、宫塔亭台、飞禽走兽……任人想象，随意揣摩。无不惟妙惟肖，栩栩如生。加上明暗不同的各色灯光和水面的映照反射，更使人领略到无比的神秘了。在这里，空间好似无穷无尽，造物呈现变幻莫测，而时间却好似停顿了下来。古人曾幻想的乘槎游天河，其景其情想来当不过如此耳！

“请各位注意，我们现在经过剑峡了……瞧这把‘倚天长剑’长达7米，世上无双呢！”导游小姐的介绍，蓦地把我的情思拉回到现实中来。但见四围布满长长的石钟乳和石笋，恰似无数利剑横空出世。“据科学家说，钟乳石每增1厘米，需百年之久，因此，这把7米多长的剑王，看来天公整整锻造了七八万年的时间了。”导游小组幽默的解说，又使我们获得了不少仙境形成的科学知识。

水洞弯弯曲曲，泛舟其上，忽而宽敞如穹庐，忽而狭窄如峡谷。水珠滴落在各种形态和质地的石上和水中，于静寂中组成了飘忽轻妙的乐曲，把人的思绪引向那无边无际的天宇之中。更奇妙的是，洞中还有清风吹拂，风不知从何而来，亦不知吹向何处，只觉得清润无比。倘若俯首看水中，波光荡漾，影动物移，自己仿佛又处在了水下龙宫中。

我们过“塔林”，穿“玉象峡”，观赏“卧牛回首”“玉象戏水”“仙人头”“虎门闸”等景观，最终进入该洞最为奇特的“北极宫”。这里洞阔顶高，两壁石幔，齐刷刷一片雪白，而无数或悬挂或竖立的钟乳石及石笋等，恰似大大小小的冰溜冰柱，在那里闪耀着晶莹的寒光。近处琼楼玉树，远处冰峰雪原，而冰块和冰山又在水中暗暗浮动。处在这冰雪世界中，真切地感受到了“高处不胜寒”的意境。从“北极宫”掉转船头返航，由于视角的变化，路上的景色依然是那么神奇迷人。

归舟靠岸，我们又开始了旱洞的游览。旱洞名“龙潭洞”，它洞中套洞，曲折迷离，怪石奇岩，令人惊叹不已。特别是那散发着沁人肺腑的薄荷香味的“胭脂壁”，引得每一个游客都要摸一摸，嗅一嗅。我亦不能脱俗，摸后闻手，果然有异香。究其成因，导游说是由于滴水通风的物化反应，不过我发现，有的地方因人摸得多了，香味已大减。而此种异石，在水洞中也是有的，只不过不便抚摸就是了。

“乘槎游天河，悠悠赛神仙。纵深七千尺，上下百万年，洞中多绝尘，风水存人间。”游罢出洞，眼前一片明丽，而心中却依然为洞中的所见所感而迷惑。那远离尘寰的一幕幕，在脑海中久久地、久久地不能拂去，直到今天。

1990 年 11 月

海天佛国的感悟

中国的传统文化，与佛教文化是分不开的，而世俗的佛教文化，现时南方要比北方兴盛。1991 年秋天，随《人民日报》（海外版）特约通讯员会议参加舟山市普陀山旅游节外向型经济新闻发布会，在那海天佛国待了半天一夜，有意无意地感悟了一些过去没感悟的东西。

我们去普陀那天正值阴历九月十九观音菩萨成道日，普陀山是供奉观音的佛教名山，原以为此日前往定能领受一番异常热闹的宗教氛围，谁知到了岛上，才发现最热闹的一幕乃在昨夜今晨，我们中午才到，错过了这个机会。据当地人和先前到达的同行讲，昨天有数千人从外地来岛上朝拜观世音，有的善男信女从上岸开始，便三步一拜地朝心中的圣地行进，即便膝盖磨破了也全然不顾。在我们前往梵音洞的路上，也曾见过这样一位朝拜的香客，我想，大慈大悲救苦救难的观音菩萨该不会同意这种自残的行为吧，始作俑者，不免罪过，罪过了！

在梵音洞前的阁楼上，据说有福分的能见到洞中的观音圣像，人们趋之若鹜，一个个伸长脖子凝神注目，然后便有人高叫见到了，见到了。但当地人告知，所谓观音圣像，乃是形似的石头，见到它必须是在上午光线能透到洞里的某个时辰，其他时间是断断见不到的。

新闻发布会从 16 时开到 18 时，晚饭后我们几个好奇者从旁门进入那供奉着观音正像的普济寺中（正门据说因遵清朝皇上的命令而永远关闭着，这也算得是该寺的一个特点），寺内已现昏黑，除大圆殿的长明灯下有几位外地香客在叩拜祈祷，以及大殿右侧的地藏殿在做道场外，香客游人都已离去，大殿中的观音菩萨正身像，是和各地大雄宝殿中的佛祖像没有多大差别的男相，而不是民间流传的那种妩媚端庄的女相，佛典讲这才是观世音的真面目，但世人购买的竟全是挽髻赤足的女相观世音像。人间情态，可见一斑。

地藏殿道场刚刚开场，只见 7 位僧人戴冠披袈坐在一米高的台上念着人们很难听懂的佛经，台下几位穿皂衣的出家人则在那里打鼓敲铃，奏出简平的乐音，和着木鱼声与底蕴厚重的念经声，组成一支颇能震撼人心的佛门天音，唬得一些花了钱的俗家子弟竟不敢进殿为其冥中的亲人修福。

出于好奇和求真，我转到经台后面，从另一个角度观看那些念经的和尚们，只见每个和尚的旁边都放着新式茶杯，他们不时地喝茶，或许是经念得太多太熟了，大多缺乏认真，念着念着，嘴不动了，声也小了。有的还左顾右盼，喜上眉梢。听《新民晚报》的一位同行讲，在昨天的大道场上，他还见和尚嗑瓜子呢。又有人说，和尚们念经有的是得小红包的……看来这片佛国净土也同样经历着时代潮流的猛烈冲击。

我站在念经和尚的背后颇为认真地听着，想听明白一些佛理，但过了许久也没听明白和尚们念的到底是什么。离寺前，我又去大殿观看观音菩萨的正身像，只见香案上供奉着几本经书，顺手拿起翻阅，发现一些经文乃是古梵语标音，比如佛顶尊胜陀罗尼经咒的第一句竟是“那谟薄伽跋帝”。谁能解其经义呢？问了几位出家人，他们不作答，疑惑之中，我想起了“地狱未空，誓不成佛；众生度尽，方证菩提”的地藏王菩萨和“普度众生”的观音菩萨，似乎悟出了一点什么：即便为凡夫俗子们供奉的菩萨是至尊至善的，玄奥难懂的真经是至灵至妙的，但若传道者及帮人超度的和尚们都并不真信，并不真懂，又怎能真正吸引佛门之外的芸芸众生呢？

新闻发布会上，当地官员称，普陀山现有寺院74处，已开放22处，有户籍的当地僧尼200多人，统归当地佛协管理。会下有关官员告之，去年各寺收入达1300多万元，市政府欲修机场，想向佛协借几百万元。这消息，又使我感悟了一些。

1991年12月

观瞻法门寺

1992 年 9 月中旬，西安的气候俨然成了江南仲夏的梅雨时节，整整一个星期的阴雨天，搅得第三届西安古文化节和西北地区国际经济技术合作洽谈会都为之失色。9 月 17 日，天依然下雨，但为佛祖圣地法门寺的盛名和神秘所吸引，我们参加《人民日报》（海外版）特约通讯员会议的部分成员还是决定冒雨前往观瞻。

曾被誉为“关中塔庙始祖”的法门寺，位于陕西省扶风县境内，当初这里是先有塔后有寺，塔内供奉着释迦牟尼的手指骨，寺原名阿育王寺，到唐贞观元年（公元 625 年）取“佛法之门”意改称为“法门寺”。从北魏到唐朝，这里都是皇家迎送佛骨（将佛骨迎往皇宫内供奉一段时间后再送回塔内）的圣地，唐末乾符元年（公元 874 年）僖宗李儇最后一次将佛骨及历代帝王供奉的千余件古器珍品一同封入法门寺塔内地宫，从此与世隔绝。直到 1100 多年后的 1987 年 4 月 3 日，佛骨舍利才又重见天日。有言道“国运昌，佛指现”，佛门子弟对此是深信不疑的。

因为是雨天，前来观瞻的游人和香客要少些，但大门前与大雄宝殿前的香炉内，香火依然旺盛，一些当地农妇拿着一把把的香硬往游人和香客手中塞，索价也因人而异。正是炉内那不熄的香火，为佛祖圣地的乡亲们带来了源源不断的钱财。

不是香客的我们，先行参观的是那展着地宫珍贵文物的法门寺博物馆珍宝阁。珍宝阁是新建筑，其造型吸收了地宫出土文物中的唐代方形鎏金铜浮屠的特点，上部为方形攒尖顶，顶上铺仿唐青瓦，下部形似重台，四周设飞梯，典雅庄重，一派唐风。馆内展出的是地宫出土的部分珍宝，有存放佛指舍利的宝函、金银器、铜器、玻璃器、丝绸、锡杖、瓷器等，这些珍宝，可以说是代表了大唐文化的最高水平，同时也揭开了一些历史之谜，其中之一便是揭开了中国陶瓷史上关于秘色瓷之谜。“秘色越器”一词在唐、五代及宋的文献中屡有记载，晚唐诗人陆龟蒙就有一首“秘色越器”诗，诗云:“九秋风露越窑开，夺得千峰翠色来。”但“秘色”究竟是一种什么颜色，因其烧制的技术、配方工艺早已失传，真品传世者极少，因而历来众说纷纭，莫衷一是（近现代还有臆造出一些色彩新艳的瓷器来伪称“秘色瓷”），只有这次法门寺地宫出土的16件越窑青瓷器，在记录皇室供奉器物的物帐上，明确记载为“秘色瓷”，这批“秘色瓷”除两件为青黄色外，其余的釉面呈晶莹润泽的青碧色。至此，秘色瓷釉色的争议终于打上了句号。

到了法门寺，自然要看佛指舍利，佛指舍利供奉在真身宝塔地宫内。当初地宫共出土4枚佛指舍利，有关方面给这4枚舍利进行了编号，并认定第3号舍利为真身舍利，即灵骨，其他三枚为影骨，三枚影骨中有两枚是晶玉质地。现在摆在那里供人瞻仰的那枚到底是灵骨还是影骨，有关方面没有说明，有说明的倒是这样一张彩照：照片下部红色台布上放着4个各装有一枚佛指舍利的精巧水晶棺，其中左数第3个水晶棺的上方，一枚白玉般的佛指舍利在悬空放光。彩照说明题为《佛祖显灵》，文字如下：“1988年11月9日，佛祖圣地法门寺重现耀华：这一天，数百名中外高僧大德和数十万僧俗在此举行了盛况空前的如来真身舍利瞻礼法会，夜12时零3分，在隆重庄严的礼拜过程中，灵骨之上瑞光流溢，霏霏上涌，在高约17厘米处，突然显现出这枚灵骨的精确图像，在场僧俗无不惊奇万分，诵佛之声震地，摄影师及时抢拍这一千古不遇的奇观。”关于这幅为法门寺增色添彩的照片的来源问题，随同我们一起再访法门寺的《人民日报》记者孟西安曾在1990年5月撰文道：“记者向宝鸡教协会秘书长李子重打听，他说这种奇特现象不是作假而成，而是确有此事，目前尚说不清是何原因……接着记者找来了拍摄这张照片的法门寺常住摄影居士李江华，李告诉记者，那天夜里法门寺澄观法师领众弟子拜舍利后，他去拍摄这四枚舍利，当时他并未看见佛骨显像和放光现象，只是拍摄后扩印时发现底版和照片上出现了这种奇特现象。”

悠悠千载，万事沉寂。谁能想到，沉寂了千余年的佛指舍利和千余瑰丽珍宝会在今日重见光明，并向我们叙说佛法种种和浩荡的大唐雄风呢？法轮常转，此次法门寺的重现光彩，其意义可谓“洋洋大观”，而我们此行还有一个切实感受，那就是它为当地经济的复活和繁荣罩上了夺目耀眼的光环。

1992年10月

白云世界

对白云世界的向往，真不知是出于童年时对它无穷变幻的仰望，还是出于识字后读了有关文字后产生的遐想。《庄子》中记载华封人说“天下有道，与物皆昌，乘彼白云，至于帝乡”，似乎是说白云是神仙的故乡，这与后来世上的“白云观”一类的意思是一脉相承的。而“白云千载空悠悠”的诗句，又是那样幽远、缠绵与出俗，至于“黄沙直上白云间”或“黄河远上白云间”的描绘，则显现出另一派荒僻、旷阔的景象与豪气了。

白云世界，几多神秘，几多诱惑。

癸酉年秋，有机会坐飞机凌空千丈。靠弦窗向外望去，一个在钢蓝钢蓝的穹幕笼罩下的白云世界便呈现在了眼前，这是真实的白云世界，尽管没有斑斓的流光溢彩，但却不失神奇与壮美。机翼一侧，白云组成了一片无垠的白玉石林，那突起高耸的云朵，恰似无比硕大的白玉钟乳；又像万担絮棉堆塑的奇峰怪石，钟乳多呈蘑菇状，峰峦也多圆缓而欠峥嵘。叠嶂层峦之间，则是由各种造物构成的神奇公园，有张牙舞爪的怪兽，有伺机相扑的狮虎，有奇花异草，有城堡楼阁，更有打扮奇特的神、仙、佛、魔在那里斗法宣道……大凡在大地上能够见到和勾画得出来的造物，在这里仿佛都有类似物相映。在这一片奇异的白云世界中，还会出现一个个碧蓝碧蓝的天池——其实那是云块间的空隙处，宛如镶在白玉上的蓝宝石，漂亮极了。

与大地世界一样，白云世界也是千姿百态的，倘若大地上正值阴雨天气，那白云世界也就变成了另一种景象，巍峨的山峦和各种造物荡然无存，极目望去，所见的只像是一片北国冬天的大海，冷峻的海面上漂浮着厚薄不匀的冰雪层，远处偶尔可见堆起的冰丘，挡住了朦胧不清的云天交际线。冰海中抑或露有蓝灰色的水面，那是稀薄云层所致。望着这般似曾相识的景象，不禁叫人感悟到这样一个道理：宇宙间能形成相同景象的物质，不管其存在的方式是如何不同，其实质却是一样的。云也罢，水也罢，其实都是由同一种物质所构成。

白云世界在瞬间看来是宁静凝固的，但实际上却是变化万千：有时可以看到那云竟像是退潮后裸露出水面的沙滩，一层层、一个弧形套着一个弧形地向远方伸展开去，有时又可见到这里俨然是沙漠世界，那白色沙丘一个连着一个，间或在其中竖些奇形怪状的造物，抑或露出一汪汪的甘泉（这还是云隙造成的景观），为这单调的世界增添些异趣；突然，风起沙飞，又为这死寂般的世界带来了活力。

为白云世界的神秘奇妙所诱惑，我曾登泰山、爬黄山以享眼福，以慰心求。大概是由于所处高度的不同因而所见也就不同的缘故吧，那在平地无法见到的绚丽灿烂的云海奇观，也并非是白云世界的全貌。只有今天坐着高空飞机往下看，白云世界才呈现出了它的真实面目。

“太空无一物，何碍白云飞”，那本是意念中的有关白云之乡的种种神秘已经飞去，留下的只是白云世界景观的奇妙，而最奇妙的，还是白云世界给下面的大地带来的绿色和生命，带来的人类的进化和文明。

1994 年 2 月

记游巴陵胜状

1994年6月中旬，市青联组织委员溯长江赴渝考察，乘船始埠是楚中胜地岳阳。利用等船闸的一日之隙，渡洞庭，游君山，登岳阳楼，正好领略了巴陵胜状。

那是正值阴雨天，浩渺洞庭上，烟雨蒙蒙，风起浪飞，水天一色。坐在“君山号”游轮上，听风水澎湃，感波涛起伏，仿佛就是在海浪中颠簸行进。船上的舵手告知说，今日风浪能有5级，7级时就不能出船了。想起范仲淹《岳阳楼记》中“阴风怒号，樯倾楫摧”的描写，觉得实在情当至极。但文学毕竟是文学，很少有人知道，范公并未游过洞庭，也未到过岳阳，他的千古佳作《岳阳楼记》，乃是应好友滕子京之托，看着滕送上的《洞庭秋晚图》，借鉴历代诗文，参照熟悉的太湖风光而写出来的。

船行半个多小时后靠岸君山，君山为洞庭湖中一小岛，距岳阳楼15千米水路。按《山海经》载，洞庭之山，帝之二女居之，为湘君，因以名山。历史上它还有很多名字，如湘山、洞庭山、有缘山等。《巴陵县志》载：“山名有缘，盖山灵如妒人游，每将渡，辄以恶风浊浪拒人回舟，故以得至者为有缘。”我们能冒风浪登上山，也可谓有缘于此山了。

上岸进入山门，在导游的带领下，在修竹丛绿中拾阶而上，不一会儿就到了建在左侧山头的“朗吟亭”。相传八仙之一的吕洞宾曾三醉岳阳楼，每次都要飞过洞庭湖到此酣眠，并留下了“朝游北越暮苍梧，袖里青蛇胆气粗。三醉岳阳人不识，朗吟飞过洞庭湖”的诗句，朗吟亭由此而得名。传说归传说，其实这里是观水的好地方，南面可见水面比在岳阳楼见的还要大，只可惜在阴雨天中无法作比较，只能默默体会那怀才不遇、落拓漂泊的吕仙人的三醉心态了。

从朗吟亭向东北下坡，便到了用花岗岩砌成的湘妃墓，坟周翠柏环绕，墓前斑竹簇簇，并竖有一副石刻对联："君妃二魄芳千古，山竹诸斑泪一人。"湘妃是传说中尧帝的两个女儿娥皇与女英，她们的丈夫舜帝一次南巡平叛，未辞而行，湘妃二人四处寻找，来到君山后闻知舜帝已病死在苍梧之野，便援竹痛哭，泪珠滴在竹上，便成了斑竹，最后二人终因悲恸过度而死于君山并葬于此地。今日站在墓前，人们不禁为这凄凉的爱情故事牵绕魂魄，再不愿去追寻人事的真假有无了。从墓地北行百十米就是湘妃祠，祠依山而建，大殿中供有二妃神像，殿上匾额书"渊德侯"三个大字，这是娥皇、女英死后的封神官号，女子得以封为侯爵，在中国的历史上可谓凤毛麟角。大殿香火蛮盛，一尼在殿中不停地敲鼓，其他几位尼姑则忙碌地给游人抽签占卦，收取钱财。

从湘君祠出来,顺山坡西行不到10分钟便到了"传书亭"和"柳毅井"。柳毅传书的故事，早在少年时就已知道，说的是唐代书生柳毅抱打不平，替受夫家虐待的洞庭龙君三公主千里传信，救其出难的事，"柳毅井"即是柳毅传书时进入洞庭龙宫的下水处。后人为纪念柳毅见义勇为、不图报恩的品德，便将此井命名为柳毅井，并在井旁修了个"传书亭"，以载其事，以铭其德。

被古人誉为"白银盘里一青螺"，到处有神话故事踪迹的郁郁君山，笼罩在朦胧的雨雾之中，愈发地显得神逸俊迷了。

辞君山后复渡洞庭，雨雾中岳阳楼的巍巍身影越来越清晰地呈现在眼前。"洞庭天下水，岳阳天下楼"，岳阳楼能誉天下，载千古，实在是与范仲淹的《岳阳楼记》分不开的，可以说，范公的文章，成了岳阳楼万古长青的灵魂精魄。而文章的筋骨，便是"先天下之忧而忧，后天下之乐而乐”的思想操守。

岳阳楼的前身，据考是三国时期吴国大将鲁肃训练水师的阅兵台，唐开元年间，中书令张说进行扩建，后命名岳阳楼。从此之后，楼在兴废无常中显示出极其顽强的生命力。自范仲淹的《岳阳楼记》后，保存下来的13篇《重修岳阳楼记》，足可谱就一部煌煌建楼史。最近的一次大修，从1983年3月至翌年元月，历时10个月，大修后的岳阳楼，再现了清同治年间再建时的雄姿，并且推陈出新，提高台基30厘米，使它与两侧的三醉亭、仙梅亭有主次之分，二楼明廊增高10厘米，以便游人凭栏远眺。楼的东北隅，有1992年从300米外迁来的小乔墓。小乔是周瑜的妻子，她的出名，是否是借了夫君的光，墓庐内的两副对联倒是颇有见地的，一副是古联："绿珠犹作坠楼人铜雀春深最恨旧传非礼语；二女远来巡狩地潇湘月冷可怜同有未归魂。"一副是岳阳旅台同乡联谊会会员撰的新联："英雄夫婿赤壁鏖兵大捷显东风巾帼终扬眉吐气；绝代佳人红颜薄命芳魂息湖右江山孕国色天香。"

阴雨天里无法远望，又不便去他处游览，围着曾令自己心醉神驰的岳阳楼周转盘桓，煌煌印象中，"先忧后乐"的意念越来越强，越来越深，不禁心想句出，聊托心志，权作纪念吧：

洞庭君山岳阳楼，
巴陵胜状一日游。
满目风雨望晴好，
心怀天下念忧愁。
江水滔滔流万古，
范文熠熠耀千秋。
莫道妙手凭天机，
先忧后乐高风头。

1995年2月

韶山纪闻

1996年橙黄时节，我们几位来自环渤海地区的新闻界同行，前往向往已久的中国革命纪念地韶山，在偿却夙愿的过程中感受一番时代的脉搏和气息。

我们是乘火车从长沙去韶山的。韶山铁路30年前由长沙铁道学院的红卫兵倡议修建，当时有首《火车向着韶山跑》的歌曲也曾红火流行过："阳光灿烂照车厢，车厢里面真热闹。藏族大爷弹起琴，维族姑娘把舞跳，蒙族大叔唱起歌，一路歌声一路笑……"今日的车厢里少了那种艺术描绘，乘客多是当地老乡，列车常常晚点，我们乘坐的这趟车就晚点了1个多小时。

在列车上，有位毛姓少妇向我们推荐下车后坐她弟弟的汽车去游览，并到她的"毛家山庄"用餐。鉴于她的热情和时间原因，我们接受了她的建议，下车后即乘坐她弟弟的面包车直奔毛家山庄用餐。

毛家山庄坐落在前往滴水洞方向的一个岔道边上，是去年花10多万元建的二层楼房。楼下的房厅是饭店，楼上的几个房间里置有10多个床位，标准不同，但都挺干净。我们在一楼房厅刚坐下，便有两位50多岁的妇女前来兜售纪念毛主席的小物品，这些小纪念品的成交价要比商店里的便宜，我们每个人都买了一些。山庄饭菜价格也公道，我们特意点了毛主席爱吃的红烧肉，味道不错，但不知是否为正宗滋味。

饭后前往滴水洞。滴水洞是个南北长约 1 千米的山谷（原有的滴水洞已淹没在韶山 2 号水库中），这里松竹繁茂，青翠幽静，现已辟为旅游区，景区大门设在乡间公路上，公路的尽头是毛泽东当年在此住过 11 天（1966 年 6 月 18 日至 28 日）的 1 号别墅。这座建筑风格与北京中南海楼房相似的青灰色平房，是根据当时中南局书记陶铸的设想建造的。中有会议室、办公室、卧室、娱乐室和餐厅，还有一个为江青准备的套间。别墅后山是 50 米长的防空洞，这座后来建造的能防原子弹冲击波和化学武器的防空洞及防震室，因毛泽东后来没有来过终未派上用场。今天对外开放，给人以难以言表的感受。

山色美丽的别墅上方，有毛泽东祖父的墓地，有关毛家的这块“风水宝地”，当地有很多传说，特别是当地民众在红军时期为保护毛泽东的祖坟而与国民党军队展开的斗争更为感人。但由于要抓紧时间去瞻仰毛泽东的故居，我们只得放弃了前往参谒的机会。

毛泽东的故居在韶山冲的上屋场，坐南朝北，土木结构，成“凹”字形，有房屋 18 间，以堂屋正中为界，东边围成方形的 13 间小青瓦房为毛泽东家，我们盘桓其间，寻悟毛泽东成为一代伟人的始因。毛泽东热爱他的善良母亲，但父亲的精明对他也有影响。毛泽东排行老三，他的两个哥哥没长大便夭折了，又因他的外婆和母亲曾抱着他认一块根基牢稳的大石头为干娘，所以取名“石三”，乳名便叫“石三伢子”。毛泽东 7 岁前主要在他外婆家度过，因而外婆一家对他的影响也很大。从居处和环境看，毛泽东家是个典型的农民家，他的农民情结可能正源于此。

来到韶山，总要参观那由当时的省委书记华国锋主持奠基、于 1964 年国庆节落成开馆的“韶山毛泽东同志纪念馆”（原名“韶山毛泽东旧居陈列馆”）。我们在那里一个展室一个展室地观看追踪毛泽东从乡村少年到共和国领袖的成长历程，感受湖湘文化对毛泽东性格的影响，进一步认识毛泽东的伟大与平凡。据有关资料讲，该馆现已接待国内参观者2500余万，国外友人13余万，其中最多的年份是1966年和1993年，分别达到250万人次以上，最多的一天是1993年12月26日毛泽东诞辰100周年纪念日，人数达10万。

和滴水洞景区一样，纪念馆附近的商店和小摊上，到处响着红太阳的颂歌和毛泽东的浓重乡音，这些待售的录音带和琳琅满目、各色各样的毛主席纪念品，叫人感到这里是有别于别地的独特旅游地。

我们离开韶山时，许多新景区、新景点没有顾及。在太阳的余晖中，我们思索着感悟的东西，毛泽东辞世20年了，他的乡亲们充分地享用了伟人留下的遗产，这遗产，有物质的，也有精神的。

1996年12月

童话世界九寨沟

每个人的心底，都有一个童话世界。

童话世界，是性善的体现，是求真求美的表述。随着年龄的增长，童话会编织得更为美丽，更为理性，更为辉煌：伊甸园、香格里拉……但它们无法替代童年时感悟的纯美世界——一个物我两忘而又心物相通的世界。

多少年了，我常常觉得我的心灵深处，这个童话世界一直在引导着我。于是，终于，在我降生半个世纪后的一个深秋季节，我的身心进入了这样一个似曾相识的童话世界——地处世界第三极的青藏高原东缘的九寨沟。

因沟域内有九个藏民村寨而得名的九寨沟的知名度是很高的，但由于交通不便，到那里去的人还不很多，但凡去过的人，几乎没有不击掌惊叹的，许多人都用童话世界来形容。由此看来人类的感受还是相同相通的。

有人讲，九寨沟美在水。的确，九寨水之美别处不能比，但仅水美构不成我的童话世界。构成我童话世界的有几个因素：奇异的湖泊、神圣的雪山、茂密的森林、斑斓的色彩，还有山坡牧场、溪流瀑布，而且远离人烟。九寨沟正具备这些因素，所以圆了我童话世界的美梦。

九寨沟为嘉陵江源头的支沟，呈Y形，三沟各具特色，又都发声如乐，化图如画，表语如诗。下段的树正沟内有个盆景摊，多姿的树木长在或动或静的浅水中，间或有奇石倚树露出水面。在沟边高处俯视，静水倒映，活水反光，大盆景套缀小盆景，小盆景联串大盆景，减一份为少、增一份为多，天工天趣，非人工所能为。上侧的日则沟内有众多神异的湖泊，其中五花海正处最美的时节，海边的彩林里黄叶泛金，红叶流丹，绿叶吐翠，映得水面反衬出世上所有的色彩，特别是那神秘的湖蓝色，似乎就是在这里产生的，那色彩，那意境，直叫人忘记了是在现实世界中。另一侧的则查洼沟内也有个五彩池，池小，四周彩林色彩也不丰富，但池中色彩却也不少；那沟的上方有个长约 7.5 千米、深有 100 多米的长海，传说海里有怪兽，更为童话世界添加了一份神秘。

树正沟与日则沟内有很美的瀑布，形成一道道奇美无比的风景，但叫我更感心动的还是那山林的幽静、雪峰的沉静与湖面的止静。脚踩原始森林中厚软的地苔，在凝滞的空气中捕捉游丝的颤动；仰望直插蓝天的雪山宝顶，感受从那里闪烁的冷光；注目斑斓耀眼的丛林，搜索那黛绿深处的动物世界;凝视横卧在蓝绿湖底的老树枯枝，感觉虬龙在水底游憩，思想和情感被牵引得很悠远很深邃，童年的幻想在那里得到进一步显现。

去了九寨沟，我相信了在现实世界中，真有和心中的童话世界一样美丽的地方，当然，这只是指自然的景致，不过在童年，又有谁会考虑社会的美好理想呢？人，当他告别并远离童年后，如果还能保留一丝童心，能感悟自然的美，也就是一种福分了。

我还想进入我的童话世界，愿那里永葆一方净土。

1998 年 12 月

认识波尔多

人生中常有意想不到的经历。到法国时也未想到会去南部名城波尔多。虽然就在去欧洲的一个月前，在今年8月召开的首届中国秦皇岛昌黎国际葡萄酒节上，大讲秦皇岛是中国波尔多的宣传词，着实让人对波尔多有了一种亲切感，多了一份向往。

初到法国巴黎，正遇友人要去波尔多进行有关中国文化的讲座，我觉得去看看并与秦皇岛作一比较很有意义，便欣然同行。

从巴黎去波尔多需坐3个小时的火车，当火车把迷人的巴黎甩在后面时，迎面而来的是法国平原上的田园风光：大面积的尚未收割的玉米在太阳的照耀下闪烁着灰黄的光彩，刚收获完毕的土地则散发着黑土壤的气息，层次清晰的云朵在地平线上飘动，间或有牛羊在青里泛白的牧场上悠闲吃草，一幢幢农舍在几棵绿树的掩映下构成一道道风景线。火车进入丘陵地区，牧场开始多了起来。当一片片植有矮小葡萄的葡萄园开始呈现出来，我意识到，波尔多快到了。

波尔多是法国的第五大城市，属阿其坦省杰隆得地区，以产葡萄酒享誉全世界。法国第三大河加农河流经该市，它不但使波尔多成了法国历史上著名的港口城市，而且为两岸的葡萄园提供了必要的用水；大西洋湾流影响着气候，这气候和加农河口潮汐的规律对葡萄的生长十分有利；西部广袤的森林又为葡萄园抵住了大西洋狂风的袭击；丰富的土壤类型，适合于不同种类的葡萄（现有57个种类）在此蓬勃生长，而不同种类葡萄汁的巧妙混合恰是生产高质量葡萄酒的关键所在，品质高贵、品种多样的波尔多葡萄酒正是生产者把一代又一代的技能和经验传递下来的结果。

波尔多地区现有113000公顷酒葡萄种植园（合约170万亩），占全世界葡萄种植量的1%。波尔多的葡萄酒有干红、干白、甜白及玫瑰红酒等，其中50%为红葡萄酒，现在年产各种葡萄酒达55000万瓶，占全球葡萄酒贸易额的4%，总产值达13.5亿法郎。波尔多酒的原料全部产自波尔多地区，即使是葡萄歉收的年份，也绝不用外地的葡萄，这也是波尔多的生产者能执行严格的原产地命名系统的根本保证。

波尔多葡萄酒具有各种不同的口味。由于加农河两岸的葡萄品种不同，因而各自酿出的酒的口味也不同，右岸产的红葡萄酒味道芳香，左岸产的红葡萄酒回味无穷。就颜色而言，有红色、玫瑰红色、白色和金色等，香味也有花香、果香、草香、树香等多种，当然，要品出这种香味需要懂得喝葡萄酒的标准方法：先呷一小口，然后在口腔内涮一下，再细细地品味。

波尔多红葡萄酒早在1855年就被世界相关组织评定为是最高质地的，为维护这种良好声誉，波尔多有关方面一贯坚持严格的质量检测标准，对每批葡萄酒都进行严格检测，最后才确定这批葡萄酒的质量，贴上表明该酒品质的标签。

波尔多特别重视培养和发展酒的市场。几百年的经验并没有叫他们掉以轻心。他们对经纪人提出很高的要求，认为经纪人必须是非常在行的葡萄酒行家，他不但对葡萄的生长、葡萄酒的生产工艺，各种葡萄酒的质量口味，甚至葡萄酒的贮藏、喝法以及诸如一标准杯（70毫升）波尔多酒含有50卡路里热量（相当于一个苹果）这样的知识都应了如指掌，因为只有这样的经纪人，才能把波尔多酒推销出去，不断开拓市场。我下榻的在河尔冬城堡基础上建成的美尔君酒店，就非常重视宣传该市的酒文化，酒店的大堂里，放着一架老式榨汁器，两边放着标有各种标签的葡萄酒瓶，其中有的是历史名贵的酒瓶，而且只要你愿意，可以向总台的服务员免费索要很多关于波尔多酒文化的资料，来自世界各地的酒商也经常在这里谈业务。在波尔多的大街小巷里，更有不少专卖波尔多葡萄酒的商店，在一家专卖店里，热情的店员还向我讲述了关于波尔多酒的若干知识，并赠我一把瓶塞起子作纪念。

波尔多是法国最古老的城市之一，已有2000年的历史，中世纪发现的被称为“卡里昂宫殿”的建筑，实际上是古罗马的竞技场，现在成了该市的重要旅游景点。法国人热爱首都巴黎，同时又把波尔多看作是精神上的首都，因为这里是18世纪启蒙作家和艺术家们集居的地方。在这个城市里，波尔多人骄傲地立起了法国第一个启蒙作家孟德斯鸠的铜像，孟德斯鸠在《法的精神》一书中所倡导的立法、行政和司法三权分立的主张，是法国资产阶级立国的纲领和精神，而他的《波斯人信札》一书则开了18世纪哲理小说的先河。

历史上的波尔多人用一桶桶美酒换回了一批批精良的建筑材料，请来了当时最好的建筑师、艺术家和地理学家，建起了一座座令后人不断击掌的建筑，其中包括一些神秘奇特的城堡和教堂。早在100多年前，批判现实主义文学的奠基人之一、《红与黑》的作者司汤达就在一篇散文中宣称：“波尔多是法国最漂亮的城市，是非常值得去的地方。”

生活在弥漫着美妙醉人酒香的环境中，这里的居民比北部的法国人似乎更多一份浪漫与热情，每当傍晚时分，各种饮食店便把桌椅放到门外街道或广场空地上，夏季还支起阳伞，人们纷纷来到这里，要上一份美酒和佳肴，或与家人，或与朋友慢慢地饮，细细地品，谈情说爱，谈古论今，享受生活的美好。来自世界各地的游人们融于其中，便对这个城市的特有魅力有了更深的认识。

为了迎接21世纪的来临，法国曾下大力使首都巴黎再度容光焕发。波尔多市目前也在进行市容改造，曾担任法国总理的阿兰·于佩现在是波尔多市市长，他已要求在两年内把全市的建筑清刷一遍，叫波尔多也像巴黎那样重现美丽典雅的本色。他还要求限制市区小汽车，增设大玻璃窗公共汽车，以便乘客和游人观览市容。法国朋友告诉我，于佩市长很有魄力，办了很多实事，百分之九十的市民对他有好评。

他们还说：“秦皇岛和波尔多有很多相似之处，如果中国方面愿意建立和加强这两个历史悠久的城市之间的友好交往，我们乐于做穿针引线的工作。”

这就是我认识的美丽的波尔多！

这就是我认识的热情的波尔多人！

2000 年 11 月

文明的衍化与时代认知

——游西欧获得的印象

因学术交流在西欧待了一个月，不同的文化背景自然给人以非常强烈的印象。从发展旅游的角度看，西欧国家（我游了英国、法国、比利时、荷兰、德国和卢森堡）有两个方面是值得我们学习的：一是对环境的保护，二是对历史文化遗产的保护。

到过西欧的人都认为，那里的环境保护工作做得好，因此，天空是蔚蓝的，云层是清晰的，大地是绿色的，河水也是较干净的。当今保护生态环境已成了多数西欧人的自觉意识和行动。我曾参观过英国诺福克地区的两个湿地保护中心（也是鸟类保护区）。那里的人们告诉我，保护湿地、保护鸟类就是保护我们的生存环境，在一百多年前的工业革命时期，英国的环境污染是很厉害的，那时伦敦便有了“雾都”之称，究其原因主要是因为工业革命所造成的空气污染所致，现在如果有人还认为伦敦是雾都，那便是翻老黄历了。现在的伦敦雨水依然丰沛，但雾是大大地减少了，在环境保护方面，应该说西方多数农村比城市还要好，因而在农村的生活质量也普遍比城市高。

“建设现代化，不应以牺牲环境为代价。”英国朋友告诉我，他们走过的弯路希望我们不要重蹈。

西欧人很注意对历史文化遗产的保护，无论是在城市还是在农村，人们都能看到保护得很好的历史文化遗产。以法国为例，它是世界上第一个确认保护历史文化遗产是公众利益的需要并予以立法的国家，在巴黎，在波尔多，往往整个街区、整片市区的几百年前的古街巷都被保存了下来，19 世纪以后的建筑在风格上也与古建筑十分协调，使整体风貌古色古香情调依旧。这得益于《马尔罗法》，这是一部关于保护历史街区的法令，它对法国历史文化遗产的保护影响很大。当时，正值“二战”以后的大规模建设时期，大量农村人口涌入城市，许多城市拆除老城区、建高层住宅以解决居民住房问题，城市中老城历史中心区遭到严重威胁。针对这种情况，国家立法提出了保护历史街区的要求，对有价值的历史地区划定为历史保护区，制定保护、利用规划，纳入城市规划的严格管理。对区内建筑不得任意拆除，维修改建等也要经过“国家建筑师”的指导，符合规划要求的修整可以得到国家的资助，并享受减免税赋的优惠。而所谓“国家建筑师”，不是指一般的开业做建筑设计的建筑师，而是专为保护历史遗产而设立的，从有一定经验的建筑师、规划师中招考，经过两年的专门培训，再通过国家考试后正式任命的国家公务员。“国家建筑师”的考试十分严格，平均录取率为十分之一，今年（2000 年）只招了 12 人。

用照相机记录下了这种认识。愿这种认识能对我们的现代化建设起些借鉴作用。

2000 年 11 月

诗思篇

SHISIPIAN

丰碑

在举世哀悼周恩来总理的日子里，知己者寄来了几张在人民英雄纪念碑下堆满花圈的照片，望着这几张照片，热泪涔涔，心潮翻滚，思绪万千。

这是最高的奖赏！
这是最大的丰碑！
这是最深的怀念啊！
这是最好的争斗！
人民的眼睛永远雪亮，
人民的选择永远正确，
人民的智慧无穷无尽，
人民的力量翻江倒海。
潮涨潮落经久不衰，
花开花谢永世不败，
人民的总理啊，人民热爱，
人民的热爱啊，千古长在。

1976年5月

悼伟人

1976年9月9日下午，正值陪科学院地质所考察地震微观现象的同志考察“天下第一关”时，听广播知毛泽东主席逝世，大家咽泣失声，悲痛欲绝。

停止了，一个伟大的生命，
地球的杠杆突然失灵，
整个宇宙都觉到了震动。
最能深切地感受到这一点的，
是在他旗帜下奋战前进的人们，
还有受他恩泽光照的百姓。
至于伟人的敌人，
他们也强烈地感觉到了，
但竟不敢妄加评论，
这可是一个有力的证明，
说明了伟人的品质、力量和威信。
伟人去世了，
他在死亡面前和凡人一样平等，
然而，只有历史的天平，
才称得最公平。

可以相信，
他的事业和思想，
将永世长存，光照后人。

1976 年 9 月

“四五”三周年祭

歌舞中把鲜花献给“四五”，
似不必再担心大棒与囚诛，
但理想的大厦刚刚奠基，
建设可不是靠空言垒筑。

时光的波涛荡选着珍珠鱼目，
先驱的碧血岂容玷污，
民主的真谛永远闪光，
公民的权利理应鼎铸。

总有东西要阻止历史的进步，
这不仅是无形的旧思想余毒，
君不见一些尚未触动的禁地，
却正是藏纳僵尸鬼怪的魔窟。

“国际歌”声永远把人民鼓舞，
不靠神仙皇帝，也没有救世主，
伟大的运动向我们揭示的真理，
只有在鲜血中才能把事业巩固。

1978年4月

宣誓

有一个姑娘申请出国,外国使馆的人问她进行过什么宣誓没有,她的回答不得而知。但我想说:

宣誓、宣誓、宣誓……
这一生我们常常宣誓,
无论加入什么组织都要宣誓,
无论举行什么仪式都要宣誓,
特别是有那么一个时期,
我们几乎天天宣誓,
而且不止一次,二次……
我们不懂信仰就开始宣誓,
我们没有信仰也必须宣誓,
为了利益要宣誓,
为了躲避也要宣誓。
我们宣誓,出于无知,
我们宣誓,出于好奇,
我们宣誓,出于无奈,
我们宣誓,出于上旨。
我们宣誓,也曾出于信仰,
然而信仰被现实击得粉碎,

我们失望，我们心疼，
然而我们还要宣誓，
不为幻景，不为尊神，
为了祖国，为了人民，
我们宣誓，我们宣誓，
但是只做这么一次。

1978 年 10 月

浪花

浪花，洁白的浪花，
人们在那里看见了忠诚，
看见了爱情，看见了希望。
可是我还看见了，
浪花曾被高高地举上浪尖的顶峰，
不惜粉身碎骨，
欢腾地向前冲锋，
忽地又被摔落在谷中，
随同污浊的泡沫在一起，
被抛弃在了沙滩上。
啊，就是被抛弃了，
也要对沙砾进行最后的洗濯，
让沙砾晶莹闪耀，
叫生命放热发光，
啊！浪花，洁白的浪花！

1979 年 8 月

贝

血泪的痕迹构成五彩的斑纹，
生命的热力化成耀眼的光彩，
痛苦和耻辱锻成了造化绝美的躯态，
我爱它，又把它送回到大海。

1979 年 9 月

防鲨网

在海边的每个浴场，
都漂浮着一张严密的大网，
人们说，在这个网里，
你可以避免鲨鱼的恶咬，
也不用担心海蜇的毒吻，
况且，水浅，离岸也近。
是啊，在这个网里游泳，
我感觉到了安全，
可也再不能了解网外的世界，
更不用说去感受大海的深广。
有个未解事理的孩子，
告诉了我这样一个事实：
年年淹死的不幸儿，
往往都是在这安全的网里。

1980 年 8 月

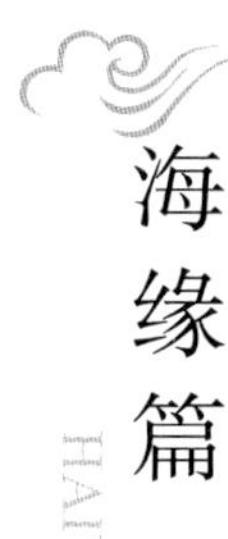

海缘篇

HAIYUANPIAN

海浴、日光浴和沙浴

再也没有比此刻更快乐的了。海水紧密地拥抱着我，托浮着我，一会儿把我举起，一会儿又把我放下，我拼命地拨着浪头，踢着水花，全部思绪跟随着运动着的身体全部都浸入亲切、神奇、美妙的大海之中，那赶不走的杞人忧天样的愁绪，那无法摆脱的生活影子般的烦恼，都远离了，远离得无影无踪，只有生命和生命的力，从我每一个汗毛孔，每一个细胞，每一根神经，每一个意识里呈现出来，表露出来。啊，生命是离不开大海的，人类的远祖不也是从大海里生活过的吗？

从海里爬上岸来，挂着水花躺在沙滩上，背上感到热烘烘的，甚至有些发烫，我时而把沙子捧在身上，时而又把沙子掸去。热烈的阳光照耀着我，和着清润的海风，倒也并不感到炙热，只感到一种不可言状的舒坦。真美啊，我放松着全身的每一个关节，每一个部位，每一块肌肉，合上眼，尽情地享用着这美妙的阳光和温和的柔沙。睁开眼，周围全是快乐的人们，姑娘身上红红绿绿的泳衣，点缀在蔚蓝的大海中和金色的沙滩上，悦目极了。人们尽情地欢笑着，嬉闹着，其中不乏金发碧眼和遍身墨黑者。我忽然想，外国人都蜂拥而至，可见这里是多么美了，世上美丽的大海、阳光和沙滩到处都是一样的，何必一定要奢望地向往日本的海、新加坡的沙滩、美国的阳光呢？梦中的天堂是渺茫的，醉心于幻想不如紧紧地抓住现在所拥有的。我泳浴在亲昵的海水中，浸浴在温柔的沙滩上，沐浴在灿烂的阳光下，心中感到一种充实，这里是我的祖国，是我的家乡，这里正有着我所追求的梦，有着我所深深热爱的生活。

1982 年

海缘

（一）

神奇的人生总是出乎意外地闪现出各种各样的色彩，叫人感到迷惑、新奇和震惊；真诚的思辨者总想用现成的光谱仪去分析这种色彩，用数学方式去解这个X，然而所谓成功者，恰恰是对人生失去了希望、信心和勇气者。人，当他走完人生旅途时，才会觉得那闪光的东西或许都是虚假的，而热爱生活者，却往往是心甘情愿地去接受这种种色彩的诱惑。

此刻，人生正向我显示用思辨者的眼光看来或许是虚幻的色彩；一个纯洁的灵魂在海里涌现。她无修饰地显示了她应显示的一面，真诚的欢乐和真诚的痛苦。这是真的，因而也是善与美的。在这个灵魂面前，我迷惑了，震惊了。试想，茫茫尘海，使灵魂蒙上的灰埃还少吗？灵魂和灵魂的交往不是更需戴上外罩吗？在经历了尘海中沉下浮起的几遭魔劫后，我该用冷眼去看世界了，然而现在，我却要放弃这卓有成效的自卫方式，一心一意地想暴露自己。这是海缘吗？

我热爱大海，赞美大海，不仅是因为我生长在海边，对大海有深厚的眷恋之情，也不仅是因为大海给人以种种便利，养育着我们的缘故。

我热爱大海，赞誉大海，还因为大海的伟大性格和力量，因为大海的永恒运动和前进。

啊，大海，它既有平原的辽阔，湖泽的深邃，又有山地之险峻，高原之雄厚，它永不休止地运动，造就出各种各样千姿万态的奇观，它时而温和宁静，时而暴躁狂怒，然而无论是使人心旷神怡，还是叫人惊心动魄，它都给人以美的感受，力的启示。

啊，大海，当它心平气和时，一望无垠，波平如镜;广阔的胸怀啊，容得下天，容得下地，容得下整个宇宙。

大海，既然你已显现了那神奇的作用，那就请敞开广阔、深厚的胸怀，紧紧地搂抱着那些自愿跳入你怀抱的灵魂吧！无论他们在哪里，是在北方，还是在南方，或者在东方，只要是在海里，你是能牢牢地联结他们的。

人往往是这样的，当心中的渴望一旦能变成实际行动时，他却退缩了。此刻，我正处于这样的时刻。我多么想把我的心灵的渴望化成文字表达出来啊，可是写着写着，那不顾一切的勇气却像晨雾那样悄悄地消失了，是阳光，是清风，还是温度的作用？总之，晨雾是退了，那朦胧的一切，不管是诱人的，还是吓人的，总之是没有了。有的只是清晰的大地，碧蓝的天空，还有那天地之间的实实在在的人类以及他们的种种活动。这现实的一切，迫使我也现实起来，不要去做那不现实的迷梦了，你听，树上的小鸟不是唱得很好听么，为什么非要去追求那并不存在的夜莺的歌声呢？是啊，谁知道大海能否容下这心灵的强烈风暴呢？尽管风暴是从海上形成的，它绝不会伤害大海，但大海也会把它赶着跑的啊！

（二）

读你的信，有时我真难过，为你的苦闷和忧伤而难过。同时我又恨自己的无能、无力和无用，恨自己竟无法给人以一些实际的安慰和帮助。真的，有时我真想什么也不写，什么也不说了，写的说的又有什么用呢？相反，或许说得写得越多，给人给自己带来的苦闷也越多，倒不如不说呗。究其实，难道一切一切还用说吗？心里不都很明白吗？可是，就是那么怪，我就是那么地想说，好像唯有说或许能帮助那苦难的心得到解脱，唯有说能系住那联结两个灵魂的细弱游丝。关于苦难和幸福的种种道理，我们不是不晓得，可是用文字表达友情，又是多么困难啊！文字只不过是符号的排列组合，只有言语，那通过肺腑、胸膛发出的言语（包括叹声）才多少能表达出人类的一点真情！一个人是无论如何也不能充分地表达他的全部情感的。真的，我真不知道该怎样表达出我心中的真情。

秋水不同于夏水，此时的大海显得更蓝，水显得更清，望着那一望无垠的蓝而清的海水和东风掀起的白而洁的浪花，心灵似乎也纯洁了许多。

读书写作，尽管这是苦差事，并且不一定会得到希望的结果，但这也是一种充实心灵和陶冶情操的方法啊。

我能对你有什么帮助呢？我知道自己，我所以还写点什么，完全不是因为有这方面的才干，而是颇有点“要不干什么呢”的原因。有位同学在给我的来信中写道：“想想我们这些人，年轻时雄心壮志，个个自命不凡，在动乱之中抛弃了美好的理想，又怀才不遇，远离亲人，在遥远的异地挥霍着自己的才华和青春，又匆匆忙忙地造就了一批儿女。当我们刚刚从拖累中抽出身来稳下神一看，才发现了最可怕的东西，生活赋予给我们的含义竟是如此无聊空虚，我们这些本来并非庸才，有头有脑的人，从内心感到对自己，对周围，对世界，对上帝不满了，愤怒了，要摧毁，要爆炸，要求还回失去的年华，还我寻求和希望……可是最终恐怕全都要在渴望中走到尽头……”而我的所为，是很有些挣扎意味的。

你谈到了“友谊裂痕”对你的伤害，其实如果我们理性地看待这个问题，难道其根源不是因为相互间了解得太少了的缘故吗？前人云：“人生得一知己足矣”，可见要保持终生的友谊是多么艰难，也正因为这，我真诚地希望友人之间能不断地加深了解。世上的一切都是变化的，你实在不必为失去那也许并不真实的友谊而烦恼，更不必因此而怀疑人的真诚的存在。顺乎变化，但不失去对人生和生活的热爱，不失去对理想的追求，也许这才是免去自讨烦恼，并保持心灵充实的良方吧！

我不是天才和伟人，也不信上帝，不可能写出什么传世的“忏悔录”，也不会去向上帝恳切陈述自己的一切，但我真想在一个我认为能够理解自己并值得自己信赖的人面前一吐我对世界、对人生的真实情思，这样，也许我的心灵能安宁许多。

当写这些的时候，我同时又产生了一种顾虑，我怕困扰你平静的心境，哪怕是引起你的一点点不安，也是我所羞愧的，我希望你的心灵是一片大海，茫茫苍苍，无边无际，容得下整个世界，因而也不会拒绝容纳那因一心归顺、在冲破千山阻碍时带有泥沙的河流。

如果真的有倾吐心中情思的机会，我会怎样呢？也许反而什么话也没有了，有的只是心灵的欢愉和满足！不！我要说，把自己的一切都说出来，好的坏的，在纯洁的心灵面前纯化自己的灵魂。

你说都快三十了，而立的又在哪里呢？其实不仅是你，我又立在哪里呢？同样的，其他的人又都立在哪里呢？在这个社会上，几乎每一个人都是社会这架机器上的一个螺丝钉，都在社会安置的部位上震动，自身是很难创造什么价值的。

我也对自己目前的状况不满，只不过是因为肩膀上扛着个属于自己的脑袋而已，而且正因为此，我所感受的苦与痛就更深更实，与周围的冲突也更多更烈。也因我曾见得太多，因而对那些阻碍社会进步的勾当认识得很清，自然也痛恨得厉害。但我深知，中国的历史包袱太沉重了，要改革并不是件容易的事，不做一次性的拼死抗争并不意味着同流合污，也不意味着妥协，而是懂得了应该怎样才能尽到自己的责任。

你不觉得现实中很多人都在无聊地生活着吗？生活可能就是这样的。让我们扔掉悲伤，在那不理想的生活中去寻找理想，努力地按理想去生活吧，为什么总要苦恼自己呢？每当如此想时，我真想飞到你的身边，和你一起在那音乐和美术中，在心灵的交融中快乐地度过生命的时光。当然，这只能是灵魂，但你能如此吗？你能和我在一起快乐吗？如果你依然是那么悲伤，我可怎么办呢？……不，不听音乐也不欣赏图画，让我们互相叙述我们的童心、各自的奇遇、我们的爱好和希望吧！谈我们对人生的看法，对理想的认识……还有便是会心地笑。

每次寄出信后，我总有一种感觉，一方面感到轻松，另一方面又不满意，觉得心里的感受没有写清楚，还有很多想说的话没有说，然而我又知道，一个人的心里的感受是永远无法用语言表达清的，更不用说是用字句了（语言里的语调和频率等所表达的感情用字句就无法表达）。不过有些字句倘若细细品起来，倒也有着无穷的含义，比如“怀念”即是。

我常常剖析自己为什么总想向一个纯洁善良的心灵敞开我的全部思想和感受，这是否合适？在理性的思辨和感情的争执中，我产生一种惧怕。人们常常说教道，无论怎样动人的理想都是空的，只不过是一种引诱。经验也似乎在证明着这一点。可是如果没有了对这种带有诱人色彩的永远望不到头的空想的追求，那生活和禽兽又有什么不同呢？我所惧怕的就是在这具有个人色彩的领域里，现实也会证实我们所追求的竟是一种梦幻，最终的结果竟是失望和后悔。我已经在现实面前感到过是多么软弱和无力，我怕现实再一次地粉碎那追求的理想和追求本身。一个人如果失去了对理想的追求，那就意味着他已经死了。

我努力控制自己，想延长回信的时间，但那因此而引起的不安和难受，又迫使我快快拿起笔来，这时，心里才释然了。拿起笔，就像坐在了你身边，是默默无语，还是滔滔不绝，我真想默默无语，让眼中的泪花去表达我心中的情感，辩证法在这里也起作用，此处无声胜有声啊！

（三）

我特别喜爱这样的夜晚，海风徐徐，波澜不惊，皎洁的月光，映照着溶溶的海水，天地寥廓，万籁俱寂，只有海水在轻叩着海岸，发出任何乐器都无法表现的悦耳的音响，此刻，真令人感到海边的月夜充满着无穷的诗情和画意。

我也喜爱这样的夜晚，这是连月亮都掉在了海里的夜晚，那时远处海边的灯光酷似繁星，而繁星又似灯火，在这星光闪耀的一片黑糊蒙蒙中，天体变得很大很大，无可捉摸，神秘极了。

心中的呼喊，大海是会听到的。

望着依然如故的景致，心里涌动着一股不可言状的情绪，记得对语石吧，那头对头的喁喁私语，真像人间的一幕啊，感谢造物主，它用坚石把这动人的一幕长久地留在了人间，给人留下美好的回味和追忆。还有避雨石，我真希望人间和另一个世界中能有这样奇妙的避雨石，让人躲在其下能避开一切不合时宜的雨水的侵袭。还有大海，那永不休止的运动着变化着的大海，尽管没有一刻是完全相同的，但它毕竟是大海啊，是能容纳万物而不失其真的大海啊！

那美丽的山水间包含着多少美好的东西啊，我的全部的纯真美好的感情和山水灵气结合在一起了。

以她丰富的人生经验，以她充满朝气的心灵，以她自由的思想，她尽管不能全部同意我的思想和行为，但她一定能理解的，能被人理解，也是一种幸福呢！

生活的欢乐是多方面的，一切欢乐又与每个人的文化修养有关。

努力地向前去争取更大的欢乐呗，但欢乐所激发的力量应对人生有益。

人生，真奇异啊，我不想用苦难来形容它，也不想用快乐来描绘它，但它确是奇异的，即使是最庸碌的本身不也是一种奇异吗？我愿意欣赏这人生的奇异，就像看小说，看历史一样，去认识，去理解，去欣赏。啊，奇异的人生！

我希望你们高高兴兴地来，愉愉快快地走，带走一颗童心的真诚，带走亲人的良好祝愿，带走值得永留的怀念和秀山秀水陶冶的全部美好形象。

追求物质方面的享受是很受条件限制的，但在精神上，在现代穷人和富人、平民和特权者有着近似相同的条件，真的，倘有好的物质享受，我们当然不拒绝，但这不影响我们高尚的精神追求和享受，物质享受只反映了动物的本性，而精神享受才是人所特有的。

乘车颠簸在去山区的路上，在熟视了的单调乏味的土黄色中，突然点点通红的火星映入眼帘，然后便是这火星点燃的满山的红火，轰轰烈烈，蓬蓬勃勃，看了叫人感到血液被引燃，精神为之振奋，感情为之沸腾。这就是山区的红叶，这是已献出了果实的白梨树叶，它红得晶莹，红得纯净，它有任何红色树叶都比不上的艳美和绚烂，特别是当阳光从山顶上照耀下来的时候，那光彩更是任何伟大的艺术家都无法捕捉得到的。

红色是使人兴奋的颜色，但如果是暗红色，不纯净的红色，那有时不仅不能使人兴奋，反会给人一种忧郁呢！

凡见到美异的景色，总会想起你，如能在一起欣赏，那该多好，但这同样多是希望，只愿能不失时机地抓住现实，来实现部分的然而是真实宝贵的、可以永怀心底的美好的理想。

今年的天气也真怪，该不是个暖冬吧？“大雪”的季节，这里竟下了一天一夜的雨水，那几天的天气像是春天一样，泥土放出了特有的芳香，如果此气候延长几天，我相信小草会发芽，柳树会抽枝的。望着淅淅沥沥的雨，春日里雨中登山的情景又呈现在眼前。春天，总是给人带来希望，可是我的希望又在哪里？这不，冬日里春天的假象过去了，临前的依然是凛冽的严冬。

这几天是北方最冷的日子了，如果你站在海边，可以见到这样一种景象，近处是高低不平的连接在一起的冰块，远处则是一片没有冻结的海水，午时前后，冰映着淡淡的白光，水闪着点点的亮星，走在冰上，发出吱吱嘎嘎的响声，像是鸥鸟在叫。冰水交接处，海水像慈母舔吻着爱子般地吞吐着冰层，而冰则静静地任海水磨融。冰，对水是多么依恋啊，默默地流泪，汇进母亲的怀中，是的，它不愿成为冰，它多么愿意和母亲一起翻卷波动啊！它期待着春天。

愿东北来的寒风能带走我的思念，不！不用寒风，无穷无尽的生物电一定能准确地发出信号，表达一个常感孤独者的真实心情和良好祝愿。

大雪给那被人们看腻了的沉闷的褐色世界上了一层洁白透彻的色彩，又勾动了多少人们的思绪啊！

雪化得很快，一天后就不容易见到白色的土地了，但同是褐色土色的大地，给人的感受却大不一样了，人们闻到了泥土的芳香，感到了春的气息。深深地吸一口吧，多么新鲜的空气啊，春天真的来到了！让我们呼出胸中的一切闷心，大口大口地吸入春天清新而带有活力的鲜气吧！万物都在苏醒，何况人的心灵呢！

海边除了有一条白雪般的冰带外，要找冰就得上海中的岩石了。站在海边岸石的冰上，望着似乎格外清澈的海水，微微感到了春意，真的，见到一泓清水，怎能不感到一种有别于严冬的意境呢？

冬天海边黄昏的景色是别有风趣的，天边的云层里透出一片暗红光亮，由于是退潮，海底水滩显露出很多，海面平得像镜子，那岩石上和留在浅滩上的片片白冰，在闪露着微微的寒光，整个海滩，静得出奇，在这种环境里，真叫人仿佛忘记了自己的存在。

没有特别的快乐，也没有什么不快乐，只是多了一种思念，而这种思念，一方面叫人感到充实和温暖，另一方面也叫人感到不安，这不知是否可用遗憾一词来概括。

常常有这样的时刻，我真想把心底的全部情感用一声呼唤表达出来，可是往日的许诺束缚着我，我只能在心里默默地呼唤，而这心底的呼唤谁能听得到呢？我忍不住在大海面前呼唤，但冬天的大海给予我的是刺人的寒意和吓人的寂寞，岸边的冰凌已经挡住了潮水亲吻大地的意图，自然那古老而又动人的乐曲也就消失在凛冽的寒风中。冬天的大海就是这种景象么？是的，如果谁要真正理解冰天的意境，那就在冬天到北方的海边来吧。

在海边强烈地感到了春天的气息，海里的冰已经融化，海浪又开始亲吻沙滩，而且是那样轻柔。春天的气息或许就是人们常说的海腥味吧，这气味的确在春天最明显。

清冷世界有其特有的趣味，就本性来讲，我更喜欢清冷世界，因为只有在这种世界里，人才更和谐地和大自然融为一体。

他的童年和少年时期是在美丽的环境中度过的，今天，对不如意生活的下意识反抗所引起的怀旧，常使他更爱大自然。这也是他每到一地都要去寻求美景的原因。

（四）

他是个理想主义者，他一生中常在为一种理想而拼搏，对爱情，他也是这样。他认为人不同于别的动物的一个主要标志，人是有思想，有精神，用宗教的话说是有灵魂；他还认为，现实的两个人体躯壳的结合，是很平常的事，在某些宗教信徒看来，或许是不洁的事情呢！但是灵魂的结合，两颗纯洁的灵魂的结合，不正是历来理想主义者所追求的吗？一个人如果有这种真正的结合，那么不管这两个灵魂的躯体各在天涯与海角，他们都会感到是幸福的，这样，他（或她）就能快乐地对待艰难的人生。而且，也正是有了这种结合，他（或她）能更严格地要求自己做一个大写的人。

人在幸福中总是感到时间过得太快，当时他只觉得沉浸在一种无比幸福、无比崇尚的感受的情感中，只有当列车渐渐消失时，他才意识到他没有很好地抓紧这宝贵的时光，然而这一切，都和那越来越快的列车一样，越走越远了。

在伟大的母爱面前，他真正地感动了。从心底腾起一种要和她一起为孩子的幸福尽责的崇高情感。

用文字来表达心中的微妙真实的感情是任何大师也做不到至善至美的。

时值阴历十四五，黄昏望着月挂树梢的景象，心里总有所动，似乎那皎洁的月亮像什么，又觉得月亮里有什么，连照在脸上的光亮，也都带上了热度。这里有着朦胧的渴望和追求，一种洁白透亮中的渴求和追求。

人常常有心情低沉苦闷的时刻，而最叫人难受的是这种郁闷的心情竟无处可倾吐。

你现在感到孤立无援，好像一切都无能为力。不，真正的力量还在你自己本身，更何况有个灵魂无时无刻不与你在一起呢！

无法述说的思念充满着时空，但愿这种思念能化成一种能量，使被思念者感到振奋，感到生活的乐趣。

时间，属于自己的时间实在太少了，在现实生活中，我们每个人都在不自愿而又必须地浪费着大量的所谓公家的时间——其实也是自己的生命啊！并且在所谓私人的时间里又有多少真正属于自己的呢？太少了。

剩下属于自己的时间，我会再一次地用书信和梦交付于我的追求。啊，那是怎样的幻境啊，在翻腾的云雾中，在俯视云海的山顶上，在清幽的树林里，在荒漠的大海边，在一切远离人群的地方，有人尽情尽兴地玩乐着，同时，爆竹声仿佛从遥远的天边传来，而万家灯火又似乎是用手可摸的星辰，闪耀着美丽晶莹温和的光芒，人间天上，天上人间？

学历史能叫人更聪明，“温故而知新”，只有了解历史，才能更深刻地认识今天。在今天这个历史舞台上出现的种种“戏剧”（悲剧、喜剧、闹剧、现世报剧等等），不是都可以在昔日的历史上见到吗？而且这些戏剧的导演者、表演者，并不比昔日的权臣君王高明多少。诚然，读近代史只要读进去，无不为祖国曾有的屈辱地位扼腕叹息，但由此也能明白祖国所以不断遭受奇耻大辱的根本缘由是什么了，超稳定的专制制度害得中国太苦了。

读现在的历史教科书只是在读提纲，要真正地了解历史，只靠这些书是不行的，历史并不枯燥，是写历史书的人把历史写枯燥了。

支持着我如此去争取成功的力量，自然也来自你的那种奋斗精神的感染。

常去那旖旎的海边和临海的山地，引无数思念，甚至觉得对不起你，有很多美景没有来得及领你细细欣赏；也感到惆怅，今后可能连那样的机会也没有了。啊，人生就是如此吧，不管怎样，美好的过去值得珍惜，美好的未来要去争取。

当你接到这封信时，可能正在节日里，那时，我的灵魂也在你那里，我们一起读这封信吧。你会反驳信中的一些话的，于是我辩解，或者我们就历史问题进行讨论，对“好了歌”或“好了歌解”进行分析，你会用命运来解释这一切，可我还要问，命运是什么？你笑了，说不出来，最后用手向天上指了指，我也笑了，作为不同意的表示，用手向地下指了指。

快乐的灵魂是什么也不需要的，一切都消失在宁馨的永恒之中，一切又都存在于静谧的永恒之中。

站在海边，仰望青天，忽然觉得大海和蓝天之间深深的恋情，你看它们互相拥抱着，交融着，无论什么力量也不能使它们分离，那天上的白云，海上的风帆，莫不是它们传递情意的信笺，那冲入海中的风暴，那伸向空中的巨浪，不正是他们感情热烈的标志吗？天空是那么碧蓝，大海也是那么澄清，他们互相照映，又同时有着辽阔的胸怀，再没有如此和谐，如此亲密，如此匹配的一对儿了。啊！青天和蓝海。

（五）

人生总是有“旦夕祸福”的，不因遭祸而悲哀、绝望，不因得福而乐极、忘形，勇敢地正视人生，尽力保持心灵的平衡，这比心情总爱大起大落要好。在唐山大地震时，我的两位同学夫妇以及他们的两个孩子都遇难了，特别令人难过的是，那位女同学是在地震前夜带着两个可爱的男孩匆匆赶往唐山的。这事对我触动很大，人生不过如此耳！但又想，人生既如此，为什么不叫它更丰富多彩些呢？更有价值些呢？当然，我很赞赏拉法格夫妇自杀的勇气，但那必须是真的到了自己活着对别人、对生活都无益的时候，至于还未到那时刻前，是不应该考虑归天事的。我们应该不断锻炼自己的意志——因为我们的意志不够坚定。

“人生得一知己足矣”，这说明了得一知己是多么不易的事情，但我依然在追求，或许这追求的本身就是目的。每当我的这种追求愈强烈，我愈感到不安。这不安有两方面，一方面是世俗的现实已不允许我做这种追求，另一方面是我为这种追求所困惑，因为我追求的似乎是一种永恒的东西，但永恒的东西是否存在呢？时间是那么有力，它可以扭转乾坤，自然也可以改变一切人为的东西——包括信念。如果我决意向现实挑战，而得到的是又一次的失败，那可能会是致命伤啊。所以我只能小心翼翼地、如履薄冰般地在追求的路上行进！也许，当我真正明白到这种追求有无价值之际，正是我已到了不能追求的时候了。

我希望把安慰转换成另一种东西，是的，忘掉不幸吧，生活是多方面的。

你在信中关于人生价值追求的感受，我是颇有同感的，只是我不愿屈服，总想创造，在追求中寻找快乐——认识自身价值的欢乐，定要用走时的微笑来回报来时的啼哭。

“每当遇到这种精神疲乏的艰苦时刻，我总要把人的雄伟形象召唤到我的面前。”

“牛顿的墓碑上写道：‘死者们，为了生存过这样的，而且如此伟大的装饰人类的人而庆幸吧。’写得好极了。不过，我更喜欢这样写：‘宇宙，为了生存过这样的，而且是如此伟大的装饰宇宙的东西，也就是人而庆幸吧。’”

“我坚信不移，追求完美——这是人的基本本质。”

这三句都是高尔基说的，我理解，他认为作为一个人是值得庆幸的。是的，我们作为一个人，尽管担负着沉重的负担，尽管有种种不如意，但作为一个人，我们还是应该庆幸的，不要悲观，人生的乐趣是多方面的，何况我们的灵魂并不比谁的低下。

刚刚把信发出，就想又写一封。因为每当我停笔时，总觉得还有很多很多要写的，并且觉得已写出的总不能尽我意，总想找到合适的语词来准确地表达我的感情和思想，但这是多么困难啊！而这一点，又成了我提笔后难以下笔的缘由，我有时真不知该怎样写才好，我觉得心头有股热血在冲撞，产生了一种渴念和力量，我想在善的面前彻底地揭示我自己，在真的面前彻底地暴露我自己，在美的面前彻底地化掉我自己，于是我怕，怕真善美因此反而抛弃了我，远离了我，因此只好让那热的一切冷却下来，留下冷酷的思索的理性，来解剖自己，使自己更符合于理性人的模式。真的我常常解剖自己，这也许是为了给解剖社会提供一把好用的手术刀。

我也常常做梦，不只在夜间，就是白天也做，每当我来到大自然面前时，那梦就开始了，置身于大自然中，人的自由的本性（是否可以说是原始性）呈现出来，多快活啊！尘世的束缚全部破碎了，飞去了，仿佛天地间只有我和我的追寻……然而这只是梦，只是瞬间的梦。

（六）

分寸，到处都存在着分寸的问题。

每一个人都应该明了，无论婚前婚后，感情都应该珍惜和培养，要永远"相敬如宾"，说白了就是要永远对对方像对待朋友一样，万不可以为是夫妻了，就是如同一个人了，谈不上尊重和礼貌了。不！世上没有两片完全相同的树叶，一个人永远不会同另一个人一样的，对婚姻的双方来说，永远存在保留自己、尊重对方的问题。

爱情，在万般情感中，应该是最纯真的，一个人赋予的应该和得到的相等，或者说，一个人得到的和赋予的也相等，但事实上差距太大了。我认识一个人，他曾那样纯真地依恋着一个灵魂，他没有多求，只求精神上的相通，希望在他的一生中有个理想的灵魂归宿，但结果呢，现实告诉他连这一切都是幻想，他所设想的广阔天堂是不能容下他灵魂的一席之地的，他所能得到的只是现实中的那种他所并不缺少的东西。他向我哭诉，我知道他的心在流血，可我能向他说些什么呢？我只能告诉他，爱，是不能勉强的（这倒是个文章的好题目，或许今后我会用此题目做文章的）。爱的对立面是恨，恨是一种很复杂的感情，爱不成就产生恨，这是很自私的，自私的感情是卑劣的感情。爱情既已产生，那就珍惜她吧！要求于人的，首先自己要做到，这是保持爱情的真谛。

我是一个能理解人的人，我已尽最大努力去理解一切了，如果你也是一个理解人的人的话，那也请尽力去理解一个人吧！每一个人都不是一样的，我将尽我的努力去实践我的诺言："祝你幸福。"然而幸福是需要你自己去努力争取的。

话说起来就很多很多，但有些话可能永远也说不清、道不出的，人类创造的语言还没有达到尽善尽美的地步啊！

（七）

写什么呢？写人世的悲欢离合？写人生的追求奋斗？写那永远无法写尽的人情世态？不！我要写灵魂，写那看不见、摸不着的灵魂。

灵魂？灵魂是什么？这是多么难下定义的东西啊，现实中没有几人会声称自己没有灵魂，但你环视一下周围，就会发现一个没有灵魂的肉体委实是非常可悲的。

灵魂会流血吗？她流出来的血是什么样子的？灵魂是会流血的，她流出来的血是永竭不衰的，是任何东西也洗刷不了的。就是宇宙中最有力量的时间也奈何不得它，相反，时间愈久，灵魂的血所显示出来的颜色也就愈浓艳，所表现的物征也就愈纯真。

人们都说要追求真、善、美，但真、善、美在哪里？在茫茫混浊的现实物质社会里，又有多少真的、善的、美的东西呢？离开灵魂，一切都是那么虚假和空幻。

我不是佛教徒，并不以为万象皆空，但主张现实行动要与灵魂统一起来，只有这样，才能得到真、善、美。灵魂是纯洁的，是现实使她蒙难、受辱和变质。有的坏人干了一辈子坏事，但当他的灵魂要离开罪恶的肉体和现实时，他竟然会天良发现似的忏悔，说出一些催人泪下的言语来，我以为这是很能说明问题的。

我想保持灵魂的原有的特性，但这要经历多少痛苦啊，现实的刀子一次次地戳她，捅她，剜她。而她除了流血之外，竟不能喊出话来，她是不能发声的哑巴啊！

在现实的巨大压力下，我的灵魂是变得卑下了，但卑下并不是卑劣，卑下的灵魂也有她的尊严，她不能忍受侮屈和有意的伤害。为了这一点，灵魂就得流血！就得变得愈来愈卑下。啊，我那卑下的灵魂啊！

我原来的灵魂卑下吗？不，在她还在追寻归宿的过程中，在她还没有给委出去以前，她并不卑下，而且还有些趾高气扬呢！当然这种趾高气扬，是因为没有找到归宿，缺乏感受与空虚幼稚的表现。所以当我说出我的灵魂给委出去时，我觉得是多么充实、幸福啊！我为寻到了“真”，为灵魂有了归宿而感到骄傲，我想迎风大叫，让世上的人都知道，我得到了真善美，这种以真为核的真善美，并不是每个人都能得到的；我想喊，这不仅是为幸福所驱使，而是觉得我有这个权利，我要向世俗挑战。然而，灵魂本身是哑的，而现实的肉体，又不敢喊，不能喊，不让喊。这样，最终招致的只能是羞辱。我今天所以还写这些，是希望你能理解我的灵魂，我至今也无后悔之意啊！你知道，我当初作出把灵魂交委出去的决定，既不是高度热情的结果，也不是高度理智的结果，而是高度热情和高度理智的升华啊！在这里既没有盲目，也没有计算，有的只是灵魂的纯真的追求。我总想真诚地把我的追求告诉世人，并希望求得世人的谅解。但现实却没有纯真地对待我的灵魂。我的灵魂在脱离不开的现实的嘲讽和世人的冷眼下不得不变得卑下起来，而且还得忍受从各方面射来的污箭，在这种情况下，灵魂除了流血外，还能有什么出路呢？

现实已没有什么可留恋的了。世上所应有的感受为此我都感受了。现实可以污辱我，作践我，但灵魂，我要尽力去保护她，尽管卑下，绝不卑劣。

我竟不能制止别人去伤害我的灵魂，这自然是痛苦的事，但人类最崇高的情感不就是痛苦么？只有在这种痛苦中，才能保持灵魂的纯洁啊！所以，我绝不后悔，相反地，在痛苦中产生的高傲情感使我怀疑起那些没有经历过这种痛苦的灵魂是否能保持住它的纯洁。这样一来，我倒觉得于世无所求了，然而却有一怕，怕那卑下的灵魂最终竟没有归宿，从而应了那万象皆空的佛语。

世上的一切都在矛盾中变化行进，而我那卑下可怜的灵魂却总想保持一种永恒的东西，我无法摆脱现实的束缚，但灵魂总可以不管那些吧，愿我的灵魂能自由高傲地飞翔在那个世界里！

一只离开了它自我设计的天堂的孤寂的魂灵，不知所措地诚惶诚恐地站在时空中，苦苦地忍受着什么，思索着什么。它的面前是一团团巨大的无形游丝，这些游丝无头无尾，又是那样杂乱无章地搅在一起，根本理不出头绪来。这些飘忽动盈的游丝忽而织成神奇美妙的景致，忽而又组成狰狞恐怖的图像，佳美的景致是那么地远，不管是过去了的还是还未到来的，都那么地远，相反，可憎可怕的图像一次次地袭来，却显得那样地真切，它欲哭，但无泪，它欲喊，却无声。灵魂是无泪、无血、无声的哟。茫茫大地啊，苍苍天穹，神秘的以往啊，奇异的将来，谁能告诉我这个孤独自傲的魂灵，它错在哪里，为什么要遇如此之难题。或许有的会告诉它错就错在不认识这样一个事实：无论是在尘世，还是在脱离了尘世的另一个世界里，真的，永恒的东西都是不存在的，所有的只是短暂的，骨子里还是虚假的东西。可是造物主啊，如果这样，你为什么还要造出对真的、永恒的追求这个能引诱无数灵体的美好神物呢？应遭折磨的不是那些怀有此追求的圣灵，而是那些无此追求的俗物啊！

那自讨苦吃的魂灵在时空中游荡，它还能回到那自我设计的空幻的归宿里去吗？那里等待着它的是什么？是种勉强的热情，礼貌的冷漠，或者比这好一点，是一种一视同仁的热情，一种不用心血的交流。啊，如果是这样，天地之大，何必去那里，大千世界中，这样的宿地多得数也数不清啊！但那能是归宿吗？逢场作戏，只求一时的欢乐是没有意义的。它只希望，在那个用生命和热血设计建造起来的黄金屋里，进去的是同样愿付出生命热血的纯洁的善良的魂灵，会带着对一个美好故事的回味和追忆，在平抚了痛楚和苦楚之后去旧地重游的。但愿到那时，它得到的回答是，是的，世上有真的、永恒的东西存在，纯洁的魂灵（它的躯壳也许不洁）所认定的万物都在变化的真实含义是，万物都在趋向真实，而不是堕向虚假。

这只没有归宿的游灵，它曾作践自己，曾有意让各种箭镞来射杀它，以求忘记那对自己来说已经变得冰冷的圣地，但最终还是发现，这一切都是无用的，那已经融化在看不见的灵魂的血液中的东西，是永远也忘不了的，它依然执着地寻找着那曾给它幸福（这种幸福竟是痛苦的纯化，是对理想的追求，对现实的抗争和各种情感的统一）的宿地，尽管宿地是不会留出小小的一席之地的，但它也只能如此，它不能向业已挑战的现实低头，更不可能放弃赖以苟活的那点信仰。

阿门！上帝保佑！阿弥陀佛！孤独的不愿放弃初衷的魂灵难道要永远在时空中进行无归宿的游荡吗？！

（八）

这是多么富有诗意的境界啊，就是庸才，也会触景生情，吟诵出优美的诗句来。

在那广阔深邃、多姿多态、神奇莫测的大海面前，在那明洁朴真、无饰无染的大自然中间，在那充满人类智慧、体现人类追求的艺术殿堂里，在无须掩饰的坦诚友情中，人都会变得年轻起来。人，从一来到这个世上，便被不断地物化，纯洁的心灵被损伤，被污染，弄得面目全非，而生命也在生活的重压下感到愈来愈吃力。于是，人们企望着摆脱尘世的烦恼和紧张，再现生命的原始伟力和甜美。然而，能使这种企望变成现实的机遇是如此之少，以至当这种机遇真的来临时，人们却来不及悟及与利用。因而这次我能在匆忙中紧紧抓牢并美美地感受一番，自然会沉醉得大显童心了。

当然，在沉醉中，不免有几分怅然，在甜美中，亦有几分苦涩。这怅然，这苦涩，是因了对生命坦露的压抑，对世俗积习的屈从，是对物化力的无果抗争，然而也正是这几分怅然与苦涩，使我更加深切地感到了生命的无穷尽的力与美。人如果没有怅然和苦涩，那生命也就似乎到了尽头。

回味与大自然（人亦应视为大自然的一部分）的忘我交往中的种种感受，需要心灵的安宁。遗憾的是，现实的生活竟是如此之忙乱，搅得心灵很少有安宁的时刻，那么也只好把它存放起来，等待在以后岁月中伺机慢慢咀嚼了。再说，佳酿往往是时间愈久愈芳香啊！

希望有机会能再次相会于圣地，或坐于海滩上望朗朗的月和溶溶的水，听大海亲吻大地的天籁之声，或立于山头看海天一色，浩渺烟云，或漫步于松林之中，金沙滩头，与大自然进行一番奇妙的沟通，禅悟些已悟和未悟的东西。

在人生的道路上，我希望在一种奇特的交往中净化自己，以引导自己不断向上，但这种交往是太难遇了，遇到保持更是不易。它既不决定于自己，也不决定于他人，而决定于一种如香港人好说的缘分（我喜用数学语言叫排列组合），而且这种缘分还得是大缘分，因而是可遇不可求的。我珍惜那种交往，并努力从中吸取一些于人生、于悟道有益的东西。说实在的，人到中年，哪里还会有多少浪漫天真的不着边际的幻想呢？他该懂得人生，懂得掌握自己了。他所以还怀着一种“企望”及“渴望”，乃是想在走向归宿的途中感到轻松些，欢愉些，更多地感受些非身外之物的东西（中国的“东西”二字是很奇妙的）。不过事实和经验证明，这毕竟还是一种“企望”或“渴望”，人是无法真正“功德圆满”的，我们还是要带着痛苦的重负走向那永恒的归宿。

当太阳已过正午后，总会觉得落下得太快，我现在总感到很忙很忙，这忙的感觉中，有着对生命、事业、追求的留恋。

当我读着那充满感情的信件时，我怎能不想立刻提笔回信呢？但终于没有做，这其中的缘故并非是因为“她是一片云”，也非是因为特别忙，而主要是因为那种种矛盾复杂的情感所驱不能静下心来，另外便是我们毕竟利用了现代交流工具，可以在瞬间通过声音及语调表达文字所不能表达的东西。

多少年了，他只要想起海缘，心就颤抖不止，他想把它淡化忘却平复，但很难，而且有时反而更强烈。在极度的矛盾之中，他只有千方百计地麻木自己或者嘲笑自己，而嘲笑自己，确也真是好办法，但由此产生的疑惑，会更加刺痛那并非真已麻木的心灵。多少年了，他以为在时光的流逝中已经淡忘死去的那点什么，总在不即不离地飘忽着。他问天神佛祖，我们心灵中渴望的到底是什么？为什么在现实的争取中总有诸多的遗憾？上天默然，他亦默然。在冥冥的思索中，他除了耗费思虑外，一种隐痛悄然在心头蠕动。或许吧，这是个天长地久永远无解的难题。

人生是那么久远而短暂，久远的人生困袭那平淡而忙碌的生活，短暂的人生却以它多彩的光亮吸引着人们。在人的一生中总会发生各种各样的事情，或许是受文字的影响太深，他好像总追求着一种远离人生的东西。值得自慰的是，正因为有这种追求，他才理解人世间的一切，特别是那些真的东西，尽管它出现得是那么突然、奇特与不可思议。

蓦然回首，人生竟是如此之短暂，那么心语又能写多长呢？语言一方面是表达思想感情的，另一方面又是掩饰思想感情的，而文字基本上是干巴巴的，它能表达出十分之一的人类感情就不错了。

啊！这就是海缘吗？

1985 年

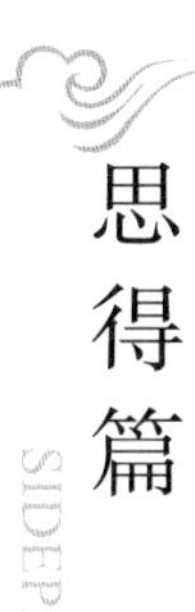

思得篇

SIDEPIAN

思得录

（一）

太阳在上，它能使大地葱郁，也能使大地枯黄。

幸福是什么？饥者说，吃饱肚皮是幸福；寒者说，暖和身体是幸福；光棍说，讨上老婆是幸福；病者说，身体健康是幸福；纨绔子弟说，吃喝玩乐是幸福；革命者说，斗争是幸福。看来，幸福是一种满足不同人的不同需求的感受程度。

你说，人生的意义在于不断认识真理和按真理生活；他说，人生的意义在于不断地感受生活，充实生活；我说，两者并不矛盾。

居庙堂之高，可忧其君；处江湖之远，当忧其民。

要争论吗？就应求其实质。

社会没有给他们以责任，你还要他们怎样做？

世界塞给我们头脑里的概念太多了。

当我们能找到一个词去说明问题时，往往只感到它适当，妥帖，而对它的真实含义却往往不去弄清。

我们是时代的儿女，不能摆脱时代的安排，但应该推动时代的轮子前进。

生活的磨石把一些人磨得失去了棱角，但也把一些人磨得更锋利了。

美只有在它适当的位置上时才显示得出来。

大人物注意“大节”，小人物注意“小节”。

无私的思考激发求知的热情。

让他们以历史法官的面孔去苛求前人吧，他们忘记了还有后人。

一个人的认识能力和他的品质成正比。

人类既有希望，人类也有信心。

年轻人都应该作为一个劳动力对社会作些贡献。

说话要说本质的东西。

既然人的本质是社会关系的总和，那么，人的自由就不应该也不可能是利己的。

可怜幻想者的悲剧在于他总对现实抱幻想。

我们总要按理想生活，尽管现实生活并不理想。

我相信理智，也相信狂人，因为狂人一旦看见了真理，就不怕说出真理。

一个人对真理追求的强烈程度是他究竟有多少正直的最好见证。

思想起伏，犹如波澜；感情起伏，犹如狂澜。

信仰是争取实现理想的执着。

死的东西不能复活，有的只是新生。

社会的需要形成了责任，我们无法脱离社会，因此只能背起责任。

书籍绝不可能展示整幅浮世图。

有时回答简单问题比回答复杂问题还难。

理想主义者给自己的多是悲剧。

以孔子解孔子，以老子解老子，以庄子解庄子，切莫以后来的卫道士们的学说来解先哲的思想。

在兽性发作的地方，人性是难以存活的。

倾国倾城的美人，人见人厌的丑人，在他的瞳孔里都是一堆白骨，这便是理性的真实，也是理性的缺憾。

有的卖文者比妓女更卑劣，妓女只是出卖肉体和羞耻，而他们出卖的是灵魂和良知。

女人做姑娘时可爱，做爱人时可亲，做母亲时可敬。

柔是刚的极致。

思想走在前面者常常为现实所不容。

人生价值的能否实现往往取决于一个人的性格。

思想从来是自由的，不自由的是为表达思想所限定的种种观念。

思想愈深刻的人愈孤独，尽管孤独者不一定是思想深刻的人。

大自然秀于水，峻于石，浑于土，幽于树。

追星族们本是让星们及其经纪人所烘造的热闹迷惑了，却自以为是为星们所迷住。

没有比中国人对人的认识更深刻且古老的了。

儒学难以成为真正宗教的原因在于它的不尊神，而其永恒的伟力也在于此。

你不觉得中国画中蕴含着世间已有和未有的种种画风吗？

在照相机的鱼眼镜头里，地平线真的是圆弧形。

飞蛾扑火，是很有些悲壮色彩的。

从对历史人物的评价中可以看到时代意识。

中国人从骨子里是不信鬼神的，他们只崇尚世俗的权威。

中庸的核心如果用一个字表达那便是柔。

世上的书如同海边的沙，只有细看才能发现各个不同，但要从中捡出珍珠和微型贝壳，却是要下大功夫的。

永远不要把自己所从事的事业看得太高尚，高尚的不是事业，而是为事业奋斗时所激发的那种牺牲精神。

思想者的伟大在于他把别人想说而没有或没能说的真话实话当众说了出来。

思想的自由驰骋是任何力量都羁绊不了的。

最愚蠢的是为掩饰错误而不断地制造新的错误。

汉字的奇妙就在于你在读它时，不仅是在欣赏理解，而且还是在联想和创作。

心灵能记取头脑会忘的东西。

难忘的是心灵的感受，而不是头脑的记忆。

凡是世上能有的或将有的，有人总能从祖宗留下的东西中找出其出典和始源，殊不知这正是历史留下的包袱。

每一种花都有它的美艳之处，而玫瑰所以被世人看重，多是因为文学艺术给了它特殊的象征意义。

以为用金钱可以买回良知，那当初绝不会出卖良知去赚取金钱。

如果有一个地位比你高的人在算计你，或者有两个与你同等地位的人在算计你，再或有三个地位比你低的人在算计你，那你就一定要十分注意了。

发现真理的人伟大，服从真理的人同样伟大。

只有距离，才会产生美与神秘感。

演魔术最吸引观众的时刻是露馅时。

靠别人总不如靠自己，靠别人时常常会失去自己的东西。

正是中国人的忍耐精神使得中华民族生生不息，一脉相承。

名贵的金刚钻石对一个不认识它的人来说是不值分文的。

人只有在愿望不能实现时，才会自己骗自己。

不会掩饰自己的人进不了名利场。

名利是人生竞技场上的奖杯，追逐者总也逃脱不了奖杯设置者的安排。

人情味在科学理性面前受到冷落，科学理性在人情味面前变得软弱。

对科学理性的逆反也是对洞悉灵魂的反抗。

观念的束缚比绳索的束缚还厉害，然而一旦解绑，就再也别想重缚了。

（二）

要了解一个民族，不仅要了解她的纵面（历史），也要了解她的横面（现状），从她的历史中了解她的智慧，从她的现状中了解她的能力。

表现佛祖、先知和基督最大智慧的是他们都把天堂建在高高的可望而不可即的地方。

无论是科学的论断，还是科学的假设，学问也罢，理想也罢，一旦成了一种时髦的口号，它原来的真义，它所包含的理性、逻辑和结构就都被抛弃了，所能留下的只是那些没有任何意义的词汇的排列和组合。

无论下什么棋，没有超前思想必败无疑。

思潮如洪流，可导不可堵。

理论的权威要比政治的权威久远，政治的权威要比理论的权威有力。

伟大的革命运动呼唤和激发人的高尚情感。

被我们称之为理论的东西应该引导我们向上。

思想的闪电，酝酿着暴风雨；思想的种子，孕育着花朵和果实。

靠魔王赶走恶鬼的结果是你依旧做牛做马。

人类的悲哀就在于忘性太大。

无论在何种斗争中，疲倦都意味着失败。

要改变一代人的思想，必须改变这代人所处的环境。

实践——最聪慧的哲学家；经验——最严峻的批评家。

蹩脚理论家的可悲就在于他并不是以事实和实践为基础，而是以大人物的言论为基础从事他的理论研究工作。

历史和历史的研究不存在假设。

中国历史上的统治者很少关心自然科学的发展，这是因为自然科学的终极真理对专制统治无疑是一种挑战。

专制者的最大本事是摧残人。

理论的系统性和彻底性必然产生排他性。

愚民政策是专制制度的立本政策。

高唱一心为公赞歌的人中不乏极端利己主义者。

“唯心主义者们尽做空幻的迷梦”，这是多么公正的批判啊！然而，思想是客观物质的反映，其实人们总能在唯心主义者的呓语里寻找出思想的因袭和物质的根源，空幻的梦里多少包含着骨子里的真实。

博览古今中外书，方悟历史常颠倒。

胡言乱语并不可怕，可怕的是不许胡言乱语。

权力和金钱腐蚀不了真正的人。

我见过一本传世的《宦途秘笈》，通篇只有两句话，一句是“当今皇上万岁万岁万万岁”，另一句是“顶头上司身体健康永远健康”。

纵观中国历史，北伐都是悲剧，一统当作南下。

在统计学方面可以玩弄很多花招，你千万不要被人玩弄的数字游戏所迷惑。

没有经济上独立的政治独立到头来只是一种摆设。

杀人魔王认为只要让每个人的手上都沾满鲜血，他就能变成天使了。

愚残的派性斗争呼唤兽性，灭杀人性。

人为典型历来是政治需要的产物。

匍匐在金钱这个君主脚下的人都处在同一水平上。

民主的观念在于不仅叫自己能从政治上独立自主，而且也要让别人能独立自主。

无为而治的真髓在于释放每个人的能量。

喜欢运用权力工具的人反易为权力工具所伤害。

最有力量的君主是利益，最有权威的法官是时间。

如果说一个人痴迷艺术还是美德的话，一个民族沉湎艺术就是灾难了。

仅仅是爱或恨都不解决问题，重要的是要去行动，要为之而奋斗。

沉湎于昔日辉煌的不可能再铸辉煌。

（三）

你看那些彻悟人生的菩萨们，他们安详得似笑非笑，赞赏中流露出嘲讽，欢愉中隐匿着苦痛，一切归结于一个“了”字之中，多么玄妙深奥啊！能创造出这样不朽美妙形象的人的心灵一定非常美好，我敬佩那些未留姓名的匠人们。

最撩人的乡情是清晨和黄昏的袅袅炊烟。

只有深哀极乐才能显露一个人的真情。

情爱这种感情，不应轻易动用，然而一旦动用了，就应该珍惜它。

感情的报复竟是如此之复杂，它甚至使报复者本人都难以察觉。

感情的伤害是相互的，一个人在伤害别人的同时也在伤害自己。

人们不能恨，于是只好去爱，用爱去反映、去表达恨，这是多么具有讽刺意义的事啊！

最痛苦的，是不能把痛苦倾诉。

灵魂在特定时空是只能属于一个人的。

人生应多多感受，但物质享受，不过是感受中的一种罢了。多多地吸取知识，理解社会，理解人类的各种情感，这也是一种感受，一种更广更深更高级的感受。

往往有这样的时刻，音调所流露出来的情感要比言词所表达的丰富明确得多，有时，言词甚至是多余的了。

无言是宇宙，它容括了一切。

爱，应该是最高的信任。

能以意志来克服感情是社会人成熟的一个标志。

爱情的力量就在于叫人愿意使自己成为爱人所希望的那种完美的人。

当人们说爱情是无限的时候，是指感受，而不是指推动力。

像初恋那种意义上的爱情只有一次，但爱情的含义绝不只限于初恋。

人在热恋时常常会做出很多傻事来，但日后回想起来却常常感到是那么新鲜和美好。

任何情结在激发人的方向发展时也阻碍了人的全面发展。

爱情生活中，没有比把自己的诚挚之心奉献给一个对自己并不诚挚的人更可悲的了。

爱一个人，是希望他（她）一切都好。

情人间的直觉能感觉到情感的细微变化。

纯洁的爱情绝不是需要。

堂皇的结婚后面往往含有精密的计算。

爱情的真实意义在于激发生命力。

我不相信什么命运，如果非得用命运这个词的话，那命运不过是现实社会关系和现存秩序对人的统治。

喜听别人的隐私故事是一种低级趣味。

上大学时，觉得整个世界都是自己的；大学毕业时，觉得整个中国都是自己的；分配到某城市某地区时，觉得某城市某地区是自己的;到工作单位报到时，觉得整个工作单位是自己的;而后若干年，只觉得自己是自己的；再过若干年，竟觉得自己都不是自己的了。

面对不合理的东西，我是狂妄的；在追求真理时，我是自信的；当正视自己的能力和周围环境时，我是自知的。

自己对自己的了解并不一定是真切的。

我不能自欺，因而也就永不会满足，我不能欺人，因而也就永不会骄横。

钻石的熠熠光彩是因为它的多面体棱角，而水晶球的魅力是因为它的通体透明。

世上的一切事物都在不断变化，并且彼此间都有一定联系。爱情能例外吗？我们所见到的由爱情所造成的种种痛苦，难道不是变化在作祟吗？以为爱情坚贞就应该永远不变，那是信仰，而类似的说教，则是在愚弄人了。坚贞的爱情只有两个人共同顺应着一种变化，这种变化应该是向上的，不断探索的和日趋完善的。

咀嚼回忆之果时，常常感到苦涩，但人们还是愿意咀嚼，因为里面有着令人不能忘记与曾经孜孜以求的东西。

理性和感情的争斗一直在困忧着人们。

世上男子读女子，女子读男子，读了一辈子，还是谁也没有读懂谁。

大彻大悟的极致是涅槃。

人类的最大弱点是不敢正视死亡。

希望的多少和年龄适成反比。

幸福产生美好的感情，灾难召回美好的感情。

人在幸福时便想抓住永恒。

有些话是只能说给自己听的。

贞节的奉献不一定是指第一次。

友谊的目的是寻求心灵的沟通。

善说，愿普度众生，我看一切都美好；恶说，愿天下为我，我看一切都丑恶。

人类的可悲在于对自身的了解太少了。

我能力的大小取决于我的灵魂与肉体的完美结合程度。

少时爱向往未来，老时爱回忆过去，唯有中年，注重现实。

人生可以看作是一种没有结果的等待，一种没有终极的追求。

没有痛苦的欢乐是过眼烟云。

死亡并不痛苦，痛苦的是等待死亡。

看电视，常为影片强加的形象所苦恼；听广播，常为不能静心品味而烦心；唯有读书，总可以按自己的修养和想象力勾画美好的形象，品味美妙的乐趣。

要使你的讲话感动人，首先要感动自己。

人生的意义不仅在于他是否实现了他的人生价值，还在于他为自己定的是什么样的价值标准。

最勇敢的人是不断审视自己灵魂的人。

当一个女人说她自己很好或很坏时，她可能是在设置圈套。

女人在现实宗教中为获取解脱而增加了束缚。

说自己想说的话，写自己想写的字，如果不能，就别说，就别写。

孩子相信别人，老人相信自己。

小孩天真是未解世事，老人天真是看透了世事。

嘲笑伟人者自己一定非常可笑。

你说你的一切都是一流的，有心吗？

当你对人说“我很了解你”时，你不觉得有些太自信了吗？

从某种意义上讲，生命的确是一个轮回，赤条条来到这个世界，又赤条条离开这个世界，不曾带来什么，也不曾带走什么。

精神病患者往往能从奇特的角度看世界，问题出在他那个世界是支离破碎的，互不相连的。

永远记住，别人和你一样聪明和能干。

女人最鲜明的性格特征是母爱。

父爱更多地来自心理而非生理。

做女人不难，她有一条做不好一切的道理 :“我是一个女人哟。”做男人不易，他有一条要做好一切的道理 :“我是一个男人呀。”

人不可能在而立之年具备不惑之年的社会知识和人生感受，如果有，那他一定是天才。

看历史书时常想，书上写的可靠吗？看报纸时又常想，报上记的不会有错吧？但我并不是个怀疑主义者。

诋毁人者恰恰在诋毁自己抬高别人，颂扬人者又常常会在无意之中诋毁别人。

老人喜欢回忆，多是因为失去得太多。

心中的秘密多半是现存秩序和习惯所不容的东西，小半是一种向往。

情感反映人本性。

只有心地善良的人，才能理解我的言行。

能谈淡泊的必有一段不淡泊的经历。

1970 ～ 1996 年

（四）

精彩闹剧常在政治舞台上演，表演者俱是政客。

庙堂上下为钱，天下不会太平。

心不可为商。

当我们把现代这个词挂在嘴边时，却忘了它真正的含义，忽视了它存在的基础。

任何一种名词一旦被人接受，就会冒出许多带有前缀的新名词。

乌合之众接受的是具有煽动性的口号而不是这口号背后的理性要求。

好的注释犹如好的译文，是一种再创作。

历史的记录并不一定总是公正的。

所谓珍惜情感，到头来珍惜的是自己付出的那份。

人没有足够的时间和能力去认识社会和自己，所以理性总不能达到至善的境界。

一切真学问皆基于真实史。

汉语的奇妙之处在于它能把任何意思对立的两个字合成一个既

对立又统一的词，它的根源便是中国的阴阳哲学。

立场多为利益驱动确立。

所谓组织，其实质都是对个体的操纵与控制。

任何组织的变质是背叛了它成立时的初衷。

纯真只会失去一次。

惆怅当今事，闭门读史书。

难忘的是付出而非收获。

收藏者最终是在收藏自身爱好的历史记忆。

用文字来表达思想、情感，总会被今日称之为语境的东西所困扰。

文字记录，掩盖了诸多真相，美化了诸多本像。

能用文字表达出来的都存有缺憾。

举典型和范例来说明问题是不够的，还应有量的中肯分析。

做学问要把学问放到产生它的时代中去研究，不可用它来包装脱离或超越产生它的时代的东西。

做学问的必要条件是爱好和追求真相、真实、真理的执着信念。

法治除有精确严谨的法律条文外，更要有执法者对法律的敬畏和不打折扣的执行。

根除毒草必须铲除产生它的土壤。

儒讲入世的学问，释讲避世的学问，道讲出世的学问，法讲治世的学问，只要“世道”不变，这些学问就有用场。

人生不仅被诱惑，也被胁迫。

社会潮流裹泥沙，人生同流莫合污。

人活着，血就应该是热的。

2000 ～ 2009 年

长城篇

CHANGCHENGPIAN

朝圣老龙头

万里长城，像一条叱咤风云的巨龙，跨贺兰，跃太行，自逶迤起伏的燕山飞身而下，向着渤海昂头飞驰，它将咽喉横亘在辽西走廊上，便竖起了天下第一座雄关——山海关。它引颈南向，探头入海，构成了长城巨龙之首——老龙头。

高山仰止，心向往之。到了山海关，怎能不到相距不远的长城入海处，去朝拜那神圣的老龙头呢？登上临海城头，但见海天寥廓，茫无边际，城墟冷落，荒茅摇曳，楼台荡然无存，城郭依稀可辨。秋风裹着涛声掠过槐林，发出幽幽的叫鸣，断墙的前方一堆乱石凸出海面，波浪涌来，激起片片飞雾。

这便是举世闻名的长城巨龙之头么？你昔日的雄风壮景到哪里去了？

六百年前，明代开国元勋徐达，在重修万里长城的时候，将东部起点选在此地，到明代中叶，抗倭名将戚继光，指令部下在这里构筑了入海七丈的石城。后来又有人在宁海城城垣上建起了高达三丈的澄海楼。这一组建筑物，恰似威武雄壮的龙头，抬首昂天，气吞海岳。几百年来，它吸引了无数风流人物来此凭栏远眺，舒展襟怀，即使那个武功赫赫、但稍输文采的康熙大帝，也为这里的壮丽景观所感染，写下了煊赫一时的“天章”：“危楼千尺压洪荒，骋目云霞入渺茫。吞吐百川归领袖，往来万里奉梯航。波涛滚滚乾坤大，星宿煌煌日月光。阆苑蓬壶何处是，岂贪汉武觅神方。”

我们站在澄海楼的遗址上，俯瞰奔涌不息的潮水，仰望舒卷自如的浮云，不禁想起不远处孟姜女庙中的一副著名对联："海水朝朝朝朝朝朝朝落，浮云长长长长长长长消。"是啊，海水朝潮朝落，浮云长涨长消，山海虽然依旧，而人间却是几经沧桑了。

庚子一役，八个帝国主义国家联合侵略中国，中华民族遭受到近代史上空前的洗劫，而老龙头这一长城巨龙之首，恰恰首当其冲。当八国联军重兵压境时，腐败无能的清朝政府，竟然传旨不准抵抗。帝国主义者先是炮轰，后是火烧，不但澄海楼、宁海城楼毁城夷，连附近的村庄和庙宇都遭到了严重破坏，老龙头一带，从此成了瓜分中国的列强英、法、日、意（比）、德等国的兵营。侵略者们在老龙头肆意破坏，使得这几百年来的风景胜地、海防要隘千疮百孔，面目全非。

我们四处寻觅它昔日的遗踪，那没于蒿莱中的刻有龙头、天马等奇特图案的碑座，仿佛在向我们控诉着强盗们的罪行，那兀然挺立的残壁，像龙头上伤痕累累的脸颊，依然保持着不屈的尊严。残壁上方，一座大石碑面对大海岿然屹立。这碑身高一丈，宽达三尺，虽经年深日久的风剥雨蚀，但碑文清晰赫然，"天开海岳"四个大字，遒劲有力，浑厚古朴。

关于这块既无立碑之年月，又无书镌者姓氏的四字大碑，还有一段神奇的传说呢！相传英国人占了老龙头，看着石碑昂然耸立，心里很不舒服，就用几头洋马把它拽倒了。但自此之后，每晚都会从夜空中伸出一只蒲扇似的大手，把英国哨兵一把捞走，如此几夜，英国人害怕了，不得不恭恭敬敬地把这块碑重新竖立起来。

传说总还是传说。事实上，是英国人挖弹药库挖倒了石碑。20世纪20年代末的一个夏天，张学良将军来这里游览，发现这块石碑倒了，爱国之心激起满腔热血，他马上派人把它竖了起来。这些经过，为当地老人亲眼所见。但是，人们还是要赋予这碑以神奇的色彩，这是老龙头的遗物啊，它是那样神圣而庄严。在它身上，不正体现了中华民族那股顶天立地、气壮海岳的堂堂正气么？碑立龙头之上，气存人心之中，来到它的面前，抚今追昔，有爱国心的中国人，谁不对之肃然起敬？当地文物保管部门深知这块碑的价值，便在石碑两侧和顶端砌上了砖头，以保护石碑，供游人瞻仰。

我们从这块石碑往下，沿着长城的土坡，走过海边沙滩，踏上礁石和露出海面的块块条石，朝海中走去，一直走到了乱石的尽头。这是一堆矩形的大麻石，每块都有千儿八百斤的重量，四周长满了海苔蛎壳，石头上凿有扣眼，尚有铁铸的痕迹。这就是宁海城入海长城的遗址。老人们讲，民国初年，德国殖民者试图在这里修建码头，但结果是失败了。龙头动土，只能以失败告终。不屈的龙头，象征着中国人民没有屈服，没有被压倒。

天地有正气，浩然正气蕴藏在深厚肥沃的九州大地中，闪耀在繁衍不息的华夏子孙身上。啊，这正是中华大地，龙的民族，我们的父母之邦。

环顾四周，这里绝无杭州西湖的妩媚，苏州园林的纤巧，这里苍凉冷峻，慷慨悲壮，蕴含着深沉、庄严之美。侧耳谛听，凝神细看，这里仿佛闪过一幕幕历史的幻影，刀光火影在浪花中闪亮，炮声弹雨在天空中轰响。此时，我们的心中，顿时涌起洪波巨澜，神圣的民族感在胸中回荡。我们想起了圆明园，想起了近代史上多灾多难的中华民族……

海浪在徐徐翻卷，像翻动着历史的书页，过去的苦难将永远成为过去，铺展在我们面前的将是崭新的篇章。目前，一个“爱我中华、修我长城”的社会赞助活动正在兴起，被帝国主义者毁坏的宁海城、澄海楼，将由我们重修，可以想见，在不久的将来，新的龙头将伴着我们向“四化”进军的胜利号角，发出豪壮的龙吟！

1984 年 8 月

关于成立中国山海关长城研究会的发起书

秦皇岛市科协：

伟大的万里长城历史悠久，规模宏伟，是宇航员从月球上回顾家乡地球时所能见到的唯一人类古建筑物，是中华民族的象征，是全人类文明的宝贵财富。为进一步保护开发这一人类文化的珍贵遗产，我们决定发起成立“中国山海关长城研究会”，其宗旨：研究探讨万里长城的历史现状、文化价值以及它在世界文明史上的作用和意义，探讨研究如何进一步加强对万里长城的保护和开发，使其在传播中华民族历史文化、促进国际文化交流、发展我国的旅游事业中发挥应有的作用。

我们之所以发起成立“中国山海关长城研究会”，是因为觉得长城研究设在秦皇岛市的古城山海关较为适宜，这里海陆空交通方便，又是对外开放城市，秦皇岛境内不仅有五百里许的明长城，还有北齐长城，而山海关又是长城最著名的关口重镇，它的城防布局，包括七个城堡、城墙、十大关隘和数座敌台组成的严密的城防建筑群，至今保存完好，为世界知名古堡所罕见，它与气势非凡、结构各异的城南十里的长城入海处——老龙头、城北六里的长城上山处——角山长城构成了研究长城的全面的独特的优越场所。

为了给研究万里长城创造更好的条件，并促进对山海关古城的抢救、保护和开发，我们呼吁在古城楼“天下第一关”兴建一座现代化的大型的“长城博览馆”，集藏万里长城的各种珍贵文物，运用模型、绘画、雕塑、影视等形式展示我研究会的成果，同时大量收集世界古城墙、古城堡的珍贵文物资料，使其成为向世界人民展示国宝“万里长城”的窗口，成为认识、研究万里长城和世界各地有名城墙、城堡及其文化遗产的中心。

我们希望有志于保护和研究万里长城的中外专家学者及各界人士，积极参加“长城研究会”，并希望在兴建“长城博览馆”中，能够提供各方面的援助。

总之，万里长城要保护，人类文明要发扬，我们相信，“长城研究会”和“长城博览馆”的成立和兴建将是保护人类文化遗产的一件幸事，肯定会得到世人的赞助和支持，古老的长城将以崭新的面貌呈现在世界人民面前。

以上报告，当否，请批示。

1984 年 8 月 18 日

（中国第一个长城民间学术团体组织“中国山海关长城研究会”于 1984 年 9 月 7 日在山海关成立）

建立“中国长城学会”倡议书

长城，像威武雄健的巨龙，腾跃在世界的东方，向人们显示着不朽的活力。长城，不仅包含着两千多年来中国政治、军事、经济、文化以及其他各方面的重要内容，而且体现了人类伟大的创造能力，她已成了标志人类历史文明高峰的伟大艺术品。

绵亘万里的长城沿线上，建有不计其数的形制多样的关隘、城堡、要塞、楼台，遗存着极其丰富多彩的珍贵文物，这一切不仅是了解我国古代军事科学、交通往来、建筑艺术的重要实物，而且也是探索中国北方经济文化发展不可缺少的论据；长城翻高山，越峡谷，跨江河，走大漠，成为我国农牧区的界墙和天然防护“墙带”，是研究我国古代农业、气象、水文等学科的重要依据；长城是一座丰富的文化艺术宝库，千百年来，作为千古绝唱的主题，孕育了无数壮丽优美的诗篇，产生了无数动人心弦的故事；长城身上，凝结着我国历代各族劳动人民的智慧和血汗，是联结中华各民族的神圣纽带，雄辩地展现了我国多民族形成发展的历史进程……可以说，长城像一部中国两千多年历史的百科全书，包括众多的已知和未知的科学内容。

长城，作为中华民族的象征，中国人民的骄傲，古往今来，她唤起过无数热血志士爱我中华的豪情壮志，同时也寄托着广大海外赤子眷恋祖国的一片真情。而我国古代劳动人民这一伟大创举，也只有在社会主义祖国的今天，才能化干戈为玉帛，真正成为中华各族人民的历史丰碑。

但是，由于种种原因，如今的长城，已是残缺不全，为此，一个规模空前的“爱我中华，修我长城”的爱国主义教育活动正在全国蓬勃展开，有许多国外友人和团体也热情地参加了修我长城的捐助活动，这无疑对了解、宣传、研究、保护、修复、开发长城是个极其有力的推动。

当今世界上，研究长城已成为一门新兴的学科。根据国内外专家学者的呼吁，为更准确、系统、全面地向人类展示这一世界文化遗产的雄风古彩，我们倡议成立“中国长城学会”，以团结组织有识有志之士建立健全“长城学”，使其在传播中华文化、加强民族团结、促进国际交流中发挥积极的作用。

“中国长城学会”的诞生，标志着祖国“长城学”将跻身于“世界文化和自然遗产保护公约”的行列，它的研究、保护、修复、开发等原则将得到世界的公认和联合国教科文组织的支持。

凡我中华有志之士、专家学者、爱国侨胞以及所有热心长城事业的朋友们，让我们携起手来，为“中国长城学会”的建立，为中华巨龙的腾飞去探索，去创造，去奋斗吧！

（此倡议书于1985年5月以中国长城学会筹备小组名义发出。两年后，中国长城学会于1987年6月25日在京成立）

长城与长城文化

“上下两千年，纵横十万里”的中国长城，是人类社会现存最为宏伟的文化遗产。

中国长城始建于2500年前的春秋战国时期，当初是各诸侯国在各自领地上修筑的军事防御工程，一般小国的长城只有几百里，一些大国的也不过二三千里。秦始皇于公元前221年统一中国后，拆除了六国互防长城，并“使蒙恬将三十万众，北逐戎狄，收河南，筑长城，因地形，用险制塞，起临洮，至辽东，延袤万余里”（《史记·蒙恬传》）。这就是中国历史上的第一条万里长城，它是在原秦国、赵国及燕国的北方长城的基础上扩充修筑的，目的和作用是防御匈奴和东胡等奴隶主的率众南掠。

自秦朝修筑第一条万里长城后，汉族统治者建立的汉朝、隋朝和明朝，以及其他入主中原的少数民族统治者建立的北魏、北齐、北周及辽、金各朝，都曾大规模地修筑或增建过长城，其中尤以汉朝和明朝的长城规模宏大。汉朝的长城、亭障、烽燧长达两万里，明朝万里长城则至今仍向世界展示着中国长城的宏伟风貌与中国长城防御工程技术发展的最高水平。据长城专家做过的粗略统计表明，中国各朝代修筑长城的总长度当在10万里以上，若用修筑长城的砖石土来修筑一道高5米、厚1米的大墙，那么这道大墙可环绕地球十几圈，如果加上各种关城、卫、所、烽火台、城堡、墩台、营城等的工程用量，这道大墙可环绕地球几十圈。

如此伟大的古代工程，在世界上是绝无仅有的，然而它的伟大，不仅在于工程量的巨大，还在于它严密的军事防御布局；“因地形，用险制塞”的科学设防；烽火相望、顷刻千里的通讯报警联络系统；因地制宜、就地取材的各种不同建筑材料、多样结构与艺术的营造方法；以及亿万人民付出的艰巨劳动和无数牺牲。

绵亘万里的长城沿线上，建有不计其数的形制多样的关隘、城堡、要塞、楼台，遗存着极其丰富多彩的珍贵文物，这不仅是了解中国古代军事科学、交通往来、建筑艺术的重要实物，而且也是探索中国北方经济文化发展不可缺少的论据；长城翻高山，越峡谷，跨江河，走大漠，成为中国农牧区的界墙和天然防护“墙带”，是研究中国古代农业、牧业、气象、水文、地震等学科的重要依据；长城是一座丰富的艺术宝库，千百年来，作为千古绝唱的主题，孕育了无数壮丽优美的诗篇，产生了无数动人心弦的故事；长城身上凝结着中国历代各族劳动人民的智慧和血汗，是联结中华各民族的神圣纽带，雄辩地展现了中国多民族形成发展的历史进展……可以说，长城像一部中国两千多年文明史的百科全书，包蕴着众多的已知和未知的科学内容。

在两千多年的历史风云变幻中，巍然屹立在中国北方大地上的长城已成了中华民族的象征，华夏子孙的骄傲，成了世人向往的游览观光胜地。而作为构筑、使用长城所展现的物质产品和精神产品的复合体的长城文化，也以其源远流长、博大精深、灿烂辉煌的特色与魅力吸引了越来越多的人。

长城文化内容丰富，包罗万象，并且有不断演化之情势，但由于长城的本质与特征具有相对的稳定性和统一性，就使得长城文化有了其相对稳定与统一的总主题，总风格。这个总主题就是伟大的爱国主义和人文精神，这个总风格就是悲壮与豪迈。

自万里长城构筑的那天起，反映在文化上的格调便是无比的悲壮：“生男慎勿举，生女哺用脯。不见长城下，尸骸相支拄。”这是秦朝的歌谣，据《汉书》:“长城之歌，至今不绝”，就是这首歌谣在300年后的文人诗中又得到了反映，东汉末建安诗人陈琳在那著名的《饮马长城窟行》一诗中再次唱道“生男慎莫举，生女哺用脯。君不见长城下，死人骸骨相撑拄”。此后，不仅是长城诗文创作方面有此一脉相承的传统，而且以最为深入人心的流传了千余年的孟姜女民间故事为内容的诗歌、曲艺、戏剧、传说、民间艺术以及近现代的电影、歌曲等，也都显现了这种悲壮。催人泪下的孟姜女的故事有许多种，但都保留有“千里送寒衣”和“哭长城”的情节。有人把这种悲壮视为是人民对长城的否定，这无疑是失之肤浅的。其实，正是这种悲壮，深刻地揭示和反映了两千多年来中华民族在修筑长城时所付出的举世无双的牺牲。《汉书》记载 :“遣蒙恬，筑长城，东西数千里，暴兵露师，常数十万，死者不可胜数，僵尸盈野，流血千里。”《淮南子•人间训》记叙 :“秦发卒五十万，使蒙公杨翁子将筑修城……道路死者以沟量。”《隋书》也记载，隋炀帝“发丁男一百余万筑……一旬而罢，死者十五六”。历代封建王朝（包括少数民族建立的王朝）修筑长城时的死亡人数，是多得无法计算的。唐末诗人贯休和尚讲“筑人筑土一万里”，并非夸大之词。至于耗费的钱财物资，更是涉及全国上下，家家户户而难以统计了。据有关专家统计，明代中叶戚继光修筑从山海关到居庸关以东这段长城共花费了1100万两白银，而当时全国年度财政总收入才400万两左右白银，可见耗费钱财之巨。而也正因为如此，长城筑造者的子孙后代才对长城永远怀有一种发自心灵深处，带着遥远记忆的尊崇情感。这种情感，正是凝聚长城文化总主题的源泉，它像地火，平时在大地深处静静流淌，默默沉蓄，一旦到了关系国家民族生死存亡的关键时刻（比如全民族的抗日战争），它就会爆发、冲腾，形成燎原烈火，呼唤着每个有热血的中国人，“把我们的血肉，筑成我们新的长城”，去保卫美丽的家园，保卫伟大的祖国，保卫光荣神圣的中华民族，激发出最最强烈的爱国主义热情，干出惊天地、泣鬼神的英雄业绩。

长城文化的豪迈，同样蕴含着对祖先们修筑长城时所显示的智慧、毅力和艰苦奋斗的尊崇，产生于长城文化的不断演化之中，特别是当长城的军事防御功能逐渐消退，其文化精神作用反而不断增强时，这种风格就显得更为明显，就更叫人感到自身的力量的伟大。长城具有强大的美学魅力，现代美学家、诗人宗白华说："中国最伟大的美术，最壮丽的美，莫过于长城。"为此，他翻译了19世纪以来著名的德国大考古学家希里曼在1863年发表的《我到长城的旅行》一文，文中说："我曾经从爪哇岛火山的高峰上，从加利福尼亚的西拉利瓦达的山顶上，从印度喜马拉雅山的顶上，从南美洲的哥地乃的高原上见到过闳丽壮伟的景象，但是永远不能和我现在眼前展开的这一幅美丽奇伟的画幅相比拟。……长城不可争辩地是人类的双手所创造的最奇伟的作品。它是过去的伟大所留的纪念碑。"而中华人民共和国的缔造者，诗人毛泽东的"不到长城非好汉"的诗句，十分简明贴切地揭示反映了长城文化的豪迈风格，这种风格吸引了千千万万的人，包括许许多多的外国人来感受长城的魅力，来当确认了人的力量去创造未来的"好汉"。

作为一种观点认识文化现象，历史上对长城的国防作用有肯定也有否定，但这都不影响长城的本质精神，相反，却从正反两个方面强调了长城文化的总主题，突出了长城文化中的人文精神的光彩。我们稍加研究便可以发现，历来肯定长城国防作用的是在肯定正义，反对侵略，向往和平；而否定长城国防作用的是在否定暴政，颂扬德政，赞美生命。两者统一于那雄深绵长、厚德载物的中华人文精神中。这我们可以从两位唐朝诗人的针锋相对的同题诗中窥见一斑，一首是汪遵写的《长城》："秦筑长城比铁牢，蕃戎不敢过临洮。虽然万里连云际，争及尧阶三尺高。"（注：《墨子》："尧堂高三尺，土阶三等，茅茨不剪，采椽不斫。"尧阶三尺指尧的节俭，引申为尧的德行德政。）另一首是褚载的《长城》："秦筑长城比铁牢，蕃戎不敢过临洮。焉知万里连云际，不及尧阶三尺高。"

长城文化既有浓烈的民族特性，又深深植根于人类追求真善美的共性厚土之中，具有令人向往和陶醉的魅力。1964 年 5 月 31 日国际古迹遗址理事会通过的《威尼斯宪章》指出："人们越来越意识到人类价值的统一性"，长城所具有的价值，也就是人类古文化遗址所具有的价值，长城文化已被国际上越来越多的人所认识、理解和认同。美国前总统尼克松在登临长城时说："我认为，你一定会得出这样一个结论：只有一个伟大的民族，才能造得出这样一座伟大的长城。"他还说："我看过卫星拍下的长城照片，它是地球的标志，应该是人类和平的标志。"而 1987 年联合国教科文组织把长城列为世界文化遗产的名录则是一个最好的说明。

目前，人们研究长城已不单是对那物质形态的长城，而更多的是把长城看作一个伟大的人类历史文化载体，从中发现和认识更多的信息。可以说，全面深入地研究长城，对于弘扬中华文化，探究人类共同的精神财富，发展国际间的和平友好往来既有现实意义也有历史意义。

（1985 年 12 月初稿用于中国长城学会筹备小组组编的《万里长城》画册，1995 年 10 月 9 日修改稿刊于《人民日报》(海外版)《龙吟》专栏,1999 年刊于《世界通讯》总第 71 期,2000 年清明定为《长城古诗二百首》自序）

附记：2016 年 11 月国家文物局公布的《中国长城保护报告》首次晒出长城的家底——墙壕遗存总长度 21196.18 千米，各时代长城资源分布于北京、河北、山西等 15 个省（自治区、直辖市）404 个县（市、区）。

又：2008 年 4 月 18 日，国家文物局和国家测绘局举行新闻发布会，宣布明长城东起辽宁虎山，西至甘肃嘉峪关，总长度为 8851.8 千米。其中：人工墙体 6259.6 千米，壕堑长度为 359.74 千米，天然险的长度为 2232.5 千米。

长城的象征意义与认识演化

万里长城自构筑的那天起，它就成了中华民族大一统的象征，两千多年来，任何人都没有能从认识上割裂万里长城，因而也就无法割裂中华民族。长城作为军事防御工程，自然更多地象征军事、象征国防、象征国家的安全和巩固。南朝宋时大将檀道济，曾随高祖北伐，在争取统一的大业中屡立战功，威名甚重，朝廷疑畏之，诏廷尉加害了他及其诸子。檀道济被抓时，脱下头巾丢地说："乃复坏汝万里之长城。"可见万里长城作为国家统一和安全屏障的象征意义早已植根于中国人的心目之中。唐太宗时门下奏："筑城以备虏，未若选将为长城。"此长城当是国防的同义词，而中唐诗人韩翃在诗中赞扬唐朝突厥族将官哥舒仆射是"万里长城家，一生唯报国"，说明万里长城作为国家的象征，连突厥部族人也认同了。

明代是大修长城的朝代，长城的象征意义也被广泛使用，明大臣刘思唐在《筹边录序》中赞扬钦差巡抚宁夏地方的都察院右副都御史杨守礼说："若假以久任，俾得究竟其设施，必能以身为西北长城，销北虏之患于未形。"《嘉靖宁夏新志》载："总兵官潘浩，能谨烽堠，迄今人以'潘长城'称之。"

纵观历史，长城作为中华民族的象征，为全体中国人民所接受，应该是在第二次世界大战期间的抗日战争时期。那时，日本作为一个海外民族，悍然入侵中国，在占领区奴役中华各民族人民，并妄想吞并整个中国。在日本侵略军的侵略标志中，还曾把侵略者脚踩长城作为胜利的象征。面对民族的生死存亡，象征国防和民族统一的长城自然提升为整个中华民族的象征，唤起整个民族的抗战意识。1933 年的长城抗战震惊中外，它揭开了抗日战争史上最初的壮烈一页，“誓与长城共存亡”成为抗日将士们的共同誓言。“起来，不愿做奴隶的人们，把我们的血肉筑成我们新的长城！”《义勇军进行曲》唱出了全体中国人民共同的心声。而一首“万里长城万里长，长城外面是故乡……四万万同胞心一样，新的长城万里长”的《长城谣》歌曲，同样以其独特的艺术感召力，激起了亿万中国人民的爱国热忱。《义勇军进行曲》后来成为中华人民共和国国歌，人们听到或唱起总能从中感受到一种爱国激情，就是因为长城能唤起亿万中国人心灵深处的共鸣。

与世界上许多伟大的人类历史遗址一样，长城在其军事实用功能逐渐消退和其文化精神作用不断增强的双向历史演进中，其美学魅力日显明显，它一方面不断地向世界展示着中华民族的智慧和创造能力，另一方面也在展示人类的坚强意志和雄伟气魄。

正是由于长城和长城文化所具有的强大美学魅力，吸引了世界。而世界在一定程度上也是通过长城开始真正地了解中国。西方最早介绍长城的是葡萄牙历史学家巴洛斯编写的《每十年史》，该书 1563 年出版。书中写道：“……关于这座长城，以前就有所听闻，以为它并不连续，它是行进在中国人与鞑靼人的土地中间，依山脉而成的通路。而据这幅地图，则它是全部连接的，不由极为惊奇。”但马洛斯没有来过中国。来过中国南方并在所著书中介绍长城的有葡萄牙多明我会教士达克鲁兹及西班牙外交官马丁拉达。但没有资料表明他们见过长城。公元 1792 年苏格兰医师约翰·贝尔随同俄国使节团越过长城，他曾这样记叙和认识长城：“据说建造这段地区的长城，从开始到完成仅历时 5 年。所有中国男人中，每 6 个里面必有 1 个参加义务工作。不能参加时，就必须自行寻找别人代替。役夫们排列成好几公里。用双手传递建筑材料。在凹凸不平满布岩石的路上，任何车子都无法使用，所以这种说法应该不假……依照我的意见，世界上除了中国人以外，大概没有任何一个民族，能够完成这样的工作。因为别的国家，或许能够准备足够的劳动者来从事这项工程，但是在如此众多的工人中，能够维持秩序，坚强忍受苛酷的劳动，大概只有聪明认真而柔顺的中国人才能办到。这种惊人的成果，即使不能说是最伟大的，也确实可数得上是世界的奇迹。计划并完成这项事业的皇帝，应该比构筑金字塔的埃及王受到更高的评价。因为可供实际使用的目的，当然远胜于只为了虚荣的工作。”

在此之前的1780年，随朝鲜政府贺乾隆帝七十寿诞使团来中国的朝鲜文学家朴趾源在笔记中已视万里长城为中华文化之象征：“不见万里长城，不识中国之大；不见山海关，不识中国之制度；不见关外将台，不识将帅之威尊矣。”

1793年9月，英国马甘尼爵士以英王乔治三世的使节身份来中国谒见住在热河（现河北承德）夏季行宫（避暑山庄）的清乾隆皇帝，他们一行从古北口越长城，他们此行见到的长城后来上了汤玛士•阿罗姆的《中国景观》的铜版画。这幅铜版画忠实地描绘出沿着山脊蜿蜒而行的长城，前景是两个坐轿官吏，一队侍从和迎候他们的当地人，后景是长城，此画深刻地影响了西方人对长城的认识。马甘尼在1793年9月5日的日记中写着：“假如整座长城都跟我看见的一样，这无疑是人类双手所曾经建造出来的最巨大建筑物。我想，即使把世界上所有石造的要塞和防砦全部集中起来，也比不上中国的长城。修筑长城的古老中国，不只是一个极其强大的帝国，同时也是一个既聪明而又深具道德的民族。至少，中国民族很有远见，又相当关心自己的后代，才会决定必须建造防壁以保护子孙，避免将来受到外敌的侵略；甚至愿意预先投下庞大的劳力和财富，避免后代子孙陷于不安的局面。”

马甘尼旅行的时期，是新的科学启蒙时代。他的秘书约翰•巴罗除了对长城表示敬意外，还留下了一些关于长城的计算数据，这些数据后来在世界各地被无数次的引用。巴罗说，假定长城的长度为2400千米，那么它的大小总体积，将比“英格兰和苏格兰所有住宅使用的材料总计”还要大。而在这项计算中还不包括长城上面所建造的防砦（指敌台一类的建筑物），至于光是用在建防砦方面的石头和砖块，“就相当于伦敦所有的住宅”。他还换算道：“这座庞大惊人的建造物，若换成高1.8米、宽0.6米的墙壁，将可以环绕地球足足两圈有余。”

就在马甘尼称赞长城70年后，德国大考古学家希里曼在1863年发表了《我到长城的旅行》一文，文章热烈地赞美长城：“我曾经从爪哇岛火山的高峰上，从加利福尼亚的西拉利瓦达的山顶上，从印度喜马拉雅山的顶上，从南美洲的哥地乃的高原上见到过闳丽壮伟的景象，但是永远不能和我现在眼前展开的这一幅美丽奇伟的画幅相比拟，我惊讶着，震动着，被捉住了，欢喜赞叹，我不能习惯于一眼看到这么多的奇迹！这个中国长城，我从最幼的孩儿时代每次听到人说起就感觉到一股炽烈的好奇心，现在我亲眼看到了，它的伟大是超过我想象中的一百倍。我越长久地注视这个壮伟的防御工程和它令人惊怖的多角的堡塞，不断地向最高的山脊背上攀援着，它对于我越像是洪水以前巨人族的神话式的创造。”“长城不可争辩地是人类的双手所创造的最奇伟的作品，它是过去的伟大所留的纪念碑。”希里曼对中国长城的建筑史不够了解，他认为他所见到的明代长城就是秦长城，但他的这篇文章给西方世界的影响，至今依然存在。欧洲人来到中国，总要一登长城，可以说不少人是受了他的启示。

不论是马甘尼还是希里曼，在20世纪之前，外国人看到的只是长城的一小部分，并由此推测长城的整体。到了1909年，美国人威廉·基尔以作家的好奇心决定游历长城。最后声称除了一些支线外，他实现了愿望。他所写的《中国的长城》也成了经典作品。然而这是一个喜欢用特殊表达方式写作品的作家，他写道：“我们与长城一起吃饭，与长城一起睡觉，满脑子都是长城。在我的脑海里，砖造的长城摆动着身体，互相缠绕着。难以言喻的型态令人入迷。我们幻想巨大的拱门，从大海跨向沙漠。在这些拱门下，数不清的伟大故事形成了一部地球的历史……在我们眼中，长城总是一面改变着形状，一面跳舞。有时把身体蜷成旋涡状，有时把身体伸得长长的，接着又把身体变成三角形、平行四边形、圆形等各种几何图形。最后我们甚至幻想，长城是在我们梦幻中玩着捉迷藏游戏的敏捷小鬼。在月球居民的眼中，这座伟大的建筑物，看来大概就像地球表面的一条神秘黑斑……”基尔说，两千年前建设长城的人物是“欧洲轻举莽撞的军国主义者所无法比拟的”。他又说，防卫生者的城墙，远胜于埋葬死者的地沟，“这座世界最大的城墙，长久以来不只对和平有很大贡献，也对延缓战争的突发影响深远”。他还认识到：“两千二百年来，中国人已建了一打以上的长城！”这是“血的长城”，只要想到成千成万无名工人所流的血汗和泪水，“我们就会觉得纵使在两千年后的今天，仍然清晰可闻，工人后裔诅咒秦始皇的声音从整座长城的深处发出”。威廉·基尔还用文学语言表述了这样一种认识：“瞧那座辉映在星光与月光下的长城。瞧那座浸浴在夕照和晨曦下的长城。瞧那座浓雾迷茫里的长城、雨水冲洗中的长城、飘雪笼罩下的长城吧。无论任何时候，长城都是巨大、灰色、静寂、可怕的历史亡灵。”

然而作为政治家的艾米尔·何布琉克则在1919年写道：“一千四百年来，长城扮演着防卫中国、隔离中国与全世界的角色。它是创造中国文化并加以孕育的一种保护力量，也充分地完成了这项任务。有朝一日，它可能会倒坍破碎。不过，长久以来受到长城保护的民族，已经一步步地筑起了一道无形的内在防线，而在传统与生活中，使它结晶成为比长城花岗岩更坚牢的形式。纵使遥远的未来，任何外来的侵略，都再也无法使它崩溃。”他为了强调这一见解，又写道，在好几个世纪以前，长城的胸墙一定曾经在皇帝军队华丽而极富幻想的武器中闪发光辉，可是现在已经颓废，“除了空虚的空间以外，再也没有什么可防守的了。”“长城犹如死去了的巨龙，蜿蜒于荒漠的峰峦上。在其遗迹与难以形容的废墟中，它仍然保持着壮观雄伟。没有任何一种遗迹能像这座城墙那样引发人的想象力。以前，因为这座城墙，异族的大军如潮水般涌来，也是因为这座城墙，中国这个不可思议的王国，终于能够逐渐成形，永存不朽。”他认为中国真正的生命已经离开长城而生。

作为考古学家的匈牙利学者斯坦因，在为英国提供中国西域地区的绘画地图资料的同时，对中国西部的汉代长城进行了考察。他在 1933 年出版的《斯坦因西域考古记》一书（该书 1936 年译成中文出版）中也提到“我不能不惊叹古代中国工程师的技巧”，“那些军事工程专家遇到可怕的天然险阻所表现的坚忍精神及组织力量，又得到显著的证明”，“感到中国人势在必行的展延长城以及后来汉朝猛进的政策，在人力方面所受到的痛苦和牺牲，一定是很伟大的了”，“老实说，这可以视为精神胜过物质的一种胜利”。

当西方人不断加深对长城的认识时，中国本土也早有人跳出历史的影响而赋予长城更新的认识，不过他们的这种认识更多的是以诗的语言表述的。

康熙三十三年（1694 年）进士陈璋在《西出居庸关》一诗中对长城已失去军事作用的情况作了描述：“万里女墙连雁塞，百年兵甲流桑乾。太平气象无中外，镇朔台高立马看。”类似的长城诗作很多，可以说是一个新时代的认识，其中康熙五十六年（1717 年）举人潘其灿的《登河防口边城》诗对明万里长城的历史作用作了概括的总结：“山海居庸千里长，前朝于此重边防。藩篱属国亡三卫，屏蔽中原恃一墙。保塞规模传魏国（魏国指明魏国公徐达），筑台形制说南塘（南塘指戚继光，戚号南塘）。而今中外为家日，直北舆图接大荒。”而雍正元年（1723 年）进士魏元枢在《查勘关隘遍历大关内外记事》诗中更是明确指出：“烽烟已靖千秋色，旌旆空悬万里情。欧脱遍沾新雨露，不妨缚绔到儒生。”“连天阡陌新畴拓，卧草牛羊野性闲。王化祗今敷海外，何须亭堠出云间。”频繁接触西方人的乾隆皇帝曾专门写过《长城》一诗：“埤堄栖岩障，徒惊建筑奇。民膏真叹竭，地险讵能持？万里东西亘，千秋鉴戒垂。胜朝事修葺，遐想动嗟咨。可识戒严日，已成失守时。金汤岂云是，在德有前规。”他的观点便是清朝一代对长城的主流认识：万里长城的建筑是神奇的，但守国还在于实施“德化”。能够历史公正地评价长城，给长城以高新认识的有清道光八年（1828年）的举人马恂，他的《长城歌》是古代长城诗中最长的一首，诗作不仅肯定了长城的历史功绩，赞美了长城的壮丽，而且赋予长城以新的历史意义：

长城筑怨秦不知，崇墉万古长嶷嶷。
长城备边秦不及，狐鸣蛇断群雄驰。
空见延延太行尾，堑山堙谷海为池。
后人望之若蜃市，大笑秦皇汝痴矣。
同时燕赵各筑边，毕竟覆国非北鄙。
秦能灭之秦不思，效其劳民焉足恃。
秦人摇首不谓然，非秦谁使长城起。
自从五丁开山来，百姓乐成难虑始。
捶拊刀锯严迫驱，民筑长城且缓死。
亭障罗列百万兵，牧马无人七百里。
英雄举事必无穷，害在一时利万纪。
岞崿紫石蟠危墙，纷纷于此论边防。
中原天界一线内，大地平围万里长。
万乘待边诅缚马，三城设险虞亡羊。
使非旌旗倚秦塞，何能再距森开张。
渝关险隳勇将怯，燕云地失雄图亡。
遂令后代逞豪骏，百楼万雉营修忙。

敌台千里少保戚，马池再筑三目杨。
罟秦者即飨秦利，今古功名归战场。
始知苍昊若有意，专遣秦人治边地。
不然闰运何不延，长城功毕辒辌至。
卢生秦谶逢沙邱，沛公送徒起丰泗。
鹑首醉秦忽复醒，长城月冷空闲弃。
从来智计难胜天，但留铁壁横风烟。
烽堠橹棚分向背，高高下下皆珠联。
连云岌嶪上瓴甋，抵谷委折穷渊泉。
迤逦列戍转蜗壳，星罗棋置黄云巅。
西北环抱烛龙脊，东南填压共工肩。
关峻但闻通流水，势险直欲遏飞鸢。
长城一筑限中外，神臬遂隔龙沙边。
王公设险守其国，勇夫重闭防未然。
岂知梯航通玉币，郅治八荒归控制。
金瓯早画益地图，开拓唐虞古形势。
天之所覆同一家，稽首皇家作仆隶。
长城蜿蜒空自长，所用防秋巩带砺。
古苔没址埋战骨，野花含香围埤堄。
古云在德不在险，而今外户已不闭。
岩谷桑麻安耕凿，山城诗书竟鲁卫。
当年饮马冰雪窟，童叟垦辟给租税。
唯见长城匹练舒，翠屏九曲迭云际。
长城磊磊山峨峨，天下大同亿亿世。

在马恂看来，雄伟的长城以及它所展示的文化将光照千秋，万世不灭。

对长城军事之外价值的认识方面，清康熙三年至十年

（1664 ～ 1671 年）间任山海关管关通判的陈天植在《重修澄海楼记》一文中还明确提出了长城景观的旅游价值。他说万里长城入海处老龙头上的澄海楼是“若斯楼也，面临巨壑，背负大山，高枕长城之上，波澄万里，嶂垒千重，又岂区区彭蠡洞庭、会稽山阴诸胜足媲其雄深哉”。文章透露他把长城作为游览胜地加以维修和保护的意识也是十分可贵的。

在现代中国，有两个人对长城的评价影响着并将继续影响着一代代的中国人。其一是孙中山，作为伟大的革命先行者，他在《建国方略》中指出万里长城是“中国最有名之陆地工程者”，“工程之大，古无其匹，为世界独一之奇观”。“始皇虽无道，而长城之功于后世，实与大禹之治水等。由今观之，倘无长城之捍卫，则中国之亡于北狄，不待宋明而在楚汉时代矣。……其初能保存孳大此同化之力，不为北狄之侵凌夭折者，长城之功为不少也。”

另一个是伟大的文学家鲁迅，他专门写过一篇很短的短文《长城》：“伟大的长城！这工程，虽在地图上也还有它的小像，凡是世界上稍有知识的人们，大概都知道的罢。其实，从来不过徒然役死许多工人而已，胡人何尝挡得住。现在不过是一种古迹了，但一时也不会灭尽，或者还要保存它。我总觉得周围有长城围绕。这长城的构成材料，是旧有的古砖和补添的新砖。两种东西联为一气造成了城壁，将人们包围。何时才不给长城添新砖呢？这伟大而可诅咒的长城！”鲁迅在肯定长城“伟大”的同时，又说长城是“可诅咒的”，这是文学的比喻，鲁迅是用长城比喻封建文化和制度。彻底根除封建文化和制度，是一件艰巨又艰难的事情。

无论历史上人们怎样评价长城，给长城以怎样的象征意义，长城作为中华民族的象征，在历史的进程中自然形成，并在中国人民反对帝国主义侵略的斗争中，特别是在全民族的反对日本帝国主义的侵略斗争中被世人所认同，所接受。

1971 年第 26 届联合国大会恢复中华人民共和国在联合国中的

合法地位。中国向联合国大会赠送的礼品，是一块编织着万里长城图样的大型挂毯，这再次表明中国人民和政府已将标志数千年灿烂文化的万里长城视为中华民族的象征，这一象征意义也被全世界所认同，所接受。而 1987 年联合国教科文组织把长城列入世界文化遗产目录，则标志着世界对长城价值的认识达到了一个新高度。

长城文化既有浓烈的民族特性，又深深植根于人类追求真善美的共性厚土之中，具有令人向往和陶醉的魅力。1964 年 5 月在威尼斯召开的第二届历史古迹建筑师及技师国际会议通过的《国际古迹保护与修复宪章》指出："世世代代人民的历史古迹，饱含过去岁月的信息，留存至今成为人们古老的活的见证人。人们越来越意识到人类价值的统一性，并把古代遗迹看作共同的遗产，认识到保护这些古迹的共同责任。"长城文化的价值已被国际上越来越多的人所认识、理解和认同。自 1954 年至 2002 年年底，有 400 余位外国国家元首及政府首脑游览了中国长城，纷纷发出由衷的赞叹。例如：1972年2月，美国总统尼克松访华，他在24日游览了八达岭长城后讲："我认为，你一定会得出这样一个结论：只有一个伟大的民族，才能建造出这样一座伟大的长城。"他还说："我看过卫星拍下的长城照片，这是地球的标志，应该是人类和平的标志。"

英国女王伊丽莎白二世 1986 年 10 月 14 日在游览长城时说："我到过许多地方，长城是最美丽的。"

俄罗斯联邦总统叶利钦 1992 年 12 月 7 日在游览长城时说："这是世界上最伟大的工程，在其他地方我从未见到过类似的杰作。"

以色列总理拉宾 1993 年 10 月 11 日在长城上留言："设计者太伟大了，长城不愧为世界奇迹。"

马里共和国总统科纳雷 1996 年 9 月 10 日在长城上留言："这个奇观是人类的杰作和人类的骄傲，这要归功于伟大的中国人民，他们保存了这个象征着永恒和今日和平的杰作。"

牙买加总理珀西亚尔·帕特森 1998 年 10 月 8 日在长城上留言：

"长城是象征人类精神的真正杰作，它充分体现了人类的想象力和忍耐力。"而同年 11 月 1 日比利时首相吕克•德阿纳的长城留言是:"长城不是边界，而是世界人民友谊的象征。"

卡塔尔总统埃米尔•哈马德在 1999 年 4 月 9 日为长城留言："我只能表达对这一独特城墙的敬佩之情。长城是中国古代文明成就的见证，现在又为中国的进步发挥着巨大的推动作用，将来整个人类必将受益于它。"同年 2 月 2 日圣卢西亚总理安东尼的长城留言是："一个科学精湛的工程给我们留下了深刻的印象。游览长城让我们重新认识了孕育于人类文明之中的信念和信心。世界应该多关注中国，因为中国的历史是人类可能性、毅力和精神的完整叙述。"同年 6 月 7 日塞浦路斯总统格拉夫科斯•克莱里季斯在长城留言："长城是中国人民创造的世界上最伟大的奇迹之一，同时也是世界上最宝贵的遗产。"

面对新世纪，伊朗伊斯兰共和国总统赛义德•穆罕默德•哈塔尔在 2000 年 6 月 24 日"以真主的名义"为长城留言："古老的长城标志着中国人民在漫长的历史中创造的文明史。中国人民能够依靠这样的创造来建设较繁荣的文明，并进入到一个人民将受到尊敬，民族享有平等权利，任何国家能享受较好的文明和优越物质条件的新世界。"而阿根廷总统费尔南多•德拉鲁阿于 2000 年 9 月 13 日的长城留言是："游览人类最伟大的奇迹——长城，心情是不能用言语来表达的，长城是人类友谊和平的纽带。"

2002 年 12 月 3 日，俄罗斯联邦总统普京在游览长城后题词:"我为中华民族之勤劳、风景之秀美、历史之伟大而感到惊讶！"

来中国旅游的各国人士，几乎都要登临长城，有的还是多次登临，有的还在长城上进行各种展示人类创造力的活动。日本松山芭蕾舞团团长清水正夫 1994 年 9 月在给由中国长城学会主办的长城国际学术研讨会的贺信中讲："万里长城不仅是中国人民修建的伟大建筑，也是全世界人民的璀璨瑰宝。万里长城是一个从卫星也能清楚地看到的具有宇宙规模的宏伟建筑，它代表着具有悠久历史的地球的伟大形象。”他的这种认识，代表了许多登临长城者的心声。

经历了2500多年岁月磨洗的中国长城，由于中国人民世世代代的修建，至今依然巍然屹立在世界的东方。如此宏大，如此雄伟，如此气势磅礴，如此令人感动焕发激情的象征性建筑物，在世界上没有第二座，在人类社会进入21世纪、信息全球化的浪潮席卷而来的今天，长城所展示的文化和象征意义日显昭彰。长城已不仅是中华民族的象征，而且也是人类文明的象征、地球和平的象征，全人类都将从这份宝贵的文化遗产中得到益处。

（原文为2005年8月出版的《中国长城》一书中的第五章第二节，后为《地球》杂志2009年第六期刊用）

壮美长城诗

中国是一个诗的国度，诗的传统源远流长。长城是中国历史的载体，长城诗彰显了中国历史的波澜壮阔。在中国诗歌的百花园里，长城诗是其中一朵异常璀璨、壮美的奇葩。

长城诗指有关长城的诗词作品。长城诗有广义和狭义之分，广义的长城诗指内容凡涉及长城、长城关塞及长城故事的诗词作品，狭义的长城诗指诗作题目就是长城、长城关塞及长城故事的。从广义的角度来看，很多边塞诗和战争诗都可视为是长城诗，它们之间很难划出明确的界限。正因为如此，人们在讲长城诗的时候，主要是从狭义的角度谈的，即指那些诗题即为长城、长城关隘、长城风景及内容是专门描写长城的修筑与有关故事的诗篇。一些有“长城”或长城代指称谓出现，内容反映长城边关情况及由此引发各种感念的诗作，也被视作长城诗。

自有长城以来，就有关于长城的诗歌出现，秦代歌谣“生男慎勿举，生女哺用脯，不见长城下，白骨相撑拄”（见《意林》）“生男慎勿举，生女哺用脯，不见长城下，尸骸相支拄”（见《水经注》引南北朝杨泉《物理论》）是目前流传下来的最早的长城诗。到了汉代，贾捐之曾说过：“长城之歌，至今未绝。”而自汉以降，长城诗更是绵绵不断地产生。在中国的诗歌史上，对某一建筑物的吟咏，没有比对长城的吟咏时间跨度更大、数量更多、反映面更广、情感更为强烈的了。在两千多年来庞大的长城诗的作者群中，既有皇帝贵族、戍边将帅，又有布衣文士、遗老逸民；既有诗坛巨擘，也有道隐僧客；既有汉族诗人，还有契丹、蒙、回、满等少数民族诗人，并有一些女诗人，显示了无比的广泛性。他们从不同的角度、不同的侧面吟咏长城，全方位地反映了长城的历史风貌。

长城诗虽然都是直接取材于长城，但其内容却显示了明显的多样性。这也正是长城诗具有顽强生命力和艺术感染力的主要原因之一。在林林总总的长城诗中，有控诉秦始皇暴虐无道的，有称赞秦筑长城为开千秋业的，有反对战争歌唱和平的，有饮马长城志清玉塞的，有主在歌唱长城山川壮美的，有描绘长城边关荒凉冷漠的，有凭吊以抒忧国忧民之情愫者，有登临以寄个人壮怀激烈者，有筑边者的痛苦呻吟，有空闺妇的凄婉悲号。

很多长城诗涉及了对长城的评价，有的认为长城起了安边卫民的作用，有的则认为长城不足御敌，有的认为筑城筑怨导致国破庙倾，有的则认为筑长城暂劳永逸，有的把长城和秦始皇捆在一起进行鞭笞，有的则认为秦皇无道而长城有功。到了现当代，长城诗则多把长城作为中华民族和人类文明的象征而讴歌称颂。两千多年来，数以万计的长城诗主要表现了强烈的爱国主义情感和英雄主义气概，体现出以人为本、热爱和平、热爱生命的中华人文精神。

历史悠久、数量巨大、内容丰富的长城诗在艺术性方面也是多姿多彩的。从诗体上看，无论是叙事长城诗，还是抒情长城诗，在古风、律诗、乐府、民歌等各种体裁中均有佳篇丽制，从风格流派与气韵上看，长城诗中雄浑豪放者有之，哀婉缠绵者有之，凄迷悲怆者有之，金刚怒目者有之，它们艺术地反映了长城的各种特性和诗人们的复杂感情，给人以深刻的感染和强烈的震撼。

伟哉长城，壮美长城诗！

我们热爱长城，千古吟唱长城诗！

（此文为中国国学出版社2012年12月出版的《长城永恒——中国历代经典长城诗选编》所写序言）

乡恋篇

XIANGLIANPIAN

神美秦皇岛

秦皇岛，一个神奇美丽城市的名字。

这名字，不仅与中国历史上的“祖龙”联结在一起，而且联系到浩渺北海里的神秘仙岛，撩人情思，引人遐想，永远散发着迷人的魅力。

你看，渤海的万顷波涛，是那样轻柔，那样深情地亲吻着秦皇岛市160多千米的海岸线中的金色沙岸，那样热烈，那样激情地拥抱着金色沙岸间的礁石岩岸，沙岸逶迤连绵，细软晶莹，处处可作亲水浴场，岩岸壁立峻峭，均是观海好去处，而那奇特的海岸沙漠风光，更在中国独领风骚！在那海边就能望见的重峦叠嶂的燕山余脉里，又耸立着碣石山、天马山、祖山（老岭）、角山、联峰山等神奇的历史名山，卧藏着天马湖、桃林湖、燕塞湖、滦河、汤河、戴河等迷人的湖泊河流，存留有堪称地质百科的柳江盆地国家地质公园和世界观鸟胜地的国家湿地公园（试点），山海之胜，秦皇岛可谓聚得精华了。

山海之胜，毕竟是大自然的恩赐，而在北朝（北齐与北周）长城基础上修建的体现人类伟大创造力的明代万里长城，又像巨龙一样游弋在秦皇岛市腹地。它横卧在山海咽喉之间，竖起了雄伟的“天下第一关”——山海关古城，它把头伸入大海之中，每天在那里掀澜拨浪，吞吐云烟，形成了名副其实的老龙头，而镌刻在古老石碑上的“天开海岳”四个神来大字，形象生动地揭示了长城老龙头气吞山海的磅礴气势，恢弘准确地概括了秦皇岛地区的奇特地理形势和由此衍生的无穷魅力。

秦皇岛市位于连接华北大平原和东北大平原的滨海走廊的西端，历来是人们南来北往的通道，3000多年前智慧的箕子就曾带着一套中华文明的礼仪、制度、治国的理念和大批随从经此往返朝鲜，而在更加悠远的年代，带着红山文化的先民们也曾频繁往来于此，将文明的曙光由此滋播开去。

地处古碣石地区的秦皇岛市，最早曾是文明昌盛的孤竹古国，被孔子尊为“古之贤人”的伯夷、叔齐，就曾生活在这块土地上;“千古一帝”的秦始皇嬴政曾在此派人入海求仙，留下了“秦皇岛”这一神奇的地名；雄才大略的汉武帝刘彻亦在此筑台寻仙，并派人建起海军基地；文韬武略的魏武帝曹操于此观海抒怀，写下了开中国山水诗之先河的《观沧海》诗；一代明君唐太宗李世民也经此望海赋诗，表达了要当一个好皇帝的心迹。历史上这里曾长期为兵家必争之地，战事无数，然而结果却只是一次次地反映和体现了中华文化无比巨大的凝聚力与同化力。

到了明朝初年，大将军徐达在此建关设卫，尘封的文明得以发扬光大，及至明代中晚期，这里成了决定中国历史走向的主战场，一时重兵宿将，风屯云扰，戚继光、孙承宗、袁崇焕等，他们的军事思想和谋略，成了中国军事科学的宝贵组成部分。而甲申年（公元1644年）闯王李自成喋血山海关的教训，则向后来的中国革命党人敲响了防止腐败演变的警钟。清朝，这里又成了“两京锁钥无双地（两京指盛京沈阳和北京）”，康熙、乾隆等多位帝王都曾来过这里，留下了许多赞颂山海风光的抒怀华章。

公元1898年，接受维新思想的清政府宣布秦皇岛作为自开口岸开埠，同时又辟北戴河海滨为“允中外人士杂居”的避暑地，从此这里又成了中外名人荟萃之地，周学熙、朱启钤等北洋要员，都为秦皇岛的开发建设做出过贡献，而孙中山借鉴秦皇岛港提出的建设北方大港的设想，实际上又在秦皇岛得到了实现，特别是中国共产党的创始人李大钊和王尽美在秦皇岛地区的革命实践活动，更为秦皇岛的历史文化增添了璀璨光彩。

历史给予秦皇岛特别的恩惠，在北戴河海滨建起了中国第一条旅游铁路支线，开通了中国第一条空中旅游航线，出现了中国第一张旅游招贴画，开创了诸多中国旅游业的先河之举。早在20世纪二三十年代，北戴河海滨就成了世界闻名、东亚第一的避暑胜地，吸引着数以万计的中外宾客光临，其中不乏文化名人和中国政坛、商界叱咤风云的人物。

那时，中外有钱人在北戴河海滨一地，先后建有700多栋别具风韵的别墅楼，这其中得以保存下来的至今依然楚楚动人、风情万种地向人们展示着那已逐渐远去而又回味无穷的历史风貌。

海水朝潮朝落，浮云长涨长消，星移斗转，沧桑变幻。解放前只是港口小镇的秦皇岛，今天已成了一个辖三区（海港区、山海关区、北戴河区）四县（抚宁县、昌黎县、卢龙县、青龙满族自治县），具有陆地面积7812平方千米，规划海域面积2634平方千米，人口300多万（城区人口100多万）的闻名中外的港口工业城市，首批国家优秀旅游城市了。

有人说秦皇岛得天独厚，得天时，得地利。的确，秦皇岛依山面海，冬无严冬，夏无酷暑，又兼地处华北通往东北的咽喉要冲，有港口，有机场，海陆空交通甚为方便。秦皇岛市腹地广阔，地形多样，风光旖旎，物产丰富。就果品而言，昌黎的葡萄、抚宁的苹果、卢龙的核桃、青龙的板栗都早已闻名于世。其实整个秦皇岛市就是一个花果之乡。早在20世纪30年代，这里就从国内外引进种植了各种各样的果木，可以说能够在中国北方生产的干鲜水果，今日秦皇岛市几乎全有种植。值得一提的，这里还是中国第一瓶原产地干红葡萄酒的诞生地。

秦皇岛市的三个城市区，又神姿仙韵各具特色。其中海港区以北方不冻良港秦皇岛港而名世。早在1912年，孙中山先生就指出："以商港论，现时直隶中惟一不冻港，惟有秦皇岛港。"今天的秦皇岛港已是我国乃至世界最大的能源输出港，主要输出河北、山西、内蒙古的煤炭和大庆的原油，兼营杂货和集装箱运输业务，年吞吐能力达3亿多吨，已跻身于世界大港之列。山海关区以万里长城入海处和山海关古城而远闻，素有"万里长城第一关"之称的历史文化名城山海关，建筑宏伟，具有独特的民族风格，与万里长城相连，构成了"主体两翼，左辅右弼，一线展开，两城互犄"的格局，成为中国古代建筑史上一套完整的科学军事防御体系工程，在建筑艺术上又有很高的价值。古城内的胡同民居，同样除了发人幽古之情思外，又为建筑艺术爱好者提供了研究欣赏的实证。北戴河区作为中国现代旅游业的摇篮和圣地，早以"避暑胜地"扬名海内外，这里风光秀丽，色彩明快，有风无尘，空气清新，是休闲度假和疗养的理想之地。也正为此，这里才成为新中国最早最大的休疗养基地！有关方面才选择这里作为中央暑期办公之地！在这里，共和国的功臣英雄们度过了幸福美好的时光，共产党的一代代领导人多次召开会议，商讨国内外大事，会见外国元首、外交使团，并深入基层，接近群众，调查研究，制定决定中国发展走向的方针政策。

在秦皇岛市区，还有全国最早最大的平板玻璃厂——耀华玻璃厂，全国最早最大的钢铁桥梁厂——山海关桥梁厂，亚洲最大的复合肥厂——中阿化肥厂，还有渤海铝业、戴卡轮毂有限公司、山海关船厂等，它们都以其资历与产品的数量、质量在全国同行业中占据鳌头。

公元1979年年初，中共中央、国务院决定把北戴河疗养区拨给旅游部门接待外宾使用，这一把党的工作重点转移到社会主义现代化建设上来的特殊举措，使秦皇岛市成为改革开放大办旅游的首举地，带动掀起了全国改革开放大办旅游的热潮。

公元1984年，中央决定把秦皇岛市加入首批对外开放的十四个沿海城市之列，并建立秦皇岛市经济技术开发区，这是秦皇岛历史性的一个转折，经过20多年的建设，秦皇岛市顺应历史潮流，很多方面发生了根本性的变化，特别是在现代化的环境建设方面，更是令世人瞩目。

作为中国首批优秀旅游城市，秦皇岛在开发建设旅游项目时，充分利用其得天独厚的自然环境优势，关注人和自然的和谐，创造人接近自然、拥抱自然、回归自然的机会。这里建有全国首批城市野生动物园和海底世界公园，有全国首创的滑沙滑草娱乐项目，有全国最早开展的沙滩排球、沙滩足球以及可以充分发挥想象力的沙雕等活动，而围绕长城开展的长城探幽、长城考察等活动，更是在秦皇岛首先开展起来的基础上吸引了众多的中外长城爱好者及野外体育运动爱好者。况且，这里早在1990年就成功地举办过亚运会帆船赛，2008年又成功地举办了奥运会的足球预选赛，成为中国既协办过亚运会又协办过奥运会的唯一城市。

作为2005年全国十佳宜居城市，秦皇岛注重城市的科学规划，把整个城市建设成为最适宜人群居住的美好大环境，已经成为秦皇岛人的共识。到秦皇岛城市的中心区，便会发现新式建筑物群落以不同的光泽和气韵呈现出令人惊叹的发展速度和光彩，而正在建设中的诸多公园广场和星罗棋布于街区间的绿地，更是显示了秦皇岛人的真实追求与情感。

梦想中的家园，当然不是让鲜活的生命在水泥丛林中作诗意的幻想，而是实实在在地拥抱自然，享受自然。神美秦皇岛有别于世界上诸多城市的一个特点是：它的三个城市区和正在规划建设中的北戴河新区由碧波金沙的海岸相连，中间隔着茂密的树林、宽阔的田野、山丘和河流，激荡的海浪和广袤的绿色不分昼夜地散发出清新空气，变换着妩媚景色，而拥有总面积6万多公顷的数个自然保护区，更是有效地保护着那原已变得脆弱而备受人们关注的生态环境。

大雨落幽燕，白浪滔天，秦皇岛外打鱼船。一片汪洋都不见，知向谁边？往事越千年，魏武挥鞭，东临碣石有遗篇。萧瑟秋风今又是，换了人间。

公元1954年秋，作为中国共产党和中华人民共和国缔造者之一的毛泽东主席，以其博大的胸怀和深邃的思想豪迈艺术地概括了幽燕大地上秦皇岛的沧桑变化，为秦皇岛增添了更加神奇迷人的色彩。半个多世纪过去了，“换了人间”的秦皇岛顺应历史潮流，乘科技发展之长风，不断焕发活力，正在变成真实的“天开图画成乐土，人住蓬莱似列仙”（康有为赞北戴河诗句）的“神仙”住地。当然，这不仅是指它经济发展的美好前景，更是指它的自然环境和人类生活环境在往美好的方向发展。你看，一幢幢高楼大厦拔地而起，一条条宽广大道不断平坦伸延，柏油水泥公路连结山村，高速公路、高速铁路通往四方，森林在扩展，河水在变清，绿地在增加，海水湛蓝，空气清新……整个城市正建设得更像天然大花园，成为宜居、宜业、宜游的好地方。

天开海岳秦皇岛，天开图画秦皇岛，神奇美丽的秦皇岛，在当今科技、经济、社会以加速度的方式迅猛发展的进程中，只要坚持走可持续发展的道路，必将变得更加神奇迷人，吸引更多的人投入她那魅力无穷的怀抱。

秦皇岛，一个神奇美丽的城市。

（本文2003年为《浪漫之旅·秦皇岛》首章用，2005年为《秦皇岛日报》分期刊用，2009年为《天开海岳秦皇岛》序言用）

附记：2015年8月，秦皇岛市的区划调整获国务院批准，抚宁县撤县设区，秦皇岛市成为辖四区（海港区、山海关区、北戴河区、抚宁区）三县（昌黎县、卢龙县、青龙满族自治县）、市区人口达139.63万、市区面积2131.51平方千米的城市。

秦皇岛三大历史文化

孤竹文化

秦皇岛地区古属孤竹国。孤竹国是建国很早的方国，经历了商朝和两周。从史书记载看，它建于商汤十八年（公元前 1582 年），至今已有 3590 多年的历史。国君墨胎氏，可能是夏朝开国国君大禹的后代，或者是古代名贤及有功之人的后代。孤竹国地处商朝东北荒远地区，北方有游牧民族。长期以来，孤竹国一直以先进的中原文化影响着相对落后的游牧民族，起着为商朝和周朝护边的作用。孤竹国在周惠王十三年（即齐桓公二十三年，公元前 664 年）为齐桓公救燕伐山戎时所灭，土地遂为燕国所辖。孤竹国存在了大约 918 年，它的管辖区域与历史上的许多古老方国一样，随兴衰时大时小。据考古资料表明，其疆域范围最大时包括今全部秦皇岛市在内的河北省东北部以及辽宁省的西南部，都城在今卢龙县城附近。从历史文化的角度看，孤竹国 900 多年的中心区就在今秦皇岛的卢龙县一带。

“孤竹”在出土的商代青铜器上的铭文为“觚竹”，觚和竹都是当时记录文字的材料，取此二字作为国名，反映了该国重视教化的文明程度。

商末周初，孤竹国出现了一对为后来儒家极力称颂的兄弟：长子伯夷和三子叔齐。

伯夷、叔齐，是孤竹国君的两个儿子。父亲想立叔齐为国君，等到父亲去世后，叔齐认为长幼有序要把君位让给伯夷。伯夷说:“让你接位这是父命”，于是逃避走了，叔齐也不肯继位同样逃避走了，孤竹国人便立国君的第二个儿子做了国王。随后伯夷、叔齐听说西伯侯姬昌（周文王）善待奉养老人，便一同前往归顺，等到了那里，周文王已经去世。姬发(周武王)用车载着木头做的人像，宣称是文王，向东讨伐帝辛（商纣王）。伯夷、叔齐赶到马前叩头劝谏：“父亲死了不去安葬，改换动用武力，可说是孝吗？以臣子的身份讨杀君主，可说是仁吗？”武王的左右想杀他俩。姜太公说:“这是讲义的人啊！”叫人搀扶着拉走了。等到了天下都归顺了周朝时，伯夷、叔齐却耻于归顺，坚守义道不吃周朝的粮食，隐居在首阳山，采野菜来充饥。等到快饿死的时候，作了一首歌：“登彼西山兮，采其薇矣。以暴易暴兮，不知其非矣。神农虞夏，忽焉没兮，我安适归矣？于嗟徂兮，命之衰矣！”于是饿死在了首阳山。

伯夷、叔齐“仁义让国、扣马谏伐、耻食周粟、首阳采薇”的故事，历代传颂不已。他们贤德为重、礼义为先、不恋权势、不慕权位的品德和义不食周粟的气节以及以身殉国的道德操守，被后人称为“孤竹遗风”“夷齐清风”，深为后人敬仰，尤其为刚正清廉、不愿随波逐流的仁人志士所尊崇。春秋时期楚国爱国诗人屈原在《桔颂》中把伯夷作为自己为人的榜样；南宋写过“人生自古谁无死，留取丹心照汗青”的民族英雄文天祥在被元兵俘虏后，曾效法夷齐要绝食以殉国，在被囚期间还写了一首《和夷齐西山歌》以表明自己的心志；明末清初倡导“天下兴亡，匹夫有责”的大学者顾炎武在《谒夷齐庙》一诗中称赞伯夷、叔齐“可为百世师”，表示了自己反清复明的决心。伯夷、叔齐得到历代多家学派特别是儒家的颂扬和推崇，孔子称伯夷、叔齐为“古之贤人也”，孟子也称“伯夷，圣之清者也”，墨子则称伯夷、叔齐为“宗圣”；韩非子把伯夷和尧舜同列为圣人；庄子、管子等也都赞扬过伯夷、叔齐。唐代著名文学家韩愈对伯夷的特立独行称颂有加，专门写了一篇《伯夷颂》，高度赞扬："若伯夷者，穷天地亘万世而不顾者也，昭乎，日月不足为明，崒乎，泰山不足为高，巍乎，天地不足为容也。"

孤竹国传国近千年，在中国古代史上有着一定的地位。以伯夷、叔齐精神为代表的孤竹文化，孕育出了"夷齐清风"，在中国历史上产生过很大的影响，对中国传统文化的形成起了促进作用，是构成秦皇岛地域文化、燕赵文化及华夏文化的一份宝贵遗产。

碣石文化

《史记·秦始皇本纪》载："三十二年，始皇之碣石，使燕人卢生求羡门、高誓。刻碣石门。……因使韩终、侯公、石生求仙人不死之药。"

《史记》记载很明确，秦始皇是于公元前215年到"碣石"，派方士们入海求仙人与长生不死之药的。碣石在哪里？历代众说纷纭，据当代考古发掘表明，"始皇之碣石"的碣石无论是指石（有学者认为碣石即今在绥中县的海中巨石姜女坟，该地曾属山海关）、指山（今昌黎县碣石山），还是指地域，都在今秦皇岛市一带。

《史记·封禅书》还提到，汉武帝于元封元年（公元前110年）也为寻找神仙"并海上，北至碣石"。

从秦始皇、汉武帝的"之碣石"和"至碣石"的一系列盛大求仙活动，可以看出今秦皇岛一带早就是航海发达的地区，而他们寻求长生不老药，也可以看作是先人们在尚未完全脱离蒙昧时期对生命和健康进行探求的一种认识和方式，"碣石"也就成了祈寿、祈福的一个策源地。

秦始皇、汉武帝一次次地或派人或亲自入海求仙，虽没有得到他们所预期的结果，但中国人正是在这一次次地倾国家之力的出海活动中，开拓了对世界的认识，并在海外得到了发展。至今在韩国、日本，仍有很多人认为他们是"秦人"的后裔，许多日本学者和科学家还论证，日本民族的祖先很大一部分是从中国大陆过去的“渡来人”。

在秦始皇“之碣石”422年后的公元207年秋，坚持统一中国大业的曹操在北伐乌桓凯旋时“东临碣石，以观沧海”，写下了开中国山水诗先河的《观沧海》一诗：

东临碣石，以观沧海。水何澹澹，山岛竦峙。树木丛生，百草丰茂。秋风萧瑟，洪波涌起。日月之行，若出其中。星汉灿烂，若出其里。幸甚至哉，歌以咏志。

又过了400多年，隋炀帝杨广、唐太宗李世民两位声誉不同的帝王在东征高句丽时都经过碣石地区，分别写下了《望海》和《春日望海》两首诗，随驾的大臣们也都写了不少奉和诗。于是秦皇岛一带成了帝王将相和文人骚客们观海、望海的向往之地，并留下了大量史诗般的观海诗篇。

公元1954年夏，中华人民共和国的主要缔造者毛泽东主席来北戴河海滨暑期办公。初秋时节，毛泽东为大海雨景所感写下了《浪淘沙·北戴河》一词：

大雨落幽燕，白浪滔天，秦皇岛外打鱼船。一片汪洋都不见，知向谁边？　往事越千年，魏武挥鞭，东临碣石有遗篇。萧瑟秋风今又是，换了人间。

人民领袖的这首“东临碣石”的豪迈词作，不但道出人世间发生了翻天覆地的变化，也让全中国乃至世界都知道了秦皇岛和北戴河。

秦皇岛市地处古碣石地域，碣石文化更多的是秦皇岛大海文化的历史表述，人们来此观海，莫不为大海的广阔深邃所感染，所征服。孔子曾在回答学生子贡的提问“君子见大水必观焉，何也？”时说：“夫水者，君子比德焉。遍予而无私，似德；所及者生，似仁；其流卑下，句倨皆循其理，似义；浅者流行，深者不测，似智；其赴百仞之谷不疑，似勇；绵弱而微达，似察；受恶不让，似包；蒙不清以入，鲜洁以出，似善；化至量必平，似正；盈不求概，似度；其万折必东，似意。是以君子见大水必观焉尔也。”孟子也有“观于海者难为水”之叹，是说只有看见了大海才知道天下之水都不足为水的道理。这正是千百年来碣石即今秦皇岛市成为中国著名观海胜地的一个重要原因，是碣石文化即观海文化的一个重要内容。

公元1898年，秦皇岛被清政府辟为自开口岸，北戴河海滨被辟为“允中外人士杂居”的避暑地。这两件事和此后从大洋彼岸传来的新鲜事物，包括一套崭新的港口（包括海关等）管理模式、方法和制度，一些西方健康的生活方式及看得见、摸得到的充满异国风情的老别墅等近代建筑，都反映了碣石文化的深远影响，说明了这种文化所具有的包容性、开放性、开创性特征。

长 城 文 化

宏伟的明代万里长城集中国两千多年来历代长城建筑之大成，而秦皇岛市境内长城，又集明代万里长城之精华。贯穿秦皇岛市东西500余里的明代万里长城，东自山海关区南海岸边老龙头的入海石城，西至青龙满族自治县杏树岭上的叉楼敌台，其气势风光之雄伟壮丽，建筑形式之精美齐备，文物遗存之丰富多彩，非物质文化遗产之丰厚与民间故事之美妙动人，为万里长城其他地段所莫及。

秦皇岛市境内还有南北朝时由北齐王朝修的“东至海”的长城和北周王朝修的“东至碣石”的长城。这些古老长城至今仍有清晰的段落遗存。

秦皇岛是引发秦始皇修筑秦朝万里长城的地方。《史记》记载，从秦皇岛入海求仙的方士卢生，把从海上带回的录有“亡秦者胡也”的图书奏献给了秦始皇，从而引发了秦始皇“乃使将军蒙恬发兵三十万人北击胡，略取河南地（今宁夏和内蒙古黄河河套地）”，并随后“修筑长城而守藩篱”的举动。

秦皇岛市是万里长城和汪洋大海交汇交融的地方，老龙头入海石城直插大海，气吞海岳，长城似巨龙腾跃在面海的高山之巅。站在长城之上，南望茫茫渤海，北瞰苍苍燕山，其气势的磅礴雄伟，风光的壮丽秀美，给人以强烈的震撼。

秦皇岛长城把山、海、关、台连成一体，既体现了是中国古代完整科学的卓越军事防御工程体系，在建筑上又有很高的价值，而且整体保存基本良好，个别地段堪称完好。明代不同时期、不同形式的长城建筑及其精妙之处在这里均有分布和发现。长城建筑的各种结构，包括一些只有在秦皇岛才有的独特的建筑结构，充分体现了长城筑造者的聪明才智和高超技能。

秦皇岛市境内长城沿线存有大量具有文物科考价值的筑城纪事碑、文字刻石、精美的砖石雕刻、丰富的城防武器以及长城建材采造遗址。其数量之大和质量之精为长城其他地段所少有。

秦皇岛自北齐和北周于此建起长城后，这一带就成了加快中华各民族交融的地区。明万里长城建立后，朝廷曾从南方调兵来戍守，戚继光镇守蓟镇后也曾从浙江招募士兵来驻守，这中间有很多人留了下来，繁衍至今，促进并加强了南北经济文化的交流。到了明朝中晚期，这里成了决定中国历史走向的主战场，一时重兵宿将，风屯云扰，熊廷弼、孙承宗、袁崇焕等，他们的军事思想和谋略成了我国军事科学和长城文化的宝贵组成部分。而甲申年闯王李自成喋血山海关的教训则向后来的中国革命党人敲响了防止腐败演变的长鸣警钟。

公元 1933 年 1 月 1 日至 3 日，誓死抗击日本侵略军的榆关抗战，打响了长城抗战的第一枪。从此，在中国人民抗击日本帝国主义的武装侵略过程中，长城开始真正成为中华民族的象征。可以说，发生在包括山海关及秦皇岛长城沿线的长城抗战，在长城象征意义的演化方面起到了极为重要的作用。

秦皇岛长城的文化遗产还表现在历代大量的长城诗文和以孟姜女故事为主的长城民间传说故事。诗文中反映长城与大海相连的雄姿神韵是秦皇岛长城文化的特色。作为中国四大民间爱情故事之首的孟姜女的传说（另三个是白蛇传、牛郎织女、梁山伯与祝英台），在秦皇岛一带因有孟姜女庙和姜女坟而流传得更为悠久、广泛和深入，故事情节也更为完整，更具代表性。

孟姜女故事在各地的传说中细节多种多样，各具特色，但主要情节基本相同，不外是孟姜女传奇出世，范（万）郎逃役，花园相会，婚后范郎被捕修长城，累死（或被杀）后被筑在长城里。孟姜女千里送寒衣，哭倒长城数百（十）里，找到范郎遗骸并带回家乡（或悲伤而死）等。在秦皇岛一带的传说中，到清末更有"秦始皇欲纳孟姜"和"孟姜女戏弄秦始皇"后跳海自杀以死相抗的情节。

明清以来，全国各地修建的孟姜女庙有多座，但保存至今的只有山海关城外 6.5 千米处的孟姜镇望夫石村北凤凰山上的孟姜女庙，并且香火不断。孟姜女的故事反映了长城文化极其悲壮的一面，体现了长城历史文化的博大精深与光辉人文精神。

1999 年 2 月

海岳天开万代城

万里长城，像一条叱咤风云的巨龙，腾戈壁，跨河谷，越高山，自逶迤起伏的燕山、松岭飞身而下，向着渤海昂头飞驰。它将咽喉横亘在辽西走廊上，便竖起了天下第一座雄关——山海关，在它的项颈上，三道关、九门口、董家口、义院口、界岭口、桃林口等关隘又仿佛是串串龙珠在那里争辉夺艳。长城巨龙昂首南向，探头入海，戏水激浪，在那里构成了名副其实的老龙头。

长城巨龙，以龙头为首的最宏伟、最气派、最壮丽的天开海岳的景观，天造地设地放在了中国历史上第一个皇帝求仙的地方——秦皇岛，为长城旅游奠定了历史和现实的雄厚基础。

当历史上长城其他地段还处在金戈铁马、风屯云扰的时期，长城之首老龙头就已成了戍守将士、迁客骚人争相游览的佳地。明代中叶诗人李学诗曾在《观海亭》（澄海楼的前身称观海亭）一诗中写道："秉节来沧海，奇观足胜游"，明确地道出了老龙头是"足胜游"的好去处。到了清初，一位奉命修葺山海关长城的管关通判陈天植，在《重修澄海楼记》中指出："按旧志形家言，关城势如飞凤，左右罗城为两翼，楼台高峙海涯，厥象首。"意思是说，整个山海关长城（包括老龙头）就像一只展翅飞翔的凤凰，澄海楼就像是凤凰的头。龙腾凤舞，龙凤呈祥，普天下也只有山海关长城有此气象。陈天植在文中还讲道："若斯楼也，面临巨壑，背负大山，高枕长城之上，波澄万里，嶂垒千重，又岂区区彭蠡洞庭、会稽山阴诸胜足媲其雄深哉！”更是把老龙头上的澄海楼视作比洞庭湖畔的岳阳楼、会稽山阴的兰亭更胜一筹的旅游名胜，明确地提出了长城景观的旅游价值。事实上，清朝一代，长城巨龙之首上的澄海楼的名望的确丝毫不逊于岳阳楼及兰亭等历史名胜，清朝有5个皇帝10次登临澄海楼就是一个有力的证明。

长城旅游的实际活动和价值评估，早在400年前就产生在秦皇岛长城上，这对我们今日发展长城旅游该是多大的鼓舞和启示。

历史不会忘记，清末政治腐败，国力羸弱，帝国主义列强乘机侵略，长城旅游名胜老龙头、澄海楼又首当其冲地毁于八国联军之手，龙头受辱，长城哭泣，这一哭便是近半个世纪。在这半个世纪中，龙的传人们带着对龙的尊崇，开始“用我们的血肉，筑起我们新的长城”，而1933年元旦中国军民在山海关打响的“长城抗战”第一枪，则再次显示了长城在中华儿女心中的神圣地位。而这一切，如今也成了我们开展长城旅游的一种可贵资源。

我们不应忘记，正是改革开放的春风使得古老的长城焕发青春。1979年，秦皇岛市被国务院明确为甲级旅游城市，现代意义上的长城旅游随之起步。

1984年，值秦皇岛市被列为14个沿海开放城市之际，一个“爱我中华，修我长城”的社会赞助活动在神州大地蓬勃兴起，秦皇岛市又得风气之先，成立了中国第一个长城研究会——中国山海关长城研究会，开展了修复老龙头的社会赞助活动。邓小平同志“爱我中华，修我长城”的题词，更是激发了华夏子孙极大的爱国热情。正是在这种形势下，长城巨龙之首得以迅速恢复昔日的雄姿，老龙头一洗昔日耻辱，发出了豪壮的龙吟。

修复长城，研究长城，保护长城，目的之一是为了开展旅游，发展经济。在中央、省领导及有关部门的关心支持下，我市长城旅游开发建设业绩骄人。1992年，山海关长城旅游门票收入是1979年的889倍，1998年山海关长城旅游门票收入达3805万元，而在旅游势头强劲的1997年，山海关长城旅游的门票收入超过4000万，列全省各旅游区门票收入之首。“山海关暨老龙头长城”于1991年被评为“中国旅游胜地四十佳”，1992中国友好观光年中山海关长城被确定为国家级旅游线之一；1992年6月国家旅游局在山海关举行了“长城之旅”首游式；1993年山海关又被国家旅游局确定为1993中国山水风光游重点游览点。长城旅游成了秦皇岛市旅游业中最具特色、最显成效的项目之一，长城旅游业成了山海关区重要的支柱产业。

近几年，随着争创“中国优秀旅游城市”活动的开展，长城旅游的建设者们站在高处做大文章，他们把争创“卫生城”和“三年绿化美化”与争创“中国优秀旅游城市”当作一个系统工程来搞，聘请上海同济大学的专家编制了《山海关区古城堡规划》和《山海关古城区控制性详细规划》，每年投资1亿元进行改善旅游环境、城建基础设施和保护长城的建设，山海关古城及长城旅游景区面貌发生了令人可喜的变化。

秦皇岛长城旅游虽然起步早、发展快、进步大，但放开眼界看世界、看未来，植根于我们思想深处的自以为“天下第一”的观念应该彻底破除。千万不要认为我们可以躺在老祖宗给我们留下的遗产上享受无穷。长城的美学魅力需要不断挖掘，长城的文化内涵需要不断丰富，长城的旅游资源价值需要充分认识。在长城这一伟大的人类历史文化载体面前，我们现时对它的认识还很浅薄，利用它为经济服务的工作做得还很不够，在它身上，有待开发的旅游项目也还有很多很多。

秦皇岛市境内250千米的明代长城，是万里长城中最为精华的地段，其气势之雄伟、风光之奇绝、建筑之壮美、敌楼关隘之众多以及民间传说之奇妙，为长城其他地段所少有。而若干段有待进一步考证的古长城（包括已有定论的北朝长城和隋长城），业已引起人们的注意和重视。可以说，秦皇岛以山海关为龙头的丰富的长城旅游资源，是长城沿线任何地段以及我国其他沿海城市都无法比拟的。

现在，我国长城沿线许多地方都搞起了长城旅游，其中北京的长城旅游搞得有声有色，经济效益也相当可观。其中一条主要经验是注意宣传和包装推销。特别是八达岭长城游览景区，他们不惜工本地搞了大量的宣传品（有的宣传品本身就是商品），搞了很多旅游促销活动，在全国乃至全世界树立了这样一个形象：中国的长城就在八达岭。我们应该有勇气说：只有看了秦皇岛（山海关）长城，才能真正认识中国的长城；要认识中国长城，请看秦皇岛（山海关）长城。

秦皇岛长城以山海关长城为代表、为核心。山海关长城是以 24 千米长的长城为干线，以“天下第一关”为中心，建筑有 10 个关隘，4 个卫城，31 座敌台，14 座烟墩（烽火台）的古代军事工程。这一工程还包括东到绥中，西到抚宁望海店，西北到平山营的 3 条通信线路上的 16 座供瞭望用的墩台，以及关外的卫、所、堡等设施。山海关关城东门外有瓮城，瓮城外围有罗城，罗城东 1 千米处有威远城（台），“天下第一关”城楼南建有牧营楼、靖边楼，城楼北建有临闾楼、威远堂。城北 2 千米处建有北翼城，城南 2 千米处建有南翼城，城南 5 千米长城入海处还建有周长 900 米的宁海城。这些建筑，以及关城外围星罗棋布的烽火台，构成了“一线展开，两城互犄，主体两翼，左辅右弼”的格局。所有这些古代军事建筑，结构上主次分明，军事上互为犄角，建筑上造型宏伟，具有独特的民族风格，是我国古代建筑史上具有科学研究价值的一套完整的军事防御体系工程。今天我们开发长城旅游项目可以摆出很多很多，但历史给我们的定位不容忽视。

海水朝潮朝落，浮云常涨常消。面向 21 世纪，抓住秦皇岛市荣获首批“中国优秀旅游城市”称号的契机，拓展我市长城旅游内涵，不仅是长城旅游建设者的责任，也是一切长城旅游受惠者和长城事业热爱者的责任和期望。为此，很多长城专家提出了很多很好的建议，包括“长城行”旅游项目的具体设计和方案。长城旅游建设者们也在开动脑筋勤奋工作，中共秦皇岛市委和市政府明确了经济建设“面向世界、面向全国、服务中央、服务人民，围绕旅游做大文章”的指导思想。我们有理由期待和相信，具有天开海岳之势的秦皇岛长城旅游，一定能做出天开海岳式的大文章，长城巨龙之首一定能以独特的魅力，吸引四海宾朋来领略其无比壮丽的雄姿，来感受博大精深的长城文化。

1999 年 4 月

百年如梦话沧桑

——感受20世纪秦皇岛的变化

当新千年的第一缕阳光开始照耀祖国大地时，与中国历史上祖龙尊号联结在一起的秦皇岛的上空却飘起了久违的瑞雪，望着白茫茫的一片天地，感受时光的流逝，百年恍惚如梦中，但当把目光转向瑞雪笼罩下的这座多彩的城市，一种实实在在的感受便开始撞击心灵，不用历史学家和社会学家的论证与告诉，不用文学家和艺术家的描绘与表演，我们从前辈的叙述和切身感受到的家乡变革中也能认识，20世纪，是世界人类文明史上变化最为激烈、发展最为迅猛、进步最为神速的时代。

先从秦皇岛人身边的长城谈起吧。长城，作为中华民族的象征，华夏子孙的骄傲，2000多年来，一直巍然屹立在世界的东方，而构筑长城的土石灰砖，也几乎没有丝毫的变化。但是，只要留心一下作为长城巨龙之首的老龙头的百年史，你就会感悟到历史进步的脚步竟是如此之迅猛，你便会油然生出一种作为龙的传人的自豪情感。

100年前，延续了2000多年的中国封建帝制已步入穷途末路，到了苟延残喘的阶段。外国帝国主义趁机大肆侵略，在掠走了大片土地、大量白银后，又于1900年组成八国联军侵略中国。这次侵略与以往不同的是，强盗们把枪炮直接对准了长城巨龙之首老龙头，他们先是从海上对着老龙头重炮猛轰，然后又武装登陆，腐败到家的清政府指令守军放弃抵抗，老龙头便成了侵略者肆意蹂躏的对象。不仅一代名楼澄海楼毁于一旦，海防要塞宁海城城夷台平，连附近的村庄和宙宇也都遭到严重破坏。老龙头一带，成了英、法、日、意（比）、俄、德等国的兵营。其中日本兵营一直到第二次世界大战结束后才被撤除，营盘内为镇压中国人反抗而设的地牢水牢，至今还在控诉着侵略者的残暴罪行。此种民族耻辱深深地刻在了中国人民的心头，所以，当一代伟人毛泽东于 1954 年登临已成为我人民军队国防要地的老龙头城头时，不禁感慨万端地宣称：“现在，中国人民再不受外国的欺侮了。”

历史行进到 1984 年，新时代的领导人邓小平顺应时代潮流，为方兴未艾的修复长城的爱国主义运动欣然题词：“爱我中华、修我长城。”正是在改革开放的春风吹拂下，在“爱我中华、修我长城”的爱国主义运动激励下，万里长城入海处老龙头得以迅速修复，由上海人民捐修的澄海楼也在原址上高高耸立，修复后的老龙头再次抬起高昂的头，发出豪壮的龙吟。

历史上修复长城，都是出于军事上的考虑，而 20 世纪 80 年代的这次大规模修复长城，却是为了打开国门，热忱地欢迎来自世界各地的旅游者，让他们感受植根于人类追求真善美的共性厚土之中的长城文化，感受雄深绵长厚德载物的中华文明。现在，每年来自海外的千千万万瞻仰者中，有些人就是八国联军的后裔，他们带着微笑和友谊而来，带着快乐和平而归。百年变化，就是如此之大！而最能感受其中深意的，或许正是那些于 1999 年岁末冒着严寒在老龙斗参加“世纪守望•巨龙传声•中国 2000 年庆典”的年轻人，新千年世界和平与友谊的长城将由他们加固，中华文明将由他们发扬光大，作为中国人，他们这一代将活得更加尊严和自豪。

百年前的 1898 年，已丢失了诸多国家主权，但又在维新思想冲击下不甘于丢失天朝面子的清政府，开始宣布秦皇岛与湖南的岳州、福建的三都澳为自开口岸，于是，一个鲜为人知的荒芜小岛在世界上一下子出了名，当时临榆县有位叫程敏侯的贡生，写了《贺秦皇岛开埠》一诗："于铄哉！秦岛东南黄海黄，秦岛西北长城长，斯岛若终守顽固，大名安能五洲扬。猗休哉！秦皇求仙虽荧蛊，秦皇拓边实英武。荒岛继踵学开通，改良辟作春申浦。"然而这位开明绅士的理想在半封建半殖民地的中国是不可能实现的，帝国主义就不允许秦皇岛成为中国的"自开口岸"，就在1900年，英帝国主义者便伙同后来当了美国第31届总统的胡佛，用一张空头支票卑鄙地骗占了秦皇岛港。帝国主义霸占秦皇岛港整整半个世纪，他们利用秦皇岛港，除大肆掠夺我国资源外，还于1904年8月至1906年年底向南非输出华工43000多名。从1898年开埠到1948年秦皇岛解放，秦皇岛港总共的吞吐量为9000万吨，平均每年180万吨，而今天秦皇岛港的最高年吞吐量就达8300多万吨。新千年前夕的1999年12月3日，一艘13.8万吨级的巴拿马货轮，满载12.5万吨优质大同煤，在秦皇岛港港池内从容调头，然后沿着一条深16.5米、宽200米、长16.8千米的大航道稳稳地驶向海平线，远航欧洲。这条10万吨级大航道的开通，增强了秦皇岛港作为国家能源大港和散杂货集散地的枢纽作用，从而为实现大秦铁路每年1亿吨晋煤外运任务创造了有利条件，秦皇岛港有望在近年突破年吞吐1亿吨的大关。

港口的巨大变化不仅表现在吞吐量的飞速上升上，还表现在机械化现代化水平的提高上。而反映这一点的是劳动生产率。"八五"计划期间，港口全员劳动生产率达到每人4418.4吞吐吨，而1953年是每人284吞吐吨。

港城的变化与港口的变化同步，我们不必去细说城市面积和城市街道的扩展情况，也不必统计城市公用事业发展的数据，只要记住这样一件事就颇能说明问题了：1976年唐山大地震后，位于海港区文化路和河北大街交叉口的市商业服务楼，竟被南来北往的人们誉为冀东第一楼，因为它有6层高，可现在，你能数清市区内的6层以上高楼吗？

再看看北戴河的变化吧，北戴河海滨自1898年被清政府辟为“允中外人士杂居”的避暑地，至今也过百年了。那里的山海风光和楼台风貌可能依旧，但人事已是变换得几乎无从确认了。六七十年前的北戴河，是中外达官贵人的游览避暑胜地，有着当时外地少有的旅游设施与活动，除海水游泳、网球竞赛、仕女骑驴、夜阑舞蹈等等外，还有高尔夫球场、公园、电影院、路灯等。当时的一位才女，北京大学教授、《独立评论》的创办人陈衡哲，写过一篇关于北戴河的游记，游记开篇写道："提到北戴河，我们一定要联想到两件事，其一是洋化，其二是时髦"，陈衡哲用通俗的白话文把北戴河的洋化和时髦作了淋漓尽致的描述，即使我们今天读了，都会感到新奇。然而当时享受这一切的，也如陈教授所言，除了外国人外，便是中国的富翁与休养林泉的贵人。那时北戴河当地的普通百姓都是为他们服务以藉糊口的。可曾几何时，北戴河成了劳动人民的休疗养地，成了广大人民的旅游胜地，而北戴河昔日赶驴脚的后代，普通的农民、渔民，现在也可以外出旅游了，有的还出国见了世面。谈及此种变化，绝不是政治的说教，而是反映时代进步的真实。

新鲜事物在北戴河海滨落户早，电话便是一例。早在20世纪20年代，北戴河海滨就有了电话，但是直到1984年10月4日这里举办全国首次经济技术信息市场时，北戴河海滨要秦皇岛的电话还得通过邮电局挂长途，而且长途电话之难要，往往要等上大半天，有人曾形容说电话没有骑车快。但是现在，北戴河电信事业的发展绝对跟上了时代的步伐，那里的居民差不多都安上了程控电话，要秦皇岛已算市内电话，就是越洋电话，在家也可以一拨就通，而手机则成了一些农民的必备通信工具。过去人们常认为北戴河和世界联系多，北戴河的洋玩意多，其实真正和世界联系在一起，还是和秦皇岛及全国其他城市一样，是在通信事业迅猛发展后的近几年。

在世纪之交的新千年首岁，面对21世纪，不论是中国人还是外国人，大家都在展开思想的翅膀自由翱翔，人们不仅关注高新尖端技术的发展，而且关注大众生活质量的提高，普遍相信在20世纪已显示出来的社会变革速度在下个世纪将愈来愈快，我们能跟上这种变化吗？人的生命有限，百年已是漫长，但对人类发展历史而言，百年不过是弹指一挥间，百年如梦，但又是如此地真切。感受了20世纪秦皇岛变化的秦皇岛人，该以怎样的一种精神和努力去迎接新世纪呢？答案绝非在梦中。

2000年1月

见证旅游圣地历史的北戴河老别墅

——《北戴河百年别墅文化论坛》报告

北戴河海滨是中国历史上第一个（1898 年）也是唯一一个由清朝政府确定的“允中外人士杂居”的避暑地，也可以说是一个独特的自主对外开放的避暑地，这其中的一个重要原因是此前在这里已有一些外国传教士建的别墅和教堂，这些别墅和教堂除了有的还隐约可见地基外，现在都已没有踪影了，但在辟为避暑地后建的一些更为坚固而精致的别墅，现在还有一些完好无损地保留了下来。据目前所掌握的资料看，现在有明确记录建筑年代的是由中国总税务司建于 1903 年的海关楼。而 1908 年建成的德国使馆别墅“德国府”至今也是完好如初地保留在那里，包括那独特的牛舌瓦屋顶。

在北戴河别墅的建筑发展史上，有个辉煌的时期，那就是以北戴河海滨公益会名义独立行使行政职权，管理海滨的 14 年间。那时北戴河的别墅数量增加了 1 倍多，而且一些高质量的别墅也建于那个时期，被旧中国报业巨子、《大公报》总编胡政之誉为“面海背山，建筑坚实而精美，足为全地之冠”的吴鼎昌的别墅，就是于 1919 年用 3 万大洋的赌博赢钱盖起来的，这也可以说是一场豪赌撑起了一座最豪华别墅，它的建筑面积达 2246.62 平方米。

在解放前，北戴河海滨共建有 719 栋别墅，总建筑面积 29.57 万平方米，其中外国人别墅 483 栋，建筑面积 21 万平方米，涉及美、英、法、德、日本、苏联、意大利、比利时、希腊、奥地利、瑞士、加拿大、丹麦、西班牙、瑞典、爱尔兰、挪威、波兰、印度、韩国等 20 个国籍 379 户（包括 1 户无国籍）；中国人别墅 236 栋，建筑面积 8.5 万平方米，172 户。也就是说中国人的别墅数量及建筑面积都不及外国的 1/2，在外国人别墅中美国人的别墅最多，有 137 栋，英国的次之，有 107 栋，在旧中国四大别墅区（江西庐山、河北北戴河海滨、浙江莫干山、河南鸡公山）中，北戴河海滨是唯一的海滨别墅区，而且涉及外国人的国家多，外国人别墅数目比例也大。各国人士不同的宗教和文化背景，形成了北戴河老别墅形式多样、风格各异、特色鲜明的特点，这特色鲜明，主要是指因别墅多为外国建筑设计师根据各国别墅主人的要求设计，所以在不同结构中又显露出某些共同的特色。

北戴河别墅的式样，几乎没有相同的，但其共同的一大特点是“屋必有廊，廊必深邃，用蔽骄阳，用便起居”，而廊的结构形式则表现得多姿多彩。比如以廊开面来分，则有一面廊、二面廊、三面廊、四面廊之分；以廊敞闭来分，则有全敞开式、全封闭式及部分封闭式之分；以廊面积来分，则又有大小之分，有的大廊面积几乎与住室面积相等甚至大于住室面积；以廊柱来分，则又有材料、制作、形式上的不同。以材料而言，则有石质、木质和砖质之别；以制作而言，则有毛料和雕料之别；以形式而言，又有单柱双柱之别；以廊饰来分，更有繁精简朴之别。可以说，从廊的建筑上既可反映出别墅主人在财富和文化背景上的差别，也可看到北戴河老别墅的独特建筑艺术风格。

关于对北戴河老别墅“廊”的文化感受，诗人徐志摩在 1923 年写的《北戴河海滨的幻想》一文里做了很好的描述：

我独坐在前廊，偎坐在一张安适的大椅内，袒着胸怀，赤着脚，一头的散发，不时有风来撩拂。清晨的晴爽，不曾清醒我初起时睡态；

但梦思却半被晓风吹断。我阖紧眼帘内视，只见一斑斑消残的颜色，一似晚霞的余赭，留恋地胶附在天边。廊前的马樱、紫荆、藤萝，青翠的叶与鲜红的花，都将他们的妙影印在水汀上，幻出幽媚的情态无数；我的臂上与前胸，亦满缀了绿荫的斜纹，从树荫的间隙平望，正见海湾：海波亦似被晨曦唤醒，黄蓝相间的波光，在欣然的舞蹈。滩边不时见白涛涌起，迸射着雪样的水花。浴线内点点的小舟与浴客，水禽似的浮着；幼童的欢叫，与水波拍岸声，与潜涛呜咽声，相间的起伏，竟报一滩的生趣与乐意。

北戴河的老别墅除以明廊为一大特点外，还有另一大特点是高台。北戴河别墅的高台往往是带有空间的地下室（当地称作“地窨子”），地下室的室内造型因楼而异，有方形的、有圆形的、有多边形的，地下室有的有门有窗，有的则只有通气孔。高台地下室的主要作用是防潮，也有的作为储藏间，更有利用地下室做厨房的，还有的用地下室堆放冰块，在暑期可起降温作用。有的面海别墅还设有可以观海的平台，平台或置于前廊或设于楼上。

北戴河老别墅的房基与一些墙壁以当地产的粗毛石砌就，砖彻墙面多施浅灰、淡青、奶黄、月白等浅调颜色，门窗外表多涂深绿油漆，房顶多姿多态，以大坡度的单坡顶、双坡顶和尖顶为主，顶瓦多种多样，有牛舌瓦、彩石瓦，而众多的红砖瓦和红铁皮瓦掩映在绿树丛中，更给人以鲜亮和谐的美感。

北戴河老别墅的内部结构，也多取欧洲风格：门窗多为弧形，装有百叶窗，有壁炉、地下储藏室、木质地板，有阁楼，有仆人居住的下房等。

北戴河老别墅十分注意与自然环境的融合与协调，别墅庭院里都种以树木花草。“卜居处必使建筑物足以为风景之点缀”，“房屋建筑不妨害邻舍之面海风景”。老别墅院墙都比较低矮，有的则以刺槐或刺松为之，并时时修剪，使之整齐，高度都不过肩，以不妨远眺为度。

有人想将北戴河的别墅纳入某种西方建筑流派，其实，整个北戴河海滨的老别墅让你说不上是哪一个国家的风格，它汲取了西方建筑艺术的精华，又参用了中国传统的手法，特别是作为别墅楼重要组成部分的别墅楼院落，与别墅楼相映成趣的别墅楼园林，虽有西方田园式园林的影子，但终归不是西方园林，它既不师古中国古典园林的模式，也不照搬西方园林的手法，它既没有江南私家园林那种摹拟山水的清雅意趣与北京皇家贵族园林的庄重博大气韵，也没有西方单一国家的自然式风景园林的特点。它的别墅园林设计思想并没有脱离中国园林以“自然风景作为创造依据”的创作总则，每幢别墅楼及其院落都在面海依山的环境中努力营造，以期与大自然保持有机的完美结合。

如果你看了几处特点鲜明的别墅楼后，你就会感觉到，这里没有刻意显示建筑流派，而是显示了一种生活主张，主张舒适，主张优雅，主张享受，主张张扬个性，主张与自然的和谐，主张从过去走来，牢牢地把握现在，美美地享受今天。这应该说是北戴河老别墅体现的当时的北戴河风尚。

以“红顶素墙、高台明廊”为特点的北戴河别墅以其独特的历史价值和艺术价值闻名于世，显示了中西文化交流融合的作用与成果。

奇特的楼阁庭院和山光海色在如此情形下，北戴河海滨便有了一种特殊的魅力和韵味。早在 1910 年，北洋女子公学创办人，做过袁世凯公府秘书的吕碧城女士就在用文言文写的《北戴河游记》中，把北戴河比喻为是“西洋美人”。她开篇就写道:“‘欲把西湖比西子，淡妆浓抹总相宜’。此二句于西湖之神态，殆摹拟尽矣！然犹中国美人态也。若夫海滨之风景，清奇高亢，气象万千，有如西方美人，细腰捷足，曳长裙飘飘欲仙，令人见之具潇洒出尘之想，则北戴河似焉。”

20 多年后，另一位才女，北京大学第一位女教授（也是中国第一位女教授）、《西洋史》的作者，《独立评论》的创办人陈衡哲，也写了关于北戴河的游记，其中《再游北戴河》一篇开篇就说："提到北戴河，我们一定要联想到两件事，其一是洋化，其二是时髦。"陈衡哲用通俗的白话文把北戴河的洋化和时髦作过淋漓尽致的描写。

她还在文章中讲："西部以联峰山为中心点，住在那里的除了外交界中人之外，有的是中国富翁，与休养林泉的贵人，公益会即是他们办的，我们虽然自度不配做那区域的居民，但一想到那些红唇肥臀，或者秃头油嘴，自命为天之骄子的白种人，我们便不由得要感谢这些年高望重、有势有钱的公益会先生们，感谢他们为我民族保存了一点自尊心。"陈衡哲女士所说的那点自尊心，就是指住在北戴河海滨的中国人有能力建设管理好北戴河海滨，有能力建造不比外国人差甚至超过外国人的别墅，有能力使北戴河海滨成为闻名世界，堪称东亚第一的避暑胜地。

在北戴河海滨正是有了这些别墅，便产生了许许多多的故事：许多人曾为"中华民族千古功臣"张学良先生和赵四小姐的生死恋情所感动，但很少有人知道，张先生和赵小姐的私定白首之约是在北戴河海滨，那是在 1929 年夏，张学良先生在北京参加他与蒋介石、阎锡山的"三巨头"会议后来北戴河度假，住在大商人章瑞庭建的别墅里，而此时 17 岁的赵绮霞与他的哥哥姐姐也来北戴河海滨度假，他们住在离章家大楼不远的毕琪饭店（毕琪饭店原是外国人建的别墅。当时有很多私人别墅几经转手，成了接待游客的旅馆饭店，比如创办耀华玻璃厂的周学熙的儿子建的五凤楼，就曾做过德国饭店）。

在这里，张、赵二人常常会面，一起跳舞、打球、游泳，并订"偕白首之约"，说白了就是私定终身，就在这一年休假结束后，赵四小姐便冒当时之大不韪，偷偷地从天津跑到沈阳去找张学良了，以至于她的曾做过沪宁、津浦铁路局局长的父亲赵庆华在赵四小姐到达沈阳之时，即登报声明，宣布在赵家祠堂的家谱中把赵绮霞"削除其名"。从此赵四小姐就与张学良生死与共、甘苦共尝，在张学良被蒋介石软禁的数十年里，赵四小姐不怕名声受损，不讲名分得失，不畏艰难困苦地实践着她在北戴河海滨订下的“偕白首之约”。

北戴河海滨美丽的风景、浪漫的风情，不知牵结过多少知音红绳，张学良的弟弟张学铭（七七事变前，曾任天津市警察局局长、市长，解放后曾任全国政协委员、常委），也是在北戴河结识了朱启钤的六小姐朱洛筠而结两家姻缘，缔通家之好的。

当然，在北戴河别墅间还发生过更多的关于政治、经济、文化乃至军事的故事，比如 1918 年 6 月初，上海犹太人协会主席嘉道理就来北戴河海滨谒见在此度假的北洋政府外长陆征祥，递交要求支持犹太复国的请愿书。而 1930 年夏，张学良将军正是在章家大楼里运筹帷幄，不但平息了由蒋介石方面策划的驻山海关的东北军 23 旅旅长马廷福的叛变投蒋阴谋，并不计前嫌，以国家统一大局为重，依然决定在蒋介石与冯玉祥、阎锡山的大战中拥蒋，派兵入关武装调停内战，迅速控制平、津地区及河北省，结束了“洒向人间都是怨”的中原大战。一年后，住在北戴河自家别墅里避暑的著名职业外交家顾维钧曾以其特有的敏感，通过种种关系并来往于北戴河与北京之间，告知张学良即将发生的日本侵略行动，希望张学良能引起高度重视和警觉。又一年后的 1932 年初夏，北戴河的几处著名的老别墅，也成了由英国人李顿率领的国际联盟调查团起草“九一八”调查报告书的下榻之处。

当然，在那个年代，虽然来北戴河休闲度假的不乏梁启超、梅兰芳、徐志摩、胡适、郁达夫、许地山、福开森（美国“东方学学者”、汉学家）、费正清（美国汉学家、历史学家）、海伦•斯诺（美国著名女新闻记者和作家）、詹姆斯•贝特兰（英国著名新闻记者和作家）等中外文化名人和如康有为、黎元洪、许世英、熊希龄、孙科、张学良、卢木斋、顾维钧、陆征祥等以及赫德（英国人，曾担任晚清海关总税务达半个世纪）、汉纳根（德国人，北洋海军提督顾问）、齐亚诺（意大利驻华大使，后任意大利外交部长，意大利法西斯头子墨索里尼女婿)、司徒雷登(北京燕京大学校长、旧中国美国最后一任驻华大使)等历史人物,但游客的主体必然是中外富商、绅士权贵,当时北戴河的旅游业不可能不打上半殖民地半封建社会烙印。

北戴河老别墅在历史的进程中,不断地起着显著的独特作用。中华人民共和国成立后,这些老别墅的绝大部分后来做了休疗养事业的用房,历届党和国家与地方政权的领导人以及成千上万的劳动模范、先进人物来这里休息、养病和避暑,北戴河成了新中国最早最大的休疗养基地。由于中央领导人暑期在这里办公,这里又成了名副其实的新中国的夏都。半个多世纪以来,中国共产党和共和国的领导人曾多次于暑期在北戴河商讨国内外大事,接见外国国家及党派领导人,并深入基层,接触群众,调查研究,制定国策。特别是"文化大革命"前在北戴河举行的几次重要会议,如进一步推动"大跃进""大炼钢铁"和大力推广"人民公社"的1958年中央政治局扩大会议(会议期间,毛泽东主席还在别墅里组织指挥了牵制美国的"炮轰金门",研究确定我国12海里领海的决策);重新强调阶级斗争,强调防止党内出现修正主义的1962年中共中央工作会议,都为后人留下一笔丰富而又复杂的历史和社会遗产。由于每年暑期都来北戴河,许多中央领导人由衷地喜欢上了北戴河海滨。在那个年代,北戴河的别墅还常常接待一些特别的客人,比如1970年流亡中国的柬埔寨国王西哈努克亲王夫妇、首相宾努亲王夫妇等,中华民国代总统李宗仁夫妇1965年回归大陆的最初一段时间,也在北戴河的临海别墅里度过。

"文化大革命"期间,北戴河的休疗养事业遭到破坏,一些老别墅也没有人来住了,但发生在新建不久的中直疗养院96楼里的故事,则叫世人震惊和深思:1971年9月12日深夜,当时已是党的副主席、军队副统帅的林彪与他的老婆和儿子从这里仓皇出逃,出尽洋相,几小时后于蒙古温都尔汗附近机毁人亡。

在中国共产党决定全党工作重点转移到社会主义现代化建设上

来的1979年年初，中共中央和国务院决定，把中央机关和军委在北戴河的休养区拨给旅游部门接待外宾使用，于是中共中央办公厅管理局、国务院机关事务管理局、总参谋部管理局以及河北省机关事务管理局把各自管理的共360余幢新老别墅楼交给了新成立的北戴河海滨旅游公司，开始接待来自世界和全国各地的游客。于是这些别墅又一度成了中国改革开放大办旅游赚取外汇的有效用具，并引发了现代意义的旅游热潮，一时间只有17平方千米，2万多居民的北戴河风景区（整个北戴河区的面积为70.3平方千米）每年接待的游客，以数十万计的数字骤增，现今，每年来北戴河海滨的游客已达数百万，其中，俄罗斯游客就达四万之众，而他们，都对北戴河的老别墅钟爱有加。

海水潮朝潮朝落，浮云长常长常消。随着时光的流逝，一些老别墅消失了，而一些新别墅出现了，新别墅在适应时局形势发展的情况下，是否传承了老别墅的文脉呢？这是多数投资者和建筑者们都在探讨的问题，有时在两难的情况下做出的不同抉择，反映了决策者的水平高低，北戴河的新别墅建设毫无疑问应该在主要方面传承老别墅的特色，即素雅、高贵、精致及与环境保持和谐一致。这一点，现已成为社会上下的共识，正在影响整个北戴河海滨的城市建设。北戴河街区的一些建筑，也愈来愈注意借鉴体现老别墅的风格与特色，同时，人们已越来越意识到老别墅的作用和意义，北戴河现存的百余幢老别墅中已有20幢列为第六批全国重点文物保护单位：位于中直疗养院内的章瑞庭楼（即张学良楼）、吴鼎昌楼、段芝贵楼、海关楼、巴贝楼；位于东山宾馆（河北省办事处）内的东岭会教堂、常德立别墅、来牧师别墅；北京工人疗养院内的五凤楼（平安公司别墅）；外国专家疗养院（友谊宾馆）内的布吉瑞别墅；北京干部休养所内的王振民别墅；黑龙江干部休养所的东金草燕别墅；市政府东经路宾馆内的白兰士别墅；公安部办事处内的汉纳根别墅；水利部疗养院内的乔和别墅以及原国土资源部疗养院内的徐世章别墅。还有一些老别墅则列入了市级文保单位。

北戴河新老别墅发展的历史，显示了北戴河海滨在中国旅游业的发展史上，起着其他任何地方都没能起的作用，具有其他任何地方所不具备的特殊地位。说北戴河是中国现代旅游业的摇篮也罢，说北戴河是中国旅游圣地也罢，都离不开北戴河老别墅的作用与贡献。今天，旅游业已是北戴河经济发展的中心事业，其实旅游业不仅是一种经济事业，也是文化事业、和平事业，是一种需要不断创新、追求完美的事业，是一种人与自然、人与人必须和谐相处的事业。北戴河旅游发展的历史一再表明，环境是发展旅游事业的基础，这环境既指自然环境，也指人文环境，从阳光、海洋、沙滩、绿树、湿地等基本吸引物到具有独特吸引力的历史遗留，风情风物和特别建筑物（对于北戴河而言，特别是那些正在消失的老别墅），我们都应该给予更多的关注和保护。希望在经过若干年后，我们今天见到的传承了老别墅文脉的新别墅，也与老别墅一样，能引起人们的关注和保护。而今天人们为发展北戴河、建设北戴河所做的努力，也同样留在后人的记忆中。

2008 年 7 月 13 日

论是篇

LUNSHIPIAN

对外报道要坚持实事求是

新闻报道必须完全真实，这是一切新闻工作的基本原则，更是中国共产党领导的新闻事业的优良传统。对外报道作为新闻报道中的一个方面，同样必须完全真实。坚持实事求是是对外报道保持真实的根本保证。

但是，由于种种原因，有些报道存在缺乏完全真实，或者说不完全真实的现象：

一、夸大成就。以引进外资为例，有些报道是以协议书、意向书上的数字为基准，公布的数目很大，实际上却不是那么回事。这不仅造成了统计及认识上的混乱，也为实际工作带来了麻烦。

二、超前报道。把意向项目说成实施项目，把尚未定型的产品说成是定型产品，把未完成的工程当成完成了的工程予以报道。

三、以点概面，以偏概全。为了增加文章的分量，有些对外报道文章常以全面综述的面目出现，但现实情况不尽如人意，于是文章就以所谓的典型例子来说明全面情况，以某个单位、某个地方、某一时期的情况来说明整个部门、整个地区、整个时期的情况。

四、有悖政策法规。有些对外报道报道了一些有悖于中央政策精神的地方政策规定，有的内容则违背国际惯例，造成外界认识上的混乱。

五、巧辞美文。这在对外介绍地方情况时最为明显，说环境必是优美，说历史必是悠久，说物产必是丰富，说风俗必是淳厚，说成就必是伟大。有些人物报道也是溢美之词过多，动不动就冠以“家”“星”的高帽。

报道不真实的主要原因无非是两条：

一是社会原因。一些领导人要通讯员和记者写出显示成绩的报道，有的地方和单位还规定了“见报”“见电视”和“上广播”的指标，并把完成这些指标作为评职称“立功受奖”的一个重要参数。

二是写作者的主观原因。不真实对外报道的写稿者在思想认识方面有任务观念、上稿观念，希望能够产生轰动效应。他们有的把新闻报道当作文学创作而忽视了新闻的基本特征，有的采访不能深入实际，甚至没有进行现场采访。

如何才能在对外报道中坚持实事求是，保持新闻真实呢？作为一个新闻工作者，一个对外报道写稿者，是应该注意以下几点的：

1. 明确对外报道真实性的意义。对外报道的目的和任务是反映我国进行伟大建设的实际情况与发展趋势，增进国际社会及海外侨胞对我们国家、人民的了解与理解，因而报道必须真实。

2. 坚持现场采访。这是防止某些报道失真的有效办法。坚持现场采访，能避免在时间、地点、人物等新闻要素方面出现差错，而且也只有进行现场采访，写出的报道在细节上才更真实生动，更吸引人。

3. 认真核对事实。现实生活纷繁复杂，有些材料由于种种原因失于偏颇，或者表象模糊，如果出于轻信或疏于认真，不去进行核对，就极易出现错误，因而要多问几个为什么。认真核对事实，也包括认真核对数字，包括官方提供的数字。

4. 自觉抗拒压力，抵制利诱。这不仅需要勇气，也需要毅力和不断加强自身修养。无论如何，作为优秀的新闻工作者不能违心地写不真实的文章，也不能为获利而让人家牵着鼻子走。

5. 扩大知识面，努力学习涉外知识。起码在每写一篇涉及新内容的报道时都应塌下心来学习有关方面的知识，平时在涉猎各种学科的知识时，还要努力学习涉外知识，了解国家有关政策和国际方面的法规。写对外报道时要有涉外的观念和法制观念，特别是进入市场经济与国际市场紧密联接及接轨之后，这方面就尤显重要了。

（载1994年3月30日人民日报总编室编的《采编业务》，同题文章刊于2000年第6期《采写编》）

"新闻炒作"不可为

"新闻炒作"一词的最初出现，原本是读者对有人把新闻像商品、广告一样炒作不满而提出的，然而正如当前存在的好多词义转换现象一样，如今"新闻炒作"也成了新闻界一些人推崇的东西。他们认为：好的新闻题材就是要炒，"新闻炒作"的目的是为了最大限度地引起人们对新闻的关注，问题的关键不是使用了哪一个词，而是看新闻事实本身该不该炒，炒到什么程度。

在讨论问题的关键词时，应该遵守同一律。"炒作"一词，最新版的《辞海》没有辑入，只对"炒"字标了三种解释，其中只有"把东西放在锅里翻拨使热"的解释或许与"新闻炒作"中的"炒"字有关系。《现代汉语词典》则在"炒"字的第二个解释中说得明白，"反复报道抬高身价"，这里是专指"新闻炒作"了。那么，新闻题材与新闻事实要不要"炒"、可不可"炒"呢？这就涉及新闻的基本原则、新闻的本源和新闻的真实性问题。

今天谈有关新闻的本源、新闻的真实性问题，似乎有些老生常谈，有些人可能不以为然，但有一点应该明确，这实在是新闻学赖以生存的基础。新闻学的基本原则是"用事实说话"，"新闻事实是新鲜的变动中的具有典型意义为人们普遍关注的事实"，"新闻的本源是事实，事实是第一性的，新闻是第二性的，是先有事实，后有新闻"。新闻是将"新闻的真实性"而非"文学的真实性"或者别的什么真实性看作生命的。新闻真实性明确要求，对事件中情节描写、数字运用、人物语言以及人物的心理活动、思想变化、感情起伏的介绍，也必须真实，不能合理想象或任意添加。新闻价值存在于新闻之中，又何用“炒”来使热呢？

李瑞环同志1989年1月5日在新闻工作研讨班上发表的题为《坚持正面宣传为主的方针》的讲话中指出：“用事实说话，这是我们新闻报道的基本原则。新闻的真实性不仅要求每一篇具体报道的新闻要素必须真实准确，而且要求从新闻宣传整体的把握上做到真实、客观、全面……批评性报道，固然要实事求是，完全真实；正面报道，歌颂性的，表彰性的，也要实事求是，完全真实，否则不但起不到鼓舞人心的作用，而且可能产生相反的效果。”“要让人们从大量的新闻中自己得出结论，不要指手画脚，强加于人。”这里也是强调了新闻只能用事实说话，即使是歌颂性的报道，也不必去“炒作”。

“新闻炒作”这种做法不是新发明，1958年“大跃进”的新闻炒作，竟把粮食亩产由几百炒到几万斤，生铁的日产量也炒得“扶摇直上”。1958年“浮夸风”的产生、泛滥和炽盛，新闻界是难辞其咎的。

平心而论，有关“新闻炒作”的争论焦点是对新闻价值的认识。让更多的人关注我们所写的新闻，这当然是每一个新闻媒体和每一个新闻工作者所期盼的，但是怎样才能让更多的人关注我们所采发的新闻呢？或者说怎样才能使新闻起到某种宣传作用呢？这就有必要分清“新闻”与“宣传”这两个不同的概念。新闻不能等同于宣传，因为它们各有其自身的规律，彼此不能混同。显而易见的是，新闻是关于新近发生的有新闻价值的事物的客观报道，而宣传则是传播宣传者的主张、意见等活动。新闻的客观性较强，而宣传则主观性较强，新闻必须以客观事实为依据，而宣传则侧重以宣传者的主观见解为内容。一般来说，新闻对受众并无约束力，他可以接受也可以拒绝接受，而宣传往往具有约束力，在某些情况下非接受不可。新闻必须通过引人入胜的采写技巧，客观公正、含而不露的方式达到传达某种信息以影响受众，宣传当然也需要高超的技巧，但方式上则可以直截了当、理直气壮地播扬自己的观点和立场。我们应该这样来认识：新闻是客观发生的事实，人的主观世界是客观世界的反映，所以通过新闻传播自然会影响受众的思想意识；但新闻的生命在于真实，所以我们要通过新闻报道进行宣传时，只能在事实的选择、组合、配置和表达上面下功夫，而绝不可以对事实本身进行任何“加工”和“炒作”（夸张、渲染、缩小、隐瞒），更不允许导演、组织各种活动来扩展、衍生事实。

有关“新闻炒作”的争论，归根结底是在新形势下要不要维护新闻真实性的问题。新闻不能“炒作”，“新闻炒作”不可为。这是早已为新闻理论阐明和新闻实践证明了的事实，我们在这里表述的，也只是形势使然的重申和强调而已。

（载2001年第五期《新闻战线》，同题文章见于2001年第7期《中国地市报人》，同内容的《新闻不应“炒作”》刊于2001年第3期《采写编》）

老龙头与古代长城旅游

“天开海岳”老龙头，很早以前就以其独特的风光和气势吸引着无数风流人物、戍守将士及文人学士来此登临观海，舒展襟怀。

老龙头上有一座古碑，碑身高近9尺，宽达2尺3寸，上书“天开海岳”四个大字。字体遒劲有力，浑厚古朴。碑无书镌者姓名，也无立碑年月日，有人说是唐碑，为薛礼征东时所立，有人说是明碑，为抗倭明将戚继光所建。碑上“天开海岳”四字将老龙头的壮丽景色和雄伟气势作了高度概括，堪称是诗中精华，文中奇葩，雄辩地证明了老龙头早就是古人的游览胜地，其风光早就为古人所赞赏。

明初，徐达把长城修到了山海关老龙头，在自然景观中加入了人文景观，老龙头的气势更为雄阔，景色更加壮丽，因而更能激发人的种种情思，特别是有人在宁海城的南墙上修建了用以观海的亭子后（天顺年间山海关兵部分司主事杨琚命名为“观海亭”），这里便成了人们观海赏水的好去处。万历三十九年（1611年），凤阳籍进士王致中任山海关兵部分司主事，他在原观海亭的基础上修建了高3丈、广2丈6尺、深1丈8尺的澄海楼（又叫知圣楼），这里更成了人们凭栏远眺、舒展情怀的游览胜地，人们以“观海亭”“澄海楼”为题，写下了一首首脍炙人口的诗篇，勾画出老龙头的雄奇景观，记录下老龙头及长城游览事业的沧桑变化。

据地方志记载，最早在这里留下诗篇的是明代弘治年间的巡抚都御史洪钟，他在重新修筑长城、设置关营时写下了《山海关南海口》

一诗，诗中虽然没有着力写南海口的风景，但诗中“六合同欢海不波”的句子，似乎为后来改建澄海楼作了命名注释。26 年后任永平推官的李学诗留下了《观海亭》诗三首，这说明，在此之前，人们已在军事要塞上修建了主要用于观海游览的亭子。李学诗在诗中写道：“秉节来沧海，奇观足胜游”，“迢递关中道，留连海上亭”，明确地点出了观海亭已成了“足胜游”的好去处。而又 7 年后（嘉靖十二年）山海关兵部分司主事葛守礼“亭畔邀嘉客，凌虚兴复清”的诗作记叙，更说明了老龙头已是人们结伴共游、陶冶情趣的好地方。

大凡旅游胜地，多招名人文士，但老龙头作为长城军事要塞，自然少不了戍守将士们的登临，抗倭名将戚继光北上备边，重修靖虏敌台，增筑入海石城，对老龙头的建设颇有贡献，他就曾写下了抒发胸怀和情感的《观海亭》诗。还有巡关大臣施儒的《山海关观海》一诗，也很真实地记叙了巡视山海关时与朋友们专程到老龙头观海亭观海的情形：“偶与仙郎约，相携出郭来。有亭临瀣渤，无客跨蓬莱。水气薰残照，潮声殷怒雷。大观当作赋，愧乏子虚才。”

万历三十九年（1611 年），澄海楼建成，它就像是放置在老龙头上的一颗璀璨的明珠，吸引了更多的人来此游览。这从流传下来的大量诗作中可以看出。此后，人们在诗作中一般不再提观海亭，而“澄海楼”则似乎成了老龙头诗作的统一命题。明末朱国梓的《澄海楼》诗就很能说明这一点，“戍楼尽处接危楼，一槛凌空万象收”，诗作对澄海楼的气势作了很精当的描写；“平时游览多忘返，今日相逢怕遇秋”，诗作又真实地反映出老龙头已成为人们喜欢常去的游览地了。明末抗清名臣孙承宗在老龙头创建龙武营时，也常登临澄海楼，并为澄海楼题“雄襟万里”匾，抒发了他本人及抗清将士们的广阔胸怀。

清代康熙九年（1670 年），山海关管关通判陈天植重修澄海楼，并作《重修澄海楼记》，文章指出：“按旧志形家言，关城势如飞凤，左右罗城为两翼，楼台高峙海涯，厥象首。若就圮，顾可令凤之首俯而不举乎。”意思是说，整个山海关（包括老龙头）就像一只展翅飞翔的凤凰，澄海楼就像是凤凰的头。陈天植在文中还说：“若斯楼也，面临巨壑，背负大山，高枕长城之上，波澄万里，嶂垒千重，又岂区区彭蠡洞庭、会稽山阴诸胜足媲其雄深哉！”更是把老龙头上的澄海楼视作比洞庭湖畔的岳阳楼、会稽山阴的兰亭更胜一筹的旅游名胜。事实上，清朝一代，澄海楼的名望的确丝毫不逊于岳阳楼及兰亭等历史名胜。清朝有5个皇帝曾10次登临澄海楼就是一个很好的注释。那时，康熙、雍正（登基前为太子时）、乾隆、嘉庆、道光诸帝到东北谒祭祖陵回北京途经山海关时，都要到老龙头澄海楼一游。自乾隆起，还要在那里宴会群臣，联句赋诗，好不热闹。康熙皇帝两次登临老龙头，除了写下“危楼千尺压洪荒”的《澄海楼》一诗外，还写下了一段令后人费解的文字：“山海关澄海楼，旧所谓关城堡也，直峙海浒，城根皆以铁釜为基，过其下者覆釜历历在目，不知其几千万也。京口之铁瓮，徒虚语耳。考之志册，仅载关城为洪武年所建，而基址未详筑于何时。盖城临海冲，涛水激射，非木石所能久固，昔人巧出此想，较之镕铁屑炭更为奇矣。”现在宁海城及入海石城的基址都已清理过，未见什么铁釜，无法印证康熙皇帝曾“历历在目”的“几千万”的“覆釜”到底是怎么回事，不过这位大有作为的皇帝的这番叙论，肯定是事出有因的，或许正因为他的这一番肯定，老龙头也就加添了几分诱人的魅力。

登临澄海楼最多的皇帝还是乾隆，这位风流君主，40年间四登澄海楼，面对浩瀚的“无古亦无今，不减也不盈”的大海和雄伟的长城，他不甘于只是写下诸如“凭楼有兴重斯日，浮渤无边接远天”，“拾级登岑楼，复此俯巨溟”以及“我有一勺水”，“秦皇心实侈”等诗作，还别出心裁，每次都在澄海楼上大摆宴席，要与随从大臣用“禁体”联句赋诗。所谓禁体，就是禁用某些字入诗。乾隆皇帝提出的是禁用“水部字”，即凡带三点水部的字都不能用，条件是蛮苛刻的。咏海不言水部，自然因字伤意，影响诗作水平，因而这只能是一种旅游中的助兴游戏而已。乾隆皇帝初次登临澄海楼时是乾隆八年（1743年），第二次是十九年，第三次是四十三年，最后一次是乾隆四十八年（1783年），中间整整过了40年。他每次登临都要与随从大臣作这种联句游戏，这些联句，均为五言排律，每次都长达52句，“捉成五字吟，记予四度记”。此种场面，当时的临榆知县钟和梅（乾隆十七年至二十三年在任）曾作《澄海楼侍宴纪恩诗》予以描叙记载：“天迴日御自兴京，澄海重登乐晏清。欲起蛟龙盘睿藻，待摩壶峤勒贞珉。雨师风伯随銮护，白叟黄童夹道迎。躬执扫除惭末吏，三呼犹得效嵩声。”“宝鼎香浓帐殿春，均天乐奏广筵陈。飘来法曲筝琶外，赐出宫壶雨露匀。述职课原输上考，入疆庆乃及微臣。琼林宴后才今日，重饫天庖拜紫宸。”也是这位钟知县，为此还在老龙头建了碑亭，并把乾隆皇帝登临澄海楼时与大臣们的联句诗镌石镶卧在澄海楼的墙壁上，为老龙头增添了人文景观。

嘉庆皇帝也曾两次（嘉庆十年和二十三年）登临澄海楼，并步乾隆的后尘，每次都要与大臣联句赋诗，同样用五言排律，52句，禁用“水部字”。

道光皇帝于道光九年（1829年）冬十月自盛京（今沈阳）旋跸入关登澄海楼，一下子写了30首《澄海楼》绝句。并仿效祖宗在此大宴群臣，联句赋诗，同样禁用“水部字”，同样用五言排律，但因参加联句的大臣为4人而非2人，因此全诗由52句延长至80句。

皇帝的光顾，使得老龙头澄海楼的名声大振，文臣武将、游客骚人，纷纷来老龙头游览观海。他们留下了很多诗文，其中不乏佳作，如康熙年间著名戏曲家诗人尤侗，礼部尚书诗人高士奇以及翰林院掌院学士、《康熙字典》总纂陈廷敬都曾写过《澄海楼观海》诗歌，他们用如椽大笔惟妙惟肖地勾画了老龙头澄海楼的雄奇景观，用浪漫主义手法描摹了气象万千气势磅礴的汪洋大海，同时触景生情，抒发出各自不同的感受与情绪。

关于老龙头的诗作，仅《临榆县志》（1929年版）就收老龙头诗 71 首（不包括清朝君臣联句诗），此外散见于各种方志等书籍的老龙头诗也不在少数。通过这些诗作，后人可以追踪到老龙头的沧桑和不同时期的旅游状况，并从中感受老龙头风光的壮美和雄阔。

那时，有关澄海楼的传说也吸引着人们的游兴，传说当楼外海风怒吼四面扬沙之际，人在楼中间却一点儿都感觉不到，因此“海亭风静”成了榆关二十四景之一。

鸦片战争一役，帝国主义列强的炮舰轰开了古老“天朝”的大门，清王朝腐朽不堪，皇帝再也没有出入山海关巡游的雅兴，老龙头也战备紧张，澄海楼则车马冷落。光绪二年（1876 年），永平府知府游智开劝捐，临榆知县赵允祜重修澄海楼，期望重振昔日雄风，诗人史梦兰曾在《澄海楼》诗中描述过这段历史：“三十年前曾到此，旌旗猎猎斜阳紫。秦皇岛畔筑新营，记得海防自兹始……今来登临头已白，海防视昔当何如……创建今逾二百载，风雨摧残形渐改。荆南太守谋鼎新，轮奂依然发光采。”然而当时光绪帝时代的改良没有也不可能扭转清王朝的日趋衰亡。光绪二十六年（1900 年），老龙头被八国联军侵占，宁海城成了英国侵略者的军营，一代历史名楼澄海楼也毁于侵略者之手。近代诗人刘文临曾在《哀澄海楼》中控诉道：“宁海城边衰草秋，残垒夕阳相向愁。国旗拔去张欧帜，夷歌互答声啾啾。……列强占借驻海军，防敌反为敌人有，驱吾民众削台平，摧折危楼如拉朽。……我入夷垒探遗迹，残阶废址苔凝碧。一物颓然卧草莱，宸翰犹镌在白石。”历史悠久的长城观海游览胜地，就这样彻底毁坏在帝国主义侵略者手中。

老龙头及澄海楼的荣衰与国家命运息息相关，国蹙关败，国强关荣，长城游览胜地老龙头有过辉煌的历史，也必定有灿烂的未来。

（此文原为 1994 年 9 月在北京召开的“长城国际学术研讨会”上的发言稿，后以《历史悠久的长城游览胜地》收入文津出版社 1996 年出版的《万里长城入海处老龙头》）

孟姜女故事再研究

孟姜女故事，和梁山伯与祝英台、牛郎织女、白蛇传组成了我国四大著名民间传说，以历史悠久、流传广泛和深入人心见称。特别是故事涉及了长城，因此又成为长城历史文化的一个重要组成部分。千百年来，孟姜女和长城在人们心目中已无法分割，没有长城，就没有孟姜女的故事，没有孟姜女的故事，也无法反映长城文化极其悲壮的一面。

（一）

孟姜女故事的产生即已悠久，人们对它的研究也应该说是很早了。20世纪20年代，著名历史学家顾颉刚先生所作的孟姜女故事研究，开创了我国民间文学研究的新道路，在这个领域中作出了卓越贡献，并取得了国际的声誉。他与同仁们“立志打倒这种学者（指不当民间故事是传说而错认为是史实的一些学者——笔者注）的假史实，表彰民众的真传说；我们深信在这个目的之下一定可以开出一个新局面，把古人解决不了的历史事实和社会制度解决了，把各地民众的生活方法和意欲要求都认清了。”（《孟姜女故事研究集第一册·自序》）“顾先生用研究史学的方法、精神来对旧社会认为‘不登大雅之堂’的故事传说进行研究，一时成了好几十位学者共同的课题，有帮助收集歌谣、唱本、鼓词、宝卷和图画、碑版的，有通信分析讨论故事内容的。远在巴黎留学的刘复教授见到专号，忙忙抄回伯希和拿走的敦煌卷子里唐人《云谣集》《虞美人》词中有关孟姜女的资料，很令人兴奋。从那时起，人们对现行故事传说的源远流长，认识更加明确。”（《民间文学》1962 第 2 期魏建功文《〈歌谣〉四十年》）

我们说对孟姜女故事的研究很早就有了，大致可以追溯到明清之际，也就是在孟姜女故事流传广泛兴盛之际。顾颉刚先生曾考证道：“从明代的中叶到末叶，这 180 年中忽然各地都兴起了孟姜女立庙运动。”（《孟姜女故事研究·孟姜女故事历史的系统》）于是，俟后的学者便置疑，便对孟姜女这个已在多处庙中祭祀的女性人物进行考证，或肯定实有其人，或否定实有其人。明末清初的大学者顾炎武在《日知录》中专门考证过“杞梁妻”。在这里我想引用顾颉刚先生在发表的文章中没有提及的一首诗《姜女祠·并序》，这首诗为乾隆帝在乾隆八年（1743 年）游姜女祠时所作：

山海关外数里，姜女祠在焉，祠前土邱为姜女坟，望夫石在其侧。俗传姜女为杞梁妻。始皇时因哭其夫而崩长城。今山西潞安，直隶古北口，并此处皆有姜女祠。考杞梁之事见于《左传》《孟子》，非始皇时人可知，即《列女传》载有崩城之说，亦无长城实据也。然其节义有可尚者，故题以诗并识其梗概焉。

凄风秃树吼斜阳，　尚作悲声吊国殇。
千古无心夸节义，　一身有死为纲常。
由来此日称姜女，　尽道当年哭杞梁。
长见秉彝公懿好，　讹传是处也何妨。

此诗录自乾隆三十九年（1774 年）版的《永平府志》。但据姜女祠现存的乾隆亲笔石刻看，该诗第二句中的“国殇”实为“乃郎”，《永平府志》的这一改动，尚有另一种深刻含意了。即改词者认为杞梁修长城而死是“国殇”，是一件有益于国家的事。

在这首诗及诗序里，我们可以看出乾隆八年前对孟姜女故事的研究已有一定深度，而最高统治者用“天章”作的结论：“一身有死为纲常”“讹传是处也何妨”。也为孟姜女故事的发展和研究定了一个框框，这也是后来一些孟姜女传说故事更突出“纲常”“贞烈”的一个原因。

孟姜女的故事，现在学术界普遍认为源于《左传·襄公二十三年》中“杞梁妻”的故事，故事说齐侯（齐庄公）打莒国，大将杞梁战死，齐侯班师回国时，在郊外遇见杞梁的妻子，向她吊唁，她不以为然，说道：“殖（杞梁字）之有罪，何辱命焉？若免于罪，犹有先人之敝庐在，下妾不得与郊吊。”齐侯听了她的话，便到她的家里去吊唁，这是2500年前的史实，情节非常简单，从中只可看见杞梁之妻是一个谨守礼法的人。到了战国时期，杞梁妻的故事添加了感情色彩，《礼记·檀弓》引曾子的话说：“杞梁死焉。其妻迎其柩于路而哭之哀。”而稍后的《孟子·告子》篇记有淳于髡话：“杞梁之妻善哭其夫而变国俗。”这说明 了杞梁妻的哭调都成了一时的风气了。到了汉代，杞梁妻的故事增加了哭倒城的内容，刘向的《列女传》中写道：“杞梁之妻无子，内外无五属之亲，乃就其夫之尸于城下而哭之，内諴感人，道路过者莫不为之挥涕。十日而城为之崩，既葬，曰‘吾何归矣！夫妇人必有所倚者也：父在则倚父，夫在则倚夫，子在则倚子。今吾上则无父，中则无夫，下则无子，内无所依以见吾诚，外无所依以立吾节，吾岂能更二哉！亦死而已！’遂赴淄水而死。”但那时的城并未明指长城，杞梁妻也没有自己的姓名。

文字记载最早能表达完整孟姜女故事梗概的，是唐玄宗时的《雕玉集》所引的《同贤记》一文。原文是：“杞良，秦始皇时北筑长城，避役逃走，因入孟起（超）后园树上，起（超）女仲姿浴于池中，仰见杞良而唤之问曰：‘君是何人，因何在此？’对曰：‘吾姓杞名良，是燕人也。但以从役而筑长城，不堪辛苦，遂逃于此’。仲姿曰：‘请为君妻。’良曰：‘娘子生于长者，处在深宫，容貌艳丽，焉为役人之匹！’仲姿曰：‘女人之体不得再见丈夫，君勿辞！’遂以状陈父，而父许之。夫妇礼毕，良往作所，主典怒其逃走，乃打杀之，并筑城内。起（超）不知死，遣仆欲往代之；闻良已死，并筑城中。仲姿既知，悲哽而往，向城啼哭。其城当面一时崩倒；死人白骨交横，莫知孰是。仲姿乃刺指血以滴白骨，云:‘若是杞良骨者，血可流入。’即沥血，果至良骸，血径流入。使得归葬之也。”相类似故事的记载，在中唐时期的《文选集注》的《求通亲亲表》中和敦煌卷子中的《孟姜女变文》中也有记载。这个故事中的秦始皇筑城、杞良避役逃走、与孟女花园相会、婚后赴长城工地被打死、尸体筑在城墙内，孟女寻夫、哭倒长城、滴血认骨等情节，组成了后来孟姜女故事的骨干部分。而孟姜女这个名字的出现，在唐与五代间的《敦煌写本》中的一篇小唱中有了明确交代:“孟姜女，犯（杞，抑或范）梁情（妻），一去烟（燕）山更不归。造得寒衣无人送，不免自家送征衣。”

唐代以后，经过宋元到明清的近千年的时间，孟姜女故事按照民间故事传说的形式继续向前推进，并通过诸如变文、宝卷、院本、唱词、杂剧、歌曲、文人诗词、碑刻题铭、时调和地方戏等多种文艺形式在群众中流传和发展。后来的孟姜女故事中，又增加了“秦始皇欲纳孟姜”的情节。有学者认为“到清初康熙年间刻印的宝卷中才出现秦始皇逼婚、姜女提出条件、最后跳水自杀等内容”（北京师范大学许钰的文章：《孟姜女传说的性质和意义》）。还有材料讲康熙己酉年（1669 年）山海关程观颐的《重修姜女祠碑记》中有“孟姜女者，产嬴季，于归范郎。未久而夫就役于长城，遂已殁于军。秦皇欲置之阿房，而孟姜足迹万里终得夫骸，竟枕石于海滨焉。土人为之立祠荐享之”的记载。但我查阅了多种版本的《山海关志》《临榆县志》和《永平府志》，却发现“秦皇欲置之阿房”句竟是光绪四年（1878 年）版的《临榆县志》添加上去的，在康熙九年（1670 年）年版的《山海关志》上，程观颐的《重修贞女祠碑记》实际上是这样记的：“孟姜女者，产嬴季，姓许氏，于归范郎，未久而夫就役于长城，遂已殁于军，姜女足迹万里终得夫骸，竟枕石于海滨云。土人为立祠荐享之。”根本没有“秦皇欲置之阿房”句。而见之于山海关一带地方志上有此句的，只有光绪四年的《临榆县志》（1929 年）与民国十八年的《临榆县志》。文中并去掉了“姓许氏”句，题目也由《重修贞女祠碑记》变成了《重修姜女祠碑记》。

据此，我认为，孟姜女故事中关于秦始皇欲纳孟姜女为妃、孟姜女戏弄秦始皇后以死相抗情节的广为流传是在清末民初，这也符合当时的民主潮流大时局。

关于孟姜女的死，从山海关地方志关于“姜女坟”或“姜女石”的记载中可以看到端倪。早在明弘治十四年（1501 年）版的《永平府志·冢墓》中就有“姜女坟”条：“在抚宁县东南七十里，入海一里，有石出水上，其形肖坟，相传孟姜女哭夫而死葬于此。”而明弘治进士李如圭在湖南澧州的《贞节祠记》中讲“嘉靖辛卯秋，余以副都御史抚赈延绥。致仕归里，道经西安府同官县，始知姜女果至长城，获范郎骸骨，负之归。行至延安府宜君县地方，渴甚，不得茶，泣其地泉为涌出；后人名为哭泉，今现存。抵同安而卒。”这就是说，至明代中叶，关于孟姜女的死，已有多种说法。山海关说与同官说是其中主要的两种说法。明万历二十二年（1594 年），山海关主事张栋建“贞女祠”，并在《贞女祠记》中写道：“贞女孟姜，姓许氏，陕西同官人，夫久赴秦人长城之役，姜制衣觅送，万里艰关，天监贞烈，排岸颓城，诸异载在诸志传中。”两年后山海关兵部分司张时显增建贞女祠，在“碑记”中也写道：“考诸野史，女许姓，居长，故名孟姜，夫为范郎，时秦兴长城之役，徭临洮抵辽左，郎操版锸于辽无返期，女矢心远觅，至则郎已物故矣，遂哭而死，土之人遴高阜祀之，因名曰望夫石。”此后的当地地方志大都遵此记载记下“姜女坟”“姜女石”或“贞女祠”条。比如康熙八年（1669 年）《山海关志》上载：“至于东关外有贞女祠，传称秦时有姜女寻夫，哭死海滨，英魂化石，后世嘉其贞烈，是以立祠祭之。”

到了近代，孟姜女的故事基本定型，尽管各地流传的故事，在细节上多种多样，各具特色，但故事的主要情节基本相同，不外是孟姜女出世、范（万）郎逃役、花园相会、婚后范郎被捕修长城、累死后被筑在长城里、孟姜女万（千）里送寒衣、哭倒长城数百里、秦始皇逼嫁、孟姜女提出造坟或秦始皇亲祭的条件、祭毕孟姜女投水自杀等。

孟姜女故事流传广泛，不仅几乎传遍汉族地区，而且在不少兄弟民族地区流传，其中有壮语北部方言区的壮师唱本《姜诗》，侗语南部方言区的侗戏脚本《江女万良》，毛南语传说《孟姜女送衣》，仫佬族土拐语古条歌《孟姜女与范郎》等，其内容都保持了"丈夫死于筑城，孟姜女远途寻夫，找到丈夫尸骨"的骨干情节。孟姜女的故事还流传到了日本和俄罗斯等国。

孟姜女故事广泛地渗透到民族文化的各个领域，在一定程度上成了一个复杂的历史文化现象，因此有的故事在情节和主旨等方面出现了差异，但这些差异都无法遮掩孟姜女在人民群众中的美好形象。

（二）

在上世纪前半叶，孟姜女故事的研究基本上着重于故事的形成和演变，到了后半叶，人们的研究开始深入到孟姜女故事的时代精神、主题思想及性质意义等，特别是在中国大陆"文化大革命"结束后，孟姜女故事的研究又出现了一次热潮。这原因便是"文革"中有个"评法批儒"运动，那时，孟姜女竟被指责为是儒家用来攻击法家秦始皇的工具，成了被批判的对象，"文化大革命"结束，人们自然要拨乱反正，正本清源，于是钟敬文先生写了《为孟姜女平反》的文章。在政治上揭穿了"四人帮"（"四人帮"是毛泽东主席在1974年12月对江青、王洪文、张春桥、姚文元四人沆瀣一气的批评语）反对孟姜女传说的阴谋目的，而且在学术上发展了顾颉刚的研究成果。钟先生查阅了有关资料，发现唐代并无大规模修长城的活动，而在唐代之前的北齐却多次大规模征发民工修长城，认为很可能这就是《同贤记》所记孟姜女故事产生的直接社会背景。

随着国家实行对外开放政策，在大力发展旅游事业、繁荣文艺创作的情况下，1983 年 8 月，中国民间文艺研究会河北分会和秦皇岛市文联共同发起和组织了“孟姜女故事学术讨论会”。这是中国关于孟姜女故事的第一次学术讨论会，会上，来自 6 个省、市、自治区的 27 位专家、学者与业余民间文艺研究者，围绕着孟姜女故事的产生、发展、演变和形成发表意见，提出了一些新见解和新情况，并围绕这些问题讨论了故事的主题思想、现实意义以及与这有关的秦始皇的评价、长城的古今意义与作用等问题。

讨论会的举行，是有其时代背景的，因为当时随着旅游事业的发展，到山海关孟姜女庙去参观的人越来越多，人们不得不考虑为什么这个传说至今还有这么大的感召力。同时，当时很多歌舞剧院都想创作孟姜女的剧（剧作家吴祖光就写了一出《孟姜女》的剧本），但又遇到了长城能不能倒、秦始皇在剧中该怎样表现等问题，这些问题，也是“孟姜女故事学术讨论会”想要解决的。

在讨论会上，与会者对现在广泛流传的孟姜女故事的主题思想存有不尽一致的看法。有人认为故事的主题，并不在反抗帝王逼婚，而在反对繁重徭役的暴政，也就是说，这个故事反映的不是一个婚姻悲剧，而是一个社会悲剧。然而大多数人却认为故事的主题思想既是反抗暴政的，又是表现爱情坚贞的。孟姜女反抗秦始皇逼婚的情节正好表达了人民的愿望，抒发了人民的愤怒之情，而且，在艺术上使孟姜女这个刚毅不屈、机智勇敢的古代妇女形象，更加鲜明突出，充分表现了历代劳动人民对统治者大无畏的反抗精神。

讨论会上，与会者就中华人民共和国成立后的文艺创作中对有关孟姜女哭倒长城情节的犯忌问题提出质疑，并对“肯定孟姜女，就是否定了秦始皇；否定了秦始皇，就是否定了党和国家领导人”的思想禁锢进行了清理。总之，讨论会在分清孟姜女故事中的精华与糟粕，在消除孟姜女故事的研究和文艺创作中“左”的思想影响方面起到了积极的作用。

（三）

我们研究长城历史文化，便可发现孟姜女故事是长城历史文化的一个重要部分。特别是在反映长城历史文化的人文方面，孟姜女故事往往成了长城文学艺术创作的一个非常重要的源泉。千百年来，人民正是通过孟姜女的故事认识到长城文化极其悲壮的一面；到了近现代，无数外国人也是通过孟姜女的故事了解了修筑长城的艰难和中国人民为此而作出的牺牲。因此可以说，没有千百年来孟姜女故事的流传，就没有长城历史文化的博大精深与光辉人文精神。

孟姜女故事是怎样产生和演变形成的呢？前人的研究是很深入了。我认为，孟姜女故事的产生和演变形成具有极强的时代性——它与修筑长城的历史进程有着极为密切的关系。如前所述，孟姜女故事的最初定型是在唐朝，最终定型是在清朝，而这两个朝代，恰恰是朝廷不主张修长城的朝代，唐代的前朝隋朝，是大修长城的朝代，清代的前朝明朝，亦是大修长城的朝代，后朝否定前朝的政策，是可以完全放心去做的。谈到这里，问题又来了，那就是为什么明朝中后期孟姜女的故事会广泛流传并大兴建庙活动呢？其实如果我们了解了明朝修筑长城的历史，那这个问题就变得简单而明了了。现今披露的资料表明，修建孟姜女庙的炽盛期是在万历年中晚期，其时明廷大规模修筑长城的工程已临结束，大规模修筑长城的政策已经搁置，主张修长城的政治势力已经失势，继而上台的政治反对派自然对修长城的主张不会赞同而会抱否定态度。而且当时宋明理学在思想界已占统治地位，用广泛流传且深入人心的孟姜女来表彰贞烈，既宣扬了封建礼教，又不失为是一种反对修筑长城的政治表态，这便是为什么在主张修长城的首辅大臣张居正死后各地大兴孟姜女庙的原因，当然，在此之前之后的修建孟姜女庙活动，也有这两方面的原因，不过更为侧重的是表彰贞烈，颂扬宋明理学中的封建礼教。这也是有些孟姜女庙的初建期据说能追溯到宋时的原因，而且那时的孟姜女庙都称之为“贞女庙”“贞女祠”，而非后来叫的“孟姜女庙”。

在孟姜女故事的不断演变过程中，有不少有趣的现象，其中孟姜女丈夫名字的变化就体现了中国语言文字的一些特征，在《敦煌写本》小唱中把“杞梁”错偏旁写成了“犯梁”。后来又由“犯”音转成姓“范”的范，出现了范梁、范杞梁、范郎、范植、范士郎、范郎、万杞良、万喜良等，这中间很清楚地反映出民间传说的口传真实演变过程。

孟姜女故事反映了中国人民对中国历史进程的种种质朴情感。很多人认为孟姜女故事中哭倒长城是反映了人民大众对暴政徭役的反抗，我看也是对无休止战争的控诉，说到秦始皇的暴政徭役，我们总不该忘记秦始皇修皇陵和阿房宫的事情，《史记•秦始皇本纪》载：“始皇初即位，穿治骊山，及并天下，天下徒送诣七十余万人，穿三泉、下铜而致椁，宫观百官奇器珍怪徙藏满之。”“三十五年……隐宫徒刑者七十余万人，乃分作阿房宫，或作骊山。”而秦始皇修长城《史记》记载不过三十万众，就人数比较，修皇陵和阿房宫的是修长城的2倍还多，死的人也不在少数，而且当时控诉咒骂修皇陵修阿房的民谣也不少：“运石甘泉口，渭水为不流”，“阿房阿房亡始皇”。但为什么民间故事中就没有塑造出一个妇女哭塌皇陵和皇宫形象的呢？我觉得，民间故事的创造，不能离开产生它的具体时代，更不能完全摆脱当时的统治主流思想，修皇陵是两千多年来每个皇帝都要做的事，从未间断过，而长城则不然，有的皇帝修了，有的皇帝则不修，而且不修长城的占多数，哭倒长城可以，特别是在不主张修长城的朝代与年代，而哭塌皇陵则万万不可，因为尽管朝代不同，但没有一个皇帝是不修自己坟墓的。因此，每个当今皇上都不会允许那样的故事存在。而且长城是军事工程，战时起作用，和平时作用就不大了(保护丝绸之路也是防游牧民族的骚扰)。何况长城内外，时时为一家，因此便在某个时代产生和发展了孟姜女哭长城的故事。哭长城，不单是一种对暴政徭役的控诉，也是对统治者穷兵黩武的控诉。唐朝是孟姜女故事形成的时代，唐朝基本不修长城，但战事不断，军人戍边远征是常事，唐太宗曾说：“炀帝不择人守边，劳中国筑长城以备虏。今我用勣守并，突厥不敢南，贤长城远矣。”（《新唐书·李勣传》）他是主张以远征守边替代修长城的，但唐代，特别是中唐以后众多边塞诗所表达的对长期战争和远征戍边的不满，也是民众情绪的一种反映，和孟姜女故事表达的思想感情是一致的，用长城这个军事防御工程来当作战事的象征，用孟姜女哭长城的故事来表达这种情绪，是很自然的事情。

勿庸讳言，孟姜女故事真实地反映了历代人民群众对修筑长城的不满，这是因为，中华民族在修筑长城时付出了举世无双的牺牲。《汉书·伍被传》记载：“遣蒙恬，筑长城，东西数千里，暴兵露师，常数十万，死者不可胜数，僵尸盈野，流血千里。”《淮南子·人间训》记载：“秦发卒五十万，使蒙公杨翁子将筑修城……道路死者以沟量。”《隋书》也记载，隋炀帝“发丁男一百余万筑……一旬而罢，死者十五六”。历代封建王朝（包括少数民族建立的王朝）修筑长城时的死亡人数，是多得无法计算的。至于耗费的钱财物资，更是涉及全国上下、家家户户而难以统计了。据有关学者统计，明代中叶隆庆及万历前期，戚继光修筑从山海关到居庸关以东这段长城共花费了白银1100万两，而当时全国年度财政收入才白银400万两左右，可见耗费钱财之巨。这正是明代中叶后期大兴姜女庙的一个重要原因，也是孟姜女的故事千百年来得以深入人心的一个根本原因。正是因为中华民族为修筑长城付出了如此巨大的牺牲，所以中国人不能忘记，要用孟姜女的故事来表达反映那雄深绵长厚德载物的中华人文精神，即反对战争、反对暴政、热爱和平、热爱生命。

千百年来，孟姜女故事在不断演变，它既保持了定型初期的主要情节，而且又不断因时因地因人群阶层而增变故事情节。文学家郑振铎曾指出：“民间文学的想象力往往是很奔放的，其作者的气魄往往是很伟大的，但也有其种种坏处，许多民间的习惯和传统观念，往往是极顽强的黏附于其中。”从孟姜女故事的种种说法和版本中我们可以深刻地感悟到这一点。占主流的孟姜女故事敢于把矛头直指荒淫无耻的暴君秦始皇，但也有的孟姜女故事则宣扬了因果报应、宿命思想、宗教迷信，有的还改变了故事中秦始皇暴君的形象，把孟姜女丑化为甘为封建最高统治者奴役的牺牲品。明代嘉靖年间有人就编造了这样一段话："帝微服见而问曰：何不怨无道之君？姜女曰：我夫恨不生于帝王三十年之前与三十年之后，上曰：此言何谓也？姜女曰：生在三十年之前，则年老；生在三十年之后；则年幼，皆不能去，因无此难矣！帝王是天生之子，何可怨乎？上出涕曰：此寡人之过也。贤德之妇。解金带以赠之。”此虽系封建文人篡改之作，但也反映了众多孟姜女故事说法中出现的怪胎，研究这些怪胎，同样可以对当时社会现实和思想意识作进一步了解。

今天，长城已经成了我中华民族的象征，我华夏子孙的骄傲，但这种认识是经历了漫长的演化过程的。孟姜女故事反映了长城历史文化极其悲壮的一面，正是由于有了这个方面，才使得长城文化得以立体地凸现。我曾于 1995 年 10 月 9 日在《人民日报》（海外版）上发表《谈谈长城文化》的文章。文中提到“作为一种观点认识、文化现象，历史上对长城的国防作用有肯定也有否定，但这都不影响长城的本质，相反，却从正反两个方面强调了长城文化的总主题——伟大的爱国主义和人文精神，突出了长城文化中的人文精神的光彩。我们稍加研究便可以发现，历来肯定长城国防作用的是在肯定正义，反对侵略，向往和平；否定长城国防作用的是在否定暴政，颂扬德政，赞美生命，两者统一于那雄深绵长厚德载物的中华人文精神中”。研究孟姜女故事，不应和长城对立起来，不要用肯定孟姜女而否定长城，也不要用肯定长城而否定孟姜女。万里长城永不倒，孟姜女故事永流传，长城文化永放光彩。

（2001 年 11 月中国（香港）长城历史文化讨论会论文）

碣石、秦皇求仙与徐福集团东渡

碣石、秦始皇求仙与徐福集团东渡是在中国历史上都有明确记载的事物，然而又都在漫长岁月的流逝中罩上了层层迷雾，有的还成了千古之谜。现在，随着20世纪80年代的考古发掘和徐福研究的深入，迷雾正在退去，千古之谜的谜底也已揭示，以祖龙秦始皇尊号相称的秦皇岛成了联结这三者的特殊链环，再次显示出其特有的历史魅力。

（一）

碣石之名，最早在《山海经》和《尚书•禹贡》中就已提到。《山海经》说："碣石之山，绳水出焉，而东流注于河。"这里指的是黄河支流上游源头的一座山。《尚书•禹贡》中有两个碣石，一个是"太行恒山，至于碣石"中的碣石，恒山即常山，这里似指《战国策》中苏秦讲的燕地"南有碣石，雁门之饶"的碣石，"在常山（郡）九龙门县"。另一个是冀州的碣石，"夹右碣石入于河"，似指后人认为的无棣县的马谷山。这样看来，《山海经》和《禹贡》中讲的碣石都不在渤海的西北岸，似与历史记载的秦皇求仙"之碣石"的碣石无干。而碣石的闻名于世，主要就因为它与中国历史上的几位风流人物有关，清初董说在《七国考》中考证，碣石就是战国燕昭王修馆入海求仙的地方。史书也屡有记载，秦始皇嬴政、汉武帝刘彻、魏武帝曹操、唐太宗李世民等都涉足过此地，或举行过一些盛大而神秘的

山顶上和山麓也都有大量秦汉建筑遗迹。笔者曾于 1986 年 11 月 5 日在《秦皇岛日报》一版上发表了题为《莲蓬山灵，犹识汉秦——北戴河莲蓬山东麓发现古代建筑遗址》的消息。而《中国文物报》1992 年 7 月 5 日一版有报道说 :“河北省秦皇岛市文物管理处、北戴河区文物保管所三月在联峰山的南山顶上，清理出一座秦汉时期建筑遗址，建筑室内面积为 17 平方米……屋中间有一个用素面砖和小菱格砖铺砌而成的深 47 厘米的方形‘池子’。‘池’内有一个用四层陶圈及素面砖铺底的陶井。口径 1.22 米，深 1.43 米……在遗址及其周围还发现多件卷云纹加贝圆瓦当、空心砖残块。这些建筑构件规格大，具有秦汉宫廷建筑物的风格和特点。”此遗址的发现者白洪奎还在联峰山的其他地点拾到过秦砖汉瓦片。另外，有人在联峰山西边 3 里余的古城村和北戴河海滨东北面的赤土山村西北的丛林中也发现了秦汉建筑遗物。

北戴河海滨不仅有大面积的秦汉建筑遗址遗物，还有“联峰海市”的历史记载和传说。乾隆二十一年（1756 年）的《临榆县志》还把“联峰海市”列入榆关十四景内 :“联峰海市 : 联峰即莲蓬山，蜃楼海市，土人往往视之。”明代万历年间抚宁县教谕谢鹏南在《海市记》一文中借抚宁县令雷公的话描绘了联峰海市的景象 :“吾自万历癸未守兹土，迄辛卯，桐华望后公出榆关，晓眺东南，海碧连空，朝暾散彩，赤光夺目，秦岛雄峙于前，濒渤汹涌于后，乃与邑幕鲁子往观焉。既而乘渔舟，历甘泉，吊秦城已，乃散步南行，跻陇陟巅，见洪涛巨浪，浴日吞天，诚奇观也。良久东旋，从者曰 :‘金山海市矣！’，遥指而望之，隐隐然伞盖三出，中颇高，又渐小，渐高，顷之，蔑如也。余方进饭，前箸未彻，从者复报曰 :‘海复市矣！’予往视，一如前睹。无何，金山彻莲蓬，联络数十里，忽伞盖，忽旗帜，若浮图，若城郭，殿阁脊兽，异状百态，变幻无穷，俄而兔耳峰前，三山耸秀，层峦叠巘，宛如笔架形，即摩诘亦难绘也。自午迄申乃已，竟莫究诘。”在此之前，做过明代嘉靖年间兵部尚书的抚宁人翟鹏曾见过海市，并赋《联峰海市》一诗留世："山头隐隐见楼台，万状千形顷刻开。出入人踪离汉远，淡淡树影倚云栽。宫高星斗檐前挂，帘卷霓虹扃外堆。闲去登临消半日，浑如身世上蓬莱。"而200年之后的清代临榆县副榜贡生王朴也有一诗描绘联峰海市："晴波渺渺息天吴，百丈虹桥蜃气粗。尘世人烟争变灭，华严楼阁现虚无。海天万里双明镜，城郭千家一画图。回首风涛成幻化，空中云影尚模糊。"在当代，"联峰海市"也曾不止一次地出现，据笔者了解，1960年夏初一天的上午9时左右，在金山嘴西到中海滩一带的海中出现过长城及关城的形状。1969年夏初一天的下午3时左右，在金山嘴西南约5公里的海域中，出现了昌黎县古塔和碣石山的幻景。

北戴河海滨的海市幻景，正是2200多年前吸引秦始皇来这里求仙的缘故吧。

二、秦皇岛说。秦皇岛名字最早见于地方志书的，以现在掌握的资料是弘治十四年（1501年）版的《永平府志》："秦皇岛，在抚宁县东七十里，有山在海中，世传秦始皇求仙尝驻跸于此。"清乾隆二十一年《临榆县志》则记："秦皇岛，距城西南二十五里，又入海一里，四面皆水，唯岛居中。"在光绪四年（1878年）的《临榆县志》中对秦皇岛又作了如下地理描述："秦皇岛，距城西南二十五里，山脉由东转西插入海中，横压水面，远望形如卧蚕，海阳镇之水口山也，上有观音庙。"而明万历年间蒋一揆在《长安客话•关门杂记》中作了这样的记载："山海关内六里有孤山，屹然独立于海上，四面皆水，唯岛居中，俗呼秦皇岛。又说秦始皇至此山，曾下马拜荆，山上有秦始皇下马迹，因名秦皇山。"孤山，各种地方志上都说是"距城南六里，去海四里，屹然面海，下临潮河，若砥柱然"，但从实地考察，未查实有这样的山，所以蒋一揆关于孤山即秦皇岛的说法是有道理的，因为秦皇岛是由三座分别高60米、80米和104米的南山、东山和霾山组成的山岛，只是"距城南六里"的说法或是因循了地方志上孤山的说法，实际上应是25里。

有海蚀台地和海蚀拱桥南天门，北端亦有海蚀台地和鸽子窝巨石。考古学会理事长苏秉琦教授认为：山海关东有墙子里的秦皇遗址，金山嘴也有秦皇遗址，这是一回事……秦皇‘之碣石’，其思想是‘普天之下，莫非王土，率土之滨，莫非王臣’。把中国海岸连成一条线，才有这个思想，东南是海岸线，这里是个门，有这个门，就有一个统一大帝国的地位。”

可以说，正是当代的考古新发现，为我们解开了秦始皇“之碣石”的“碣石”千古之谜。

（二）

秦始皇统一中国后，曾出于拓展疆域显示皇威的政治目的和寻求仙人与长生不老药的个人目的，一共出巡了五次。其中第一次出巡没有到达海边，其余四次都到了海边、海上，“之碣石”是秦始皇的第四次出巡，即第三次到海边，这是一次目的和目的地都非常明确的盛大求仙活动。

秦始皇为什么要选择“碣石”来举行盛大的“入海求仙”活动（包括“考方士”）呢？原因有三：一是碣石处在渤海西北岸地，作为内海的渤海是中华民族航海探险的摇篮，那里聚集着一大批有名的航海家，如卢生、韩终、侯公、石生等，有能力到海中去寻求仙人仙药；二是碣石地区是燕国沿海地，盛传仙人之说，《史记》载:“而宋无忌、正伯侨、充尚、羡门子高最后皆燕人。”是讲所有仙人都是燕国人，仙人是燕国的“特产”，因此这里便成了寻求仙人的最佳出发地；三是这里早就是燕国的求仙基地，燕昭王曾多年在此求仙，并置碣石宫，在此礼待“大九州”说的创立者邹衍，已有一套求仙仪式。

秦始皇第一次东巡海边（即第二次出巡）是“二十八年（公元前219年），始皇东行郡县，上邹峄山……于是乃并勃海以东，过黄、腄，穷成山，登之罘，立石颂秦德焉而去。南登琅邪，大乐之，留三月……既已，齐人徐市（按：音“福”）等上书，言海中有三神山，名曰蓬莱、方丈、瀛洲，仙人居之。请得斋戒，与童男女求之。于是遣徐市发童男女数千人，入海求仙人。”（见《史记·秦始皇本纪》）从司马迁的记载中可以看出，秦始皇是在这次东巡到海边后受到徐福等人的上书鼓动才起动入海求仙的。对于这次入海求仙活动，《封禅书》中作了这样的补充：“秦始皇并天下，至海上，则方士言之不可胜数。始皇自以为至海上而恐不及矣，使人乃赍童男童女入海求之，船交海中，皆以风为解，曰未能至，望见之焉。”而《列仙传》却有这样的记载：“始皇自以为，即遣使者徐市、卢生等数百人入海，未至蓬莱山，辄逢风波而还。”这里指出姓名的，除徐福外，还多了卢生，看来他们是一伙，是一个集团。因此《史记·秦始皇本纪》中讲的“徐市等上书言海中有三神山”的“等”字中看来也有卢生。而对“海中三神山”，《封禅书》有这样的记载：“此三神山者，其传在勃海中，去人不远，患且至，则船风引而去。盖常有至者，诸仙人及不死之药皆在焉。其物禽兽尽白，而黄金白银为宫阙。未至，望之如云；及到，三神山乃居水下，临之，风辄引船而去，终莫能至云。世主莫不甘心焉。”这活生生地画出了一幅渤海海市图。而现在还能见到海市幻景的，环渤海有蓬莱和北戴河。

始皇第二次东巡海边，据《秦始皇本纪》载：“二十九年，始皇东游……登之罘……旋，遂之琅琊，道上党入。”《封禅书》载：“其明年（按：始皇二十九年）始皇复游海上，至琅琊、过恒山，从上党归。”这次始皇东巡海上的地点，几乎和上次一样，史籍虽未记载方士的活动，但从秦始皇对之罘和琅邪（今作琅琊）的重复巡视，还是说明了他对求仙活动的关注和重视。

始皇第三次东巡海边，是公元前 215 年，是到最北边海边的一次，目标直向当时方士入海求仙大本营的碣石。《史记·秦始皇本纪》载：“三十二年，始皇之碣石，使燕人卢生求羡门、高誓。刻碣石门。坏城郭，决通堤防。其辞曰：‘遂兴师旅，诛戮无道，为逆灭息。武殄暴逆，文复无罪，庶心咸服。惠论功劳，赏及牛马，恩肥土域。

和各种手艺人出海求仙。这些人出海的确切地址未有记载（据当代中国各地从对外开放和旅游开发角度出发考证，徐福等人的入海求仙地有浙江慈溪说，江苏赣榆说，山东琅邪及之罘、龙口说；河北盐山及秦皇岛说等等），但讲了徐福出海后到了有“平原广泽”的地方，并自己称王不再回来。

史籍记载徐福最后一次出海的情况是如此，那么其他有名方士的情况又如何呢？《史记》载始皇“三十五年，侯生和卢生相与谋曰：‘始皇……贪于权势至如此，未可为求仙药’。于是乃亡去”。而“韩众（终）去不报”。可见在始皇三十五年时，卢生、侯生、韩众等都已相继逃亡了。逃到哪里去了，司马迁未讲，但以他们曾耗巨资几次出海求仙的经历来看，他们很可能是逃亡到海外了。《汉书•效祀志下》讲“秦始皇初并天下，甘心于神仙之道，遣徐福、韩终之属多赍童男女入海，求神采药，因逃不还，天下怨恨。”把韩众和徐福连在一起。徐福、韩终之属出海到了哪里呢？据中日两国后来的史籍载，当时在日本、韩国等地有大量的秦朝逃亡者。日本 9 世纪的《新撰姓氏录》的蕃别中，都称秦氏是秦始皇的后代。在今天，秦氏读成　hata 或 shin，hata 与羽田、波多的读音相一致。据 1995 年日本壹岐一朗著的《徐福集团东渡与古代日本》一书讲：“在日本，姓与秦、徐福有关系的人有数十万。”壹岐一朗明确提出“徐福集团东渡”，并指出：“关于徐福集团的出航地，就有赣榆县、琅邪台、龙口三个候补地。到达地已知的也有朝鲜半岛南部的济州岛、南海岛，以及日本列岛的 20 余个传说地。”

值得注意的是，在我国古代史书《三国志•魏书》和《后汉书•东夷列传》中都提到朝鲜半岛东南部有辰韩国的记载。《后汉书•东夷列传》载:“韩有三种：一曰马韩，二曰辰韩，三曰弁辰。马韩在西，有五十四国，其北与乐浪，南与倭接，辰韩在东，十有二国，其北与濊貊接。弁辰在辰韩之南”，“辰韩，耆老自言秦之亡人，避苦役，适韩国，马韩割东界地与之。其名国为邦，弓为弧，贼为寇，行酒为行觞，相呼为徒，有似秦语，故或名之为秦韩。有城栅屋室。诸小别邑，各有渠帅，大者名臣智，次有俭侧，次有樊秖，次有杀奚，次有邑借。土地肥美，宜五谷。知蚕桑，作缣布。乘驾牛马。嫁娶以礼。行者让路。国出铁，濊、倭、马韩并从市之。凡诸贸易，皆以铁为货。俗喜歌舞、饮酒、鼓瑟。儿生欲令其头扁，皆押之以石。”秦皇岛市徐福研究会原会长郭继汾先生认为韩终是到了朝鲜半岛东南部的辰韩国。他认为“辰（秦）韩这个名称也正是对它的创业者秦人韩终的纪念”。

徐福、韩终、卢生等方士集团在秦朝几次入海求仙以及最后的集体大逃亡，出发地不可能是一处，秦始皇到过的沿海地方，留下了不少传说故事和有关的地名地物，但截至目前，还没有其他地方像秦皇岛沿海这样发现了大规模的秦宫建筑群遗址。作为求仙活动大本营和基地的碣石，秦皇岛一带正是徐福、韩终、卢生等方士集团领导人以“秦皇求仙”旗号入海的主要场所。海外秦人的后代们，不管是否以徐福子孙的名目出现，在寻根问祖时，从秦皇岛是可以寻觅到真实感觉和心灵感悟的。

总之，秦始皇派方士入海求仙，打的旗号一定是“秦”而不会是徐福、卢生、韩终、石生等方士的名字。当然逃亡者除外，但他们对外也会称“秦人”。我赞成“徐福集团”东渡的说法，即为“集团”就不是一支队伍。可以说，秦朝有组织向海外派遣或逃亡的，都可以看作是徐福集团的成员，也就是方士集团。而方士集团东渡的大本营之一，根据史籍记载和当代考古发掘发现看，是在古碣石地域即今秦皇岛地区。

我想，扩大对“徐福”概念的认识，从“秦人东渡”的角度去看待中、日、韩的古代交往，对更广泛地发展三国之间的现代交往是件有深远意义的事情。

（《2002JRT——徐福国际学术会议》论文）

此都干了哪些事：

第一件事是派燕人卢生求仙人羡门、高誓（有学者认为羡门、高誓是一个人）。秦始皇为什么要在这里派燕人卢生入海求仙人呢？这是因为，在战国时期，处于渤海之滨的碣石地区（即秦皇岛地区）就是方士们出海求仙的基地，是盛传产仙人的地方。《史记•封禅书》载“宋毋忌、正伯侨、充尚、羡门、子高最后皆燕人”。

在这里，几千年来常常出现海市蜃楼现象。关于海市蜃楼现象《史记•封禅书》有这样的记载：“此三神山者，其传在勃海中，去人不远；患且至，则船风引而去。盖常有至者，诸仙人及不死之药皆在焉。其物禽兽尽白，而黄金银为宫阙。未至，望之如云；及到，三神山反居水下。临之，风辄引去，终莫能至云。世主莫不甘心焉。”这里把令“世主”们神往的神仙住地“三神山”活生生地还原成一幅渤海海市图。1600 年后，明代万历年间抚宁县教谕谢鹏南写了一篇《海市记》，文章借抚宁县令的话对当时出现在今北戴河金山嘴海面的海市作了相当细致的描述:“金山彻莲蓬，联络数十里，忽伞盖，忽旗帜，若浮图，若城郭，殿阁脊兽，异状百态，变幻无穷，俄而兔耳峰前，三山耸秀，层峦叠嶂，宛如笔架形，即摩诘迹难绘也。自午迄申乃已，意莫究诘。”在此之前，做过明代嘉靖年间兵部尚书的抚宁县人翟鹏也曾见过海市，并赋《联峰海市》一诗留世：“山头隐隐见楼台，万状千形顷刻开。出入人踪离汉远，淡淡树影倚云栽。宫高星斗檐前挂，帘卷霓虹扃外堆。闲去登临消半日，浑如身世上蓬莱。”此 200 年后的清代临榆县副榜贡生王朴也有一诗描绘联峰海市：“晴波渺渺息天吴，百丈虹桥蜃气粗。尘世人烟争变灭，华严楼阁现虚无。海天万里双明镜，城郭千家一画图。回首风涛成幻化，空中云影尚模糊。”在当代“海市”也曾不止一次地出现，据笔者采访了解，1960 年夏初一天的上午 9 时左右，在金山嘴西到中海滩一带的海中出现过长城及关城的形状；1969 年夏初一天的下午 3 时左右，在金山嘴西南约 5 公里的海域中，出现了昌黎古塔和碣石山的幻景；2006 年 2 月

7日下午4时和9月9日中午11时30分在北戴河区东北部海面上也曾出现过海市（海滋）现象，当时巧遇此景的秦皇岛日报摄影记者还拍下了照片。

秦皇岛一带常见的海市现象，正是当年迷惑燕昭王、秦始皇等"世主"派人前往求仙人的神仙住地"三神山"。有趣的是，当地最早的地方志书，明弘治十四年（1501年）修纂的《永平府志》载："秦皇岛，在抚宁县南七十里，有山在海中，世传秦始皇求仙尝驻跸于此。"而据20世纪初叶由外国人测绘的《秦皇岛港口平面图》表明，秦皇岛古岛上原有三座山：南山、东山和霾山。

可以说，秦皇岛海面常常出现的"海市"及秦皇岛海岛上的三座山，正是吸引秦始皇来此驻跸求仙的一个重要原因。

卢生入海求仙，自然不能见到仙人，但他一定揣摩到秦始皇的一个心结，那就是对地处北方不断侵扰秦帝国的胡人（匈奴、东胡）的担心和警惕，于是他撒了个并非恶意的谎言，说他从海上带回了一张从鬼神那里抄录下来的神秘图书，上面写着五个别人不能读懂的大字："亡秦者胡也"，意思是说威胁秦帝国生存的是胡人。至于后人有人认为这里说的"胡"是指葬送秦帝国的秦二世胡亥，这已是后人牵强附会的谶纬之说了。历史的真相是当时秦始皇确信图书上讲的"胡"指的是匈奴，所以他立即下令大将军蒙恬发兵三十万北击匈奴，在收复被匈奴侵占的河南（黄河河套）地后即在河的北岸修筑了万里长城。从这个意义上讲，秦始皇派人入海求仙的地方，也是引发他下决心修筑万里长城的地方。当然，秦始皇修筑的万里长城，主要的是修葺连接了过去秦、赵、燕三国的北部长城，而不是另修一条长达万里的长城。并且燕秦长城也不在秦皇岛市境内，而是在秦皇岛北面300多公里的今内蒙古赤峰市境内。秦皇岛市境内的长城，最早的是北朝时期北齐和北周修的长城，长城并开始从这里临海。隋朝在此基础上进行过修缮。明代万里长城更在此基础上用砖和条石进行加固修建，并在此形成了明代万里长城的重要地段和精华集萃地。而戚继光指令修筑的老龙头入海石城更是使长城在此亲吻大海，实现了长城与大海的神奇结合。

卢生是个名望很高的方士，他聪明善辩，很会揣摩秦始皇的心理，不仅伪造鬼神所给的图书，而且还骗得秦始皇自称“真人”不称“朕”，躲在新建的宫观里为辟恶鬼求真人（仙人）而秘不见人。最后和侯生一起因议论秦始皇的不德并惧怕秦始皇的追究而逃之夭夭了，为此还牵连了460余名儒生被坑杀。

第二件事是“刻碣石门”。秦始皇在统一中国后曾五次出巡，其中除首次是北巡，其余四次是向东沿海巡视，北至碣石（今河北秦皇岛地区），南至会稽（今浙江）。为歌功颂德，彰显国威，在所到之处留下七块刻石（邹峄山、泰山、琅琊、芝罘（二次二块）、碣石和会稽）。这些刻石，都为四言诗，在碣石刻的一块《史记》记载有108个字，共27句，体现了当时古诗讲求声调、注重排比铺陈的特点。而且值得注意的是，从司马迁记录下来的东巡刻石看，都没有涉及求仙的内容，全是颂秦统一中国的功劳和大德。

抛开《碣石门刻石》中歌功颂德的成分，今天我们可以看出当时社会对中国大一统理想社会的向往：“地势既定，黎庶无繇，天下咸抚。男乐其畴，女修其业，事各有序。惠被诸产，久并来田，莫不安所。”

第三件事是派方士韩终、侯公、石生入海求仙人不死之药。在《史记》记载的有关秦始皇派方士入海求仙的活动中，这是派有名方士最多的一次。《史记·封禅书》提到的“后三年，游碣石，考入海方士，从上郡归”，一个“考”字说明这是一次规模很大、要求很高的考查方士入海求仙技能的活动。当时有名的方士都参加了，除前面提及的卢生外，还有韩终、侯公、石生等。这里没有提及后来传说在日本建国的徐福，但这并不是说这中间就肯定没有徐福，因为这次司马迁提到的都是过去没有提过姓名的方士，而徐福在以前提到过，这次可能被省略了，但他和其他入海方士一样，也是要来应秦始皇之“考”的。这是一次考入海方士的大集会，各方士都要来，徐福所代表的齐地方士集团也要来。这种认识早在距今 1200 多年前就有了。唐代著名的诗人独孤及曾到秦皇岛一带观海赋诗，他写道：“北登渤海岛，回首秦东门。谁尸造物功，凿此天地源。澒洞吞白骨（百谷），周流无四垠。朗然混茫际，望见天地根。白日自中吐，扶桑如可扪。迢迢蓬莱峰，想像金台存。秦帝曾经此，登临冀飞翻。扬旌百神会，望目群仙奔。徐福竟何成？羡门徒空言。惟见石桥足，千年潮水痕。”从诗中看，独孤及是把徐福与秦皇岛连在一起了，而距今 500 多年前的明弘治年间，担任过永平府同知的邵逵更是认定徐福是从秦皇岛入海去求过仙的。他在题为《秦皇岛》的一诗中写道：“徐福楼船去不回，銮舆曾此驻丛台。千寻浪泊纷如雪，万叠潮来吼如雷。草树尚然笼碧峰，烟霞依旧锁苍苔。追思漫忆长生药，回首沙丘事可哀。”其实徐福是否是从秦皇岛入海过并不重要，重要的是后人把徐福当作了出海方士集团的代表，徐福的背后，是当时庞大的具有航海技能的方士集团，而这个庞大集团的重要成员，都聚集在秦皇岛接受秦始皇的“考查”并出海过。

在这里接受秦始皇“考”的方士们，最终结果如何呢？关于韩终，有的史籍记为“韩众”，《史记》载“今闻韩众去不报”，是说他出海后再没有消息。《汉书·郊祀志》中说韩终出海后与徐福一样带着很多童男童女跑到海外躲起来了。秦皇岛市徐福研究会原会长郭继汾先生认为韩终可能是到了朝鲜半岛南部的辰韩国，因为后来的《三国志·魏书》和《后汉书·东夷列传》都有韩国的老辈人说自己是秦朝逃亡之人的记录，并有辰韩“或名之秦韩”的明确记载，郭继汾认为“辰韩这个名称正是对它的创业者秦人韩终的留念”。

关于侯公，亦称侯生，他入海求仙未果后由海上归来，伙同卢生提出“真人之术”骗秦始皇，又与卢生背后议论秦始皇刚愎自用，乐于刑杀，并和卢生一起逃走。但又单独被秦始皇追捕回来，《说苑·反质》记录一段故事，说秦始皇本想痛斥侯生一顿后车裂他，不想被能言善辩的侯生一顿抢白，秦始皇反被骂得“谓然而叹，遂释不诛”。对于这种说法，现代历史学家郭沫若在《十批判书》中曾发表过自己的意见，他认为“这或许是小说或许也怕是事实，因为秦始皇他自己就是个大神仙家、大方士、大真人……所以他对儒不能恕，而对方士却能恕”。

至于石生入海求仙的消息，史书没有再交代后情，或许他是与韩终一起；或许是像徐福一样自己开辟了海上逃亡的道路；也或许遇海上风暴而遭难;或许是入海回来后躲了起来，总之，石生与徐福、卢生、韩终、候公一样，入海是肯定的，求仙没有结果也是肯定的。

公元前215年，秦始皇东巡“之碣石”，驻跸于方圆只有1平方千米的神奇海岛秦皇岛及其周边沿海地，在那里搞了许多活动。其中派众多方士入海求仙人是史籍记载中规模最大的一次方士集团出海活动。今天面对考古挖掘出的规模宏大的秦行宫遗址，遥想当年众多著名方士带队出海的盛况，我们不能简单地把那段历史仅仅看作是单纯的迷信愚昧活动，还应看作是那个时代人们对健康长寿执着追求的一种反映，是对生命意义的一种认识，是我们先人从黄土地文明向蓝海洋文明探索和进取的一种尝试与实践，特别是秦始皇在这里引发了发兵30万北击匈奴并修筑万里长城的决心和举措，以及以后长城从这里入海的现实，为寻找秦皇岛这个城市的文化核心和特色提供了坚实的基础。秦皇岛城市文化的核心和特色是海洋文化与长城文化的交汇、融合和统一，运用这两种文化所蕴含的精神、理念、思想、观点，是打造秦皇岛世界著名城市品牌的不竭动力源泉。

2007年9月

古钱钱文探胜

货币，这是我们每个人几乎天天要接触的东西，古往今来，它制造了无数令人神往、叫人震惊的事件。人们从日常生活的切身体会中，熟识了它的作用与价值。但是，并不是每个人都能从货币的另一个方面，即从货币的文字上认识到它的作用与价值的。

货币（金属铸币）上的文字，我们叫钱文，这钱文，在我国的货币史上，有着十分重要和有趣的意义。我国的古代钱币，和外国的钱币不同，它没有任何图案［有的有图案的钱币是近代才有的，古代有图案的钱币（星月纹除外）都不是流通货币］，但是都有文字，无论是从我国早期的金属货币布币、刀币、环钱看，还是从沿用了2100多年的方孔圆边铜铁铅钱看，都是以一种“普识”“观美”的文字，起到为人们的社会生活“给事”（服务）和“致用”（尽其所用）的作用。“致用”的艺术，实在没有什么可以比过钱文了。

钱，作为万物流通的媒介，在正常情况下，是必须由国家来铸造的。这样就要防止民间私造，如何防止呢？除了在货币的材料上注意外，只能在钱文上下功夫了。谁都知道，在钱文上下功夫，无论是对于经济雄厚的国家，还是对于经济衰败的朝代，都要比在铜质上下功夫来得容易些，况且钱文还是展示王权的有效途径，所以，历代王朝对于钱文，都是十分注重的。

货币要和千千万万的人打交道，钱文一般地说要大众化，从这个角度说，我国货币上的钱文，真实地反映了我国文字的演变进化过程；为了防止民间私铸，钱文又很讲艺术性，从这个角度上讲，我国的钱文又是反映我国书法艺术的博览馆。

我国最早的金属货币距今有3000年的历史。上面的文字，正是我国早期的文字。这些古老的钱文，有的还未被认识。这是因为当时的货币，多是土（泥）范制作，钱文的直接制作者，是文化水平不高的工匠，他们模仿大篆写的字就往往不合“标准”，有的还勇敢地造些新字，这样当时就不好认，以后秦统一文字，推行秦篆，六国文字中与秦篆不同的一律不准再写，因此，后代就不认识它们了。这些不合标准的字，尽管无一雷同，但一般地说都没有“出格”。比如，从北方出土比较多的刀币——明刀看，上面的大篆“明”字的写法，真可谓千姿百态，五花八门。但这多种多样的写法，都脱不出日月在一起的形象。

秦统一中国后，把铲形的布币、刀形的刀币、环形的圜钱，统一为方孔圆钱，钱文也统一为小篆的“半两”二字。但这种小篆的“半两”二字，形式也是不很规则的，到了汉朝，“半两”二字逐趋规则。公元前118年，汉朝政府始铸“五铢”钱，“五铢”钱不仅式样精制，而且钱文也很规则秀美，在此后的几百年间，钱文尽管随着朝代的变更有所变化，但字体多数是篆字（在晋时开始出现隶书钱文，但很少）。在这些篆字的钱文中我们可以看到篆书艺术之花的奇特光彩。那称为悬针体（也称垂针体）的王莽时的布泉、货布和货泉，茂密神秀，充满了艺术魅力。还有北周的布泉、五行大布和永通万国，字体是玉筋（箸）体，书法挺秀，笔画浑厚，十分悦目。南朝刘宋时期的“孝建”与“孝建四铢”钱，则是独特的薤叶篆。

到了唐朝，国家铸“开元通宝”钱，用的是隶书，史书上说这字是大书法家欧阳询写的。值得注意的是，唐朝的铸币钱文都是隶书，没有篆书，这说明隶书已在文字领域里取得了统治地位，篆书只不过是作为艺术而存在了。唐朝西域高昌国所铸的汉文“高昌吉利”钱，用的就是隶书。

到了宋朝，因为皇家统治者爱好艺术的缘故，宋钱上的钱文所显示的美学价值和艺术生命力达到了登峰造极的地步。在宋币钱文上，真、行、草、隶、篆无一不备，而且制作都很精美，纤毫毕具，神采焕然。有的一种钱币的钱文，就有几种字体，比如淳化元宝和至道元宝钱，就有楷书、行书和草书三种字体，据说这三种字体都是宋太宗赵炅亲笔写的。还有一种字体就有几种写法，比如治平篆体钱，就有篆、古篆、柳篆等三种，而皇宋通宝有九叠篆文者，是历代钱币中罕见的特种篆文钱。至于北宋末叶的崇宁通宝和大观通宝，是宋徽宗赵佶手笔，他的书法清健有力，别开生面，史称瘦金体（也叫铁线体），我们从货币上可以认真欣赏、细细品味他的这种艺术特色。宋朝的钱文，还有不少是有名的学者和书法家写的，据说元祐通宝几字出于司马光之手，隶书元丰通宝是苏东坡的笔迹，而隶书崇宁重宝则是蔡京所为。我们从宋钱中还可以看到，同一种钱文同一种字体，却有许多种写法，寸径之间，气象万千，真是美不胜收。在宋钱中还有一种被称为“对钱”的（日本人称之为“符合钱”），即两枚钱币形制相同，一种钱文、两种书体，多为篆、隶成对，十分有趣。在南宋的钱文上，我们可以见到一种匀称端庄、秀丽大方的字体——宋体字，这种字体我们今天印刷时还用。

和宋朝同时的辽朝、金朝和西夏朝也铸了不少铜钱，这些铜钱不仅式样和宋朝一样，而且也多是用汉字（字体一般是楷书）。特别是金朝铸币，其文清晰规则，有的还用篆书（西夏汉文钱也有用篆书的）。从这也说明了辽金和西夏是中华民族的一个组成部分。

元朝因大量发行纸钞铸钱不多，钱文大多是楷书汉文，也有古蒙古文的（八思巴文）。有的则两种甚至四种文字都在一个钱币上，还有在背面铸有梵文，反映出大元帝国国土辽阔的状况。

到了明朝，钱文全用楷书，特别是永乐通宝，字迹十分规则工整。在为数不多的明朝铸币中给人留下了深刻的印象。

乃至清朝，钱文没有什么特殊的，只是货币的两面都铸文。一面是汉文，一面是满文。正面汉字表示年号，背面满文表示铸局名（也有用汉字及维吾尔文表示铸局名的），汉字全用楷书，这种钱文一直用到方孔钱随着封建王朝一起退出历史舞台为止。

历代钱币上的文字是反映我国文字演变和书法艺术璀璨成果的博览馆，同时也是我国历史最明确的实物见证。我国货币上的钱文，早在1600多年前，就标有当时统治者的年号（晋朝十六国时氐族人李寿在四川定国号“汉”，年号“汉兴”，铸有“汉兴”年号钱。其后匈奴族人赫连勃勃在西北建国“夏”，在“真兴”年号间铸“大夏真兴”钱，是国号加年号的最早铸钱。以后也有国号加年号的，如“大辽天庆”“大元至治”等）。年号钱此后时断时续，但从宋朝起，除个别的年号外，差不多的年号都有钱文作证。如果把这些年号钱按次序排列出来，那是一部相当完整的朝代年表呢。

至于国号钱，最早的应属前凉所铸的“凉造新泉”，至五代十国时期出现不少国号钱，如“汉元通宝”“周元通宝”“大齐通宝”“大唐通宝”“唐国通宝”“大蜀通宝”等，到了宋朝便有了“大宋元宝”“大宋通宝”，元朝则有了“大元通宝”，明朝则有“大明通宝”。

值得一提的是，钱文还弥补过史书记载的不足之处，比如辽史中记载道宗皇帝改元寿隆，铸“寿隆”钱，但从钱文看，更多的是“寿昌”钱，由此考证出寿昌钱是寿隆钱的后续钱。还有元末起义军张士诚曾建元“天佑”，但明史和元史皆误为天祐，后从钱文“天佑通宝”得以改正。考古工作者也常常依据出土钱币的钱文来断定其他出土文物的年代，这已成为考古学常识。

钱文还可考证和订证我国铸币的时间和地点。我国的铸币，一般地说钱文只在一面，但有的另一面也有字。这些字除了表示钱币本身的价值外，有的还向我们表明了铸币的时间和地点。还在秦统一中国以前，有的钱币背面就有字（正面的字大多为地名），但这些字表示什么意义，有的现在也没有搞清楚，能明确表示铸币时间和地点的，据目前掌握的材料看，要推唐朝后期的会昌开元钱。我们今天可以看到一些较小的开元通宝钱背面有一个字，有的是昌字，有的是京字、宣字、洪字等，这昌字就明确表明了这个钱是唐朝会昌年间铸造的，而京字、宣字、洪字等则表示这个钱是京兆府、宣州和江西铸造的。据目前掌握的会昌开元钱看，当时铸币的地点有22处之多，此后宋、金、元、明和清朝的钱币都有背面铸字的。

南宋淳熙七年（1180年）在钱背面铸年份数字“柒”，这在世界钱币史上是最早的。宋朝从南宋的乾道元宝开始，在钱的背面铸出地名，明朝从一开始就有铸有地名的，到了清朝，这成了一个制度，每个钱的背面都铸有铸钱局的局名，所不同的是清朝钱币背文，一般是满文（只有顺治、康熙等前期钱币或特殊情况的背文有汉文局名及汉、满两种文字）。

引人入胜的是我们在古钱的钱文上还可以看到简笔字，比如五代“应天元宝”背文“万”字，辽国一些“清宁通宝”中的“宁”字和“千秋万岁”钱的“万”字，元朝诸多年号供养钱中“元宝”钱的“宝”字，清代“顺治通宝”和“康熙通宝”背文中的“宁”字、“太平天国”的“国”字等都是简笔字，至于辽国的个别“会同通宝”的“会”字和元朝供养钱中的“长有重宝”中的“长”字和“宝”字，都与今天的简化字无异。这种简笔字还影响到日本和安南（今越南）国的钱文，如日本的“文久永宝”和安南的“景兴大宝”“景盛大宝”中的“宝”字都与今天的简化汉字相似。

我国历史上的不少农民起义军都曾创建过不朽的功绩，建立过自己的政权，铸造过货币，这也可以通过钱文为证。宋朝四川的李顺领导农民起义，自称大蜀王，定年号为“应运”，应运元宝铜钱和应运通宝铜铁钱就是明证。农民起义军的铸钱很多。像元末起义军就铸有龙凤通宝、大中通宝、天佑通宝、天定通宝、天启通宝、天统通宝等，明末李自成的永昌通宝，张献忠的大顺通宝、西王赏功，以及太平天国的各种钱币和南方各地响应太平天国而起事的反清组织所铸的钱币，如小刀会的太平通宝等，广东天地会的平靖通宝、平靖胜宝等，遵义号军的嗣统通宝等，都是我国农民和下层民众革命和造反的珍贵文物，向后代显示了历代农民起义军和反清秘密团体在历史上所留下的痕迹。

中国古钱中有些钱文具有特殊的意义，如六朝时期的“驺虞峙钱”“太（天）清丰乐”等，反映出古人对交易诚信及美好社会的向往；辽国的各种“千秋万岁”钱，表达出对皇权永固的企望，而南宋的“招纳信宝”钱，则是浙西安抚大使刘光世用来招纳北方兵士的信物币。

中国历代钱币上的钱文，不仅反映了汉字的演变和书法艺术，还留下了少数民族古文字的风采，从新疆发现的古龟兹文与汉文的二体五铢钱上，就铸有古龟兹文，至于西夏文、契丹文、八思巴文（古蒙古文）、老满文、满文等，在钱文上更是各具风采，引人入胜。

至于由民间铸造的大量表现民俗和民众愿望的钱状物上的文字，则是研究中国民俗文化的有力物证资料。

中国的钱文艺术，还影响到日本、琉球、朝鲜、越南等国，这些国家古代的钱币，不仅形制和中国的基本一致，而且在钱文上，不但用汉字记录下各国的朝代更迭（有的还借用了中国的年号），也呈现出丰富多彩的汉字书法艺术！

随着中国古钱的陆续出土，对古钱研究的全面深入，以及民众对其价值认识的广泛提高，新的发现不断出现，古钱钱文天地将会呈现更加美妙的胜境。

1998 年 8 月初稿
2008 年 4 月定稿

新闻工作者最好是杂家

——在燕山大学文法学院新闻专业班上的座谈讲话

今天，我是诚惶诚恐地而又十分荣幸地站在你们面前讲讲我对做好一名新闻工作者的某一方面的认识。

所以说是诚惶诚恐，是因为我面对的是新世纪一批愿意投身于崇高的新闻事业的年轻学子，你们肯定具有崇高的责任感、丰厚的同情心、聪颖的头脑和某种程度的献身精神及事业意识；否则，你们不会报考这个不如文学专业浪漫，不如经济专业滋润，但却具有强大吸引力而又充满艰辛的专业。美国普利策新闻奖的创办人、美国现代新闻学之父约瑟夫·普利策曾说过："倘若一个国家是航行在大海上的船，新闻记者就是船头的瞭望者。他要在一望无际的海面上观察一切，审视海上的不测风云和浅滩暗礁，及时发出警告。"我想，你们在报考这个专业并开始接触新闻学专业时一定会理解这一点。日后，那种责任感也一定会不断加深。今天，面对有此认识的你们，我怎能不诚惶诚恐呢？

说到荣幸，是因为一个普通报社的老编辑能有机会在这里向你们谈谈我学习及从事新闻工作三十余年的一点真切感受：新闻工作者最好是杂家。这无疑是一种荣耀和幸福。因此，我要在此感谢你们院系的领导，感谢大家抽出宝贵的时间聚会来听我的讲座。

我说新闻工作者最好是杂家，是我们即将从事的新闻事业的科学性所决定的，也可以说是由新闻工作的职业特征决定的。

现在泛指的新闻工作者，概念已经不是很确切。而我这里讲的新闻工作者不是指新闻官，不是指在新闻机关（报社、电台、电视台、新闻网站）里的一般从业者，而是指真正意义上的新闻记者和编辑，也可以说，在我国是可以执中华人民共和国新闻出版总署颁发的新闻记者证的新闻工作者。

我在这里讲的新闻事业的科学性，是指新闻报道的客观性，也就是新闻的真实性。新闻的“真实”应该是经得起后来者追究的真实，是可以作为社会学家和历史学家创作素材的真实。我在1998年出版的《大雨落幽燕——北戴河百年风云》一书的《序言》中曾写道:“我在学校里学的是新闻学，后来又从事新闻工作，我始终认为，昨日的新闻，就是今日的历史；而今日的新闻，必是明日的历史。无论是写新闻，还是历史，必须真实。我正是抱着这种信念，写这本既是历史又是新闻的北戴河百年风云的。当然，我承认，绝对真实实际上是不存在的，新闻的陈述就是对新闻的一种筛选。同样，对历史的记述也是对历史的一种注释，我们记述历史，不过是对历史的一种注释罢了。再说，我们能够掌握和必须掌握的资料素材是如此受限，而我们个人的认识能力和水平又是如此之有限，所以我在写这本书时总希望它能经得起时间的考验，而这又回到了原来的命题，那就是真实、真实、再真实！”

实际上，我们要保持新闻的那种经得起后来者追究的真实，那种可以作为社会学家和历史学家写作素材的真实，除了坚持“不唯上，不唯书，只为实”的价值取向外，必须掌握更多的新闻素材和新闻证据，保持每种新闻素材和新闻证据的真实性和准确性。这在我们这样现时到处体现“官本位”的国度里，做到这一点是需要更大的勇气和更多的睿智，还需要有广博的知识。

新闻记者包括编辑表面上看是很风光的，其实是很苦的。他每天都得写稿，每天都得编辑；而且因为他们写的编的是新闻，原则上不可能像教师那样教重复的东西，而是每天都可能接触到新东西，并且要把这些新东西通过自己的消化尽快准确地告诉给读者，而这些读者中有些又是很挑剔的。这种情况下，作为记者编辑，你不可能有充足时间沉下心来细细读书学习，只能依靠平日的积累。而这种积累，是面越广越好。即便是现在能上网去查，你有积累和没有积累也是不一样的；而且，坦率地说，现在网上的东西也往往良莠不齐，垃圾信息、错误信息不在少数。

在我从事新闻工作的生涯中，我几乎在报社的各个部门都干过：通联部、经济部、政教部、总编室、副刊部，等等。我在副刊部的时间最长，前后大约有 15 年，而且编辑过很多版面：文艺作品版、综合文化版、医疗卫生版、经济广角版、旅游版、健康娱乐版，等等。我的报社工作经历和体会是：要胜任做好一般报刊（往往是编采合一）的记者编辑工作，最好是杂家。

我举几个我所经历的例子。

1983 年《秦皇岛日报》复刊，我归队到报社工作。在这以前，我主要是在党、团机关做宣传工作。因为是学新闻的，所以自己也编过团内生活等小报，特别是编过一期《秦皇岛旅游》报。这期报纸是由北京《旅行家》杂志社和秦皇岛市青年联合会联合出版的，是可以卖的，只出了一期。可能在地方报刊史上也算一种创新。主要由我编写和版面设计。出这张报纸我就感到自己最好是杂家，因为这张对开四版小报涉及了秦皇岛（当时的秦皇岛只包括海港、山海关、北戴河三个区）的很多方面：历史、地理、气象、文化、经济甚至政治（比如介绍林彪楼建立后联峰山就成了人们不能进入的禁地，但当时还不能公开指名道姓地说林彪，于是就说是“折戟沉沙”的“天马”楼）。我当时编排这张报纸时，是在北京青年出版社的印刷厂做的。当时是铅字排版，在那里我知道了删字和添字对排版的意义，这对我后来很快胜任报社编辑工作是很有帮助的。

我到报社工作不久，中央决定秦皇岛作为十四个沿海开放城市之一。很快，《广州日报》牵头，要搞一本《中国对外开放十四个沿海港口城市特刊》。报社领导找到我，对我说：你对秦皇岛比较了解，你来写关于秦皇岛的简介文章吧，并且时间要求要快。我很快地完成了这个任务。其实我在写这篇文章的时候，平日的多方面的有关积累是起了很大作用的。

我后来写的编的一些书，也无不跟我原有的爱好和积累有关。

我说记者、编辑最好是杂家，一方面是我们的一些老前辈这样强调过，比如《人民日报》在新中国成立后的社长兼总编辑邓拓先生就这样主张；另一方面，也是我的体会。当然这里说的杂家，不仅是相对专家而言，更是指知识要广博些，了解的东西要多一些，个人爱好要广泛些，也就是说要有点万金油的意思。当然，如果大家后来成了某个方面的专家，或者成了作家，那是并不矛盾的，而且可以说是有因果关系的。在我 1965 年上中国人民大学新闻系时，开学之初要进行思想教育，其中要批判的一种认识是“相机身上挂，足迹遍天下，今日名记者，他日大作家”，说这是个人主义名利思想。当时强调的是做党的驯服工具，做党的喉舌（当时我们的培养方向也是各级党报的记者、编辑，其他性质的报纸当时几乎是不存在的）。现在看来，时代变了，价值观念也有变化，记者和作家之间应该是有一定联系的，因为记者、编辑的工作使得有志向的人能获得更多的创作素材。现在，很多有名的作家都有一段从事新闻工作的经历。

现在也有一种主张，讲记者、编辑最好是专家。这对专业报纸来讲，无疑是对的，而且在党报或大众新闻传媒中也应该有些专家，比如财经专家、法律专家等，但更多的还应该是什么都懂一些的杂家。杂家懂什么？首先懂语言文字。新闻工作基本上是语言文字工作。还应懂历史。很多学问都是建立在史学基础上的，而且新闻与历史的关系是如此之紧密，很多新闻背景其实就是历史。再者，要懂点哲学，懂点政治，懂点经济，懂点自然科学。当然，懂得自己爱好的东西，如音乐、美术、文物、建筑等也会有用的，这可以避免闹笑话，或者避免受骗。举几个例子说一下：

现在我们常常可以看到不断有考古新发现的报道，这些都是新闻记者写后经编辑编发的，但其中有不少是错误的。以几个发生在秦皇岛的新闻为例：2003 年秦皇岛市抚宁县板厂峪村发现了大面积的长城砖窑遗址，于是有的记者就发消息说，秦皇岛首次发现长城砖窑，并且是龙窑，可与发现秦兵马俑相媲美。其实这记者和编辑如果懂点考古知识、文物知识，也不至于闹如此笑话：因为一不是首次发现，二不是龙窑，三无法与秦兵马俑相比。再比如又闹过秦皇岛发现女性长城的笑话。所谓女性长城实际上指的是有些敌楼的石头门楣门框上雕有花纹，这也是不对的：首先这不是新发现，有关文献资料早有记载；其次，这与女性无关。

还有关于北戴河别墅的报道，说北戴河有很多名人别墅，比如何香凝别墅、傅作义别墅、马海德别墅，等等。这里把别墅概念弄错了：讲别墅主人是有产权的，而何香凝、傅作义及马海德解放前都没有来过北戴河，更不可能在北戴河盖别墅，他们只是解放后来北戴河休养时，被有关部门安排在某栋老别墅里住过，当然不能说某栋别墅就是他们某个人的别墅。

总之，记者、编辑作为一门专业，是渗透力特别强的专业，各种学科、各行各业、各个领域，它的触角无所不及，因而记者、编辑必须具备尽可能广博的知识。知识面要广，越广越好；涉猎的东西要多，多多益善。特别是在知识更新很快的时代，新的事物不断出现，新的学科相继建立，知识的广博性和深刻性都以前所未有的速度在发展着。记者、编辑对政治经济、军事外交、公安司法、财政金融、教育文化、历史地理、文学艺术、数理生化、医学卫生、农工商业，乃至阴阳五行，等等，各个领域都应该有个常识性的了解。这样，在写作处理起这方面的稿件时才会得心应手，不致出错。

奥地利动物学家丁伯根说过：我们无知的增长速度实际上要比知识来得快得多，因为每解决一个问题都会提出更多的问题。这也可以说，我们掌握的知识越多，就会发现不懂的东西也越多。对于未来的新闻工作者说来，他所学的任何东西对他将来的工作都有潜在的价值。但由于一个人的精力和时间毕竟有限，而且在当前竞争十分激烈的情况下，我们只能说，除了那些直接服务于或能为新闻工作所借鉴的知识，如语言学、文字学、历史学、哲学、政治学、逻辑学、社会学、伦理学、教育学（心理学）需要深学一些之外，其他百科知识略有涉猎，也是很好的。

这就是我们所说的新闻工作者最好是杂家的意思。

那么，怎样才能成为我们所说的杂家呢？

在明确新闻价值观的前提下，我认为一是多读书。既要读老书，也要读新书。过去我上大学时，当时学校有规定新闻系的学生可以从学校图书馆多借书。于是我们就充分利用这种特权，首先轮着看中外文学名著。现在看来多读书收益的确是很大的，可以说受益终身。现在有网络了，可以在网上读书。我认为读书还是要有选择，文学名著要读，历史名著也要读。总之，读书最好读名著，少读那些消磨时光的闲书，虽然读闲书也有用处。

二是多积累。读书要做笔记。笔记最好分类作，历史的、科技的、语言文字的，将来有用时方便找。有人可能会说：现在有关各类知识的语录书很多，读那些书不是更省时省力吗？此说我不敢苟同，因为这等于吃别人嚼过的馍，没味了。自己读书做笔记，印象深，体会深，将来用时更方便，更准确。积累知识要勇于发问，善于发问，问老师，问同学，也问自己，然后把答案记下来。记住，好记性不如烂笔头，用笔记下来的总要比头脑记下来的保持长久和深刻。

三是实践。孔子曰："学而时习之，不亦说（yuè）乎？"过去我们认为这个"习"字是讲温习的意思，其实不确切。温习学过的东西，有那么快乐吗？只有演习学过的知识，才会感到快乐。作为记者、编辑，一定要多写作。我主张学子们在学校时就办报、办电台、办电视节目，起码是办模拟节目。希望你们能在进入新闻机构之前也办一张像模像样的报纸，当然不一定是高水平的。这对你们今后去敲新闻出版机关工作的大门总是有利的。

同学们，我们都知道，新闻写作要精练，要短些再短些。我已经拉扯得够长了。就此打住吧！

2008 年 6 月

序跋篇

XUBAPIAN

《澄海楼漫笔》序与后记

澄海楼漫笔

作者：孙志升

出版：文津出版社

发行：北京出版社总发行

版次：1996年12月第1版

序

作者把这个集子名为《澄海楼漫笔》，漫笔有别于学术专著，定义自不必赘说。他生长于秦皇岛市，“澄海楼”是山海关老龙头的一座楼名，他借此楼名为书名，恐是有其含意。我悉其人，揣其意。他也和其他老百姓一样，祈望大海波平，不要有狂风暴雨，肆虐于人，政治上则是：政通人和，社会稳定，经济繁盛。

实际上海不扬波不会恒长，惊涛骇浪总是与之交叉呈现，“政通人和”很少整个朝代相沿下去，这才是事物的规律和现象，这状态也许就是哲学家们所谓辩证法则吧！这一点他也是充分认识到的。所以愿从科学和社会进化的角度，站在人民大众的立场上努力去理解它，阐述它，作为对真理的探索。

我认识作者已卅年出头，他在大学时代求知欲极旺，喜博览马列主义经典著作、先哲名文，学而能思，常常在一般读者忽略或不敢妄想的地方下苦功夫，务求有所得而后已。这种追求真知执着的精神为同侪中所少有。他不爱顺流而下，人云亦云，人走我随。他有自己的见地，自己的做法，往往一时得不到同伴的理解，但他从不后退和反悔。他是非分明，不顾自身得失，为坚持真理，敢说些忠言而不悦耳的意见，甚至做出“违世”的举止。知者说他单纯而不老练，重感情不理智；不理解的说他不识时务，狂妄癫痴，引火自焚；赞赏者暗称他有肝胆、有勇气、有正气。他青年时代这种性格，可能要作用于后半生，改变恐不容易。

他的同窗，有的闭门读书，专攻一门，学有所成；有的投身仕途，成为宦海中的明星。他既不妒忌，亦不羡慕，自有他立身之道。他脱不了新闻记者的职业特性，喜干预生活，爱问社会时弊，褒贬事物，抒发胸怀，努力笔耕，报效人民，以明其志。

他是学新闻出身，相信客观事实（真心的本质的）是阐扬真理最有力的论据，抨击邪恶荒谬不易驳斥的证词。他的写景、咏怀、谈论，都力求不离开这一原则，并努力去达到一定的高度。

这个集子后半部带箴言性的“思得篇”，也许是作者最费气力、呕心沥血的结晶。它是在他的人生观、价值观启示下对生活进行深入观察、百般思考而诱发出来的心语。他想阐明人生价值和做人的准则，探觅真善美的真谛，披露伪恶丑的面目。其中有的是通过世态种种揭示其隐因，有的只描述现象引导读者去作深入思考，自求理明心亮。当然，有些道理前人或今人已说过，但他的论说角度有所创新，也有些还需要一再锤炼，达到更纯更精。我想作者会继续寻思，不会认为到此即为止境。

春天是播种和开花的季节，秋天是收获和结果的季节，种瓜得瓜，种豆得豆，让我也分享一份栽植者的喜悦。

罗列

1996 年 4 月上旬

后　记

这本集子是给朋友们看的。

我总认为，昨天的新闻是今天的历史，今天的新闻就是明天的历史。像我这样从事新闻工作的人，把手写的文字变成印刷字的机会是蛮多的，但那之中的有些职业文章，生命力既弱且短。值得安心的是，我写的东西不论其价值与意义如何，都在力求真实。我知道，在若干年后，人们在翻阅报纸时，是会把今天的文章内容当作历史事实来看待的，就像我写有些文章时需去查阅旧日的报纸一样。如果不真实，那是贻害无穷的。

这本书的前一部分，只是想真实地记录下一些资料，因为有的文章反映的东西当时竟没有引起有关方面的重视，更未见有实施的具体行动，今日旧文重提，也算我对第二故乡秦皇岛所表示的一点心意吧！

俗话说，站得高，看得远。秦皇岛是个很特殊的地方，但不是高地方。长期生活工作在这块地方，自觉眼光并不高远，但曾经受过的那点教育，时时在身上起作用。很多曾为理想奋斗过的人爱讲无怨无悔，其中多少表示了一种无奈和抗争。我是无所谓悔怨的，但追求总在激荡着我，总想着人到底是什么，想着怎样才能让人像个人。就自己而言，总想能像个理想中的人那样站立和生活，但很难很难，这不仅是周围环境使然，而且也有自身的各方面的缺陷，认识并修正自己的这种缺陷，也是难而又难的事。

“知我者谓我心忧，不知我者谓我何求。”品德高尚的先哲两千多年前的感叹，可能在今后还会引起更多人的共鸣。地球是变得愈来愈小了，但人与人之间的距离是否能变得越来越近呢？

谢谢朋友们在各方面对我的帮助，想要指出的是新中国新闻教育事业的奠基者罗列老师，他给过我很多帮助，特别是在思想与人品上，是可令我享用终身的。

书中的种种倘能被朋友们理解和认同，那真是一件快事，而能引来切磋，就更令人高兴了。

人，真是高贵奇异而复杂的生灵啊！

1996 年 6 月

《大雨落幽燕——北戴河百年风云》序言与后记

大雨落幽燕——北戴河百年风云
作者：孙志升
出版：中国劳动出版社
发行：新华书店总店北京发行所
版次：1998 年 6 月第 1 版

序　　言

世界上很少有像北戴河海滨这样神秘、美丽、奇特而显赫的地方了。

两千多年前，创建中国封建集权体制的“祖龙”秦始皇嬴政来到这里，以求仙的方式寻求某种理想，然而这种活动是如此神秘而短暂，以至在淹没了两千多年后才被人在无意之中发现，而这些活动遗址的发掘竟成了中国“七五期间十大考古新发现之一”。

一百多年前，在始皇帝派人入海求仙未果的地方，却住下了从遥远的西方、大洋的彼岸跑来的洋人。从此中西文化在这里开始了奇特的交融与冲撞，一些金发碧眼者从这里带走了中国的财富和东方文明，也有一些洋人则把自己的躯体埋在这块美丽的土地中。他们共同留下的最能显示其文化精神的便是那几百幢在现代中国人看来依然具有异国情调的别墅楼，还有的便是对一代北方中国文化人的影响，那些来北戴河海滨避暑的洋人多有上层中国人做朋友。

自1898年清朝政府为保卫主权而把北戴河海滨辟为允中外人士杂居的避暑地以来，这里翻卷的风云便开始影响中国历史的进程，特别是最近半个世纪，中国历史上色彩浓重的几笔是在这里涂抹的。深入了解、研究作为中华人民共和国夏都的北戴河海滨百年史，无疑对寻找开启现代与当代中国历史的钥匙会有积极作用。

或许正是基于这种认识，也或许是对北戴河海滨的熟悉和热爱，我很早就有要写北戴河海滨历史的想法。但写这样的书实在不容易，这不仅是因为翻卷历史风云的力量并不是当地的内在活力和实力，因而在当地几乎难以寻觅与风云有关的厚实资料与有力线索，而且还在于我的学识犹如北戴河海滨的文化底蕴一样又浅又薄。好在我们赶上了开放的年代，开放的潮流向我提供了可以搭架的材料，于是我决定像在海边拾贝一样去做好这件事。

我在学校里学的是新闻学，后来又从事新闻工作，我始终认为，昨日的新闻，就是今日的历史，而今日的新闻，必是明日的历史，无论是写新闻，还是写历史，都必须真实。我正是抱着这种信念，写这本既是历史又是新闻的北戴河百年风云录的。

当然，我承认，绝对真实实际上是不存在的，新闻的陈述就是对新闻的一种筛选，同样，对历史的记述也是对历史的一种注释，我们记述历史，不过是对历史的一种注释罢了。再说，我们能够掌握和必须掌握的资料素材是如此受限，而我们个人的认识能力和水平又是如此之有限，所以我在写这本书时总希望它能经得起时间的考验，而这又回到了原来的命题，那就是真实、真实、再真实。

历史的演进是不以人的意志为转移的，对历史，我们可以作各种各样的评说，但已是无法改变的了。我们所能做的，只能是从中吸取经验和教训，写好今日的新闻，规划好明日的事情，等到我们的后人再记述今日这段历史时，会少一些遗憾，少一些悲哀，而多一些亮彩，多一些振奋。

我想，这该有多好，这才是真好！

后　记

我的青少年是在北戴河海滨度过的。

那时，我常入海戏水和上山游玩。站在气象万千不盈不灭的大海边，站在可以俯视大海和北戴河全貌的莲蓬山山顶，心中常会涌动一种奇异的情感。及至后来当自己与祖国人民一道走过风风雨雨，穿过滔天白浪，逐渐了解到在北戴河发生的涉及祖国历史进程的诸多事件后，心里萌发了要记录北戴河奇特历史的念头。于是在将迈入知天命阶段的时刻，开始了这份自找苦吃、自寻乐趣的差事，以写新闻的方式写北戴河海滨的历史。

《大雨落幽燕——北戴河百年风云》借用了毛泽东的词句。其实大雨不仅落在幽燕这块土地上，而且也落在了中国这块土地上。

如果这本书能给对北戴河风云感兴趣并关心中国命运的人们提供一个并非全新但是可靠的参照系数，能给人们一些反思和启迪，也就算作者没有白费功夫了。

在这本书的写作和出版过程中，秦皇岛市地方志办公室、北戴河区地方志办公室、秦皇岛市档案馆、北戴河区档案馆、秦皇岛市政协、北戴河区政府、秦皇岛市社会科学联合会、中阿化肥有限公司、北戴河金山宾馆、秦皇岛市图书馆、秦皇岛日报社等单位的领导和同志们给了很大的帮助，没有他们的帮助，这本书是不可能问世的。

本书的写作参考、辑摘了很多著作者的著作，采访了不少有关人员，一些乡亲和朋友也向我反映、提供了可贵的材料，在此一并表示真挚的谢忱。

在北戴河海滨这个神奇而美丽的地方，发生过很多值得书记的事情，由于篇幅和材料掌握所限，很多事情本书没有涉及，真希望今后能有机会弥补这一点，同时弥补本书中将由热心读者指出的诸多遗憾。

1998年清明于秦皇岛寓中

附：

目　　录

一、避暑地的开辟与划定
二、石岭会与公益会
三、世界著名的避暑旅游胜地
　　中国第一条旅游铁路支线和航线
　　现代旅游饭店与商店
　　形形色色的旅游活动
　　中外才女笔下的海滨旅游生活
　　西方文化的影响和作用
四、政治势力角逐的舞台
五、铁蹄统治与水深火热
　　忍看华屋变山丘
　　水深火热中的海滨百姓
六、换了人间
　　毛泽东海滨观日出
　　《浪淘沙·北戴河》
　　搏击大海狂澜
七、空想社会主义的大实验

毛泽东会前的视察活动
开幕式及会议简况
工业书记会议与钢产量翻一番
推广人民公社
北戴河人民公社
破除资产阶级法权思想
头脑发热与反反冒进
八、重新强调阶级斗争
对形势的不同看法与对“黑暗风”的批判
对包产到户的不同看法和批判“单干风”
批判“翻案风”和小说《刘志丹》
九、副统帅从这里出逃
围绕设不设国家主席而展开的斗争
叶群与江青的特殊交往
林立果和《“571”工程纪要》活动
毛泽东的神秘南巡与林家的暗杀阴谋
惊心动魄的9・12之夜
叛逃者的下场
十、全党工作重点转移的特殊举措
十一、邓小平在北戴河海滨
十二、夏都的再次确立与建设
规划北戴河滨海风景游览区
强调开放改革不可逆转
夏都作用的发挥
十三、面向二十一世纪

《长城古诗二百首》序言与后记

长城古诗二百首
作者：孙志升
出版发行：中国文联出版社
版次：2000 年 5 月第 1 版

序　言　一

《长城古诗二百首》是一本推迟了十多年才出版的书籍。

记得 1985 年筹建中国长城学会时，筹备小组认为应该搞些宣传长城的材料，这类工作自然落实到了几位比较年轻的同志身上。当时孙志升同志是筹备小组工作班子的主要负责人之一，又是记者，有较深厚的文学功底。所以除了负责编辑图文并茂的《万里长城》宣传画册外，又承担了编选《历代长城诗选》的工作。《万里长城）宣传画册经新加坡黄顺忠先生的帮助出了样书，而《历代长城诗选》却一直未能付梓出版。对此，我们一直认为是件憾事。

中国长城学会成立后，孙志升同志回到新闻工作岗位，但对于长城，他仍然情有独钟，不仅无报酬地兼任《长城学刊》的副主编与编辑部主任之职，还参与了《长城百科全书》的编纂工作，担任该书编委和文学艺术分支的主编，撰写了不少有关词条，其中就包括了有关长城诗的很多条目。今天，在热爱长城的朋友们的帮助下，孙志升同志编选的《长城古诗二百首》即将付印出版，我由衷地感到高兴，我早就答应要为该书作序，上面的一些话权作序言的开场白吧！

有关长城古诗的选集，现在已有若干版本，各种版本各有特点，都为宣传长城起到了很好的作用。孙志升同志的选本，尽管启动较早，但因为有其特殊经历，所以选诗的面较宽且内容趋精。他认为："长城诗有广义和狭义之分，广义的长城诗指内容凡涉及长城、长城关塞及长城的故事的诗作；狭义的长城诗指诗作题目就是长城、长城关塞及长城故事。从广义的角度来看，很多边塞诗和战争诗都可视为是长城诗，它们之间很难划出明确的界限。"过去的长城诗选本，几乎都是广义的选本，而《长城古诗二百首》，可以说是狭义的选本，即所选的诗作在题目上即是长城、长城关隘、长城建筑、长城风景及内容是专门描写长城的修筑与故事的，因而能更集中更系统地反映长城的历史容貌和风韵。

在《长城古诗二百首》中我们可以看到，在两千多年来庞大的长城诗的作者群中，既有帝王将相，又有布衣文士，既有诗坛巨擘，又有隐士僧客，既有汉族诗人，也有蒙、回、满等少数民族诗人，他们从不同的角度、不同的侧面吟咏长城。书中所选的长城诗，有控诉秦始皇暴虐无道的，有称赞秦筑长城为开千秋业绩的，有反对战争歌唱和平的，有饮马长城志清玉塞的，有主在歌唱长城山川壮美的，有描绘长城边关荒漠的，有登临以寄个人壮怀激烈者，有凭吊以抒忧国忧民之情愫者，有筑边者的痛苦和呻吟，有空闺妇的凄婉悲号。长城诗自然涉及对长城的评价，在这些评价中，我们可以窥见时代的精神，然而无论是对长城的国防作用执肯定态度还是否定态度，都无碍长城本质的照映，相反，这恰好从正反两个方面突出了长城文化中人文精神的光彩。

《长城古诗二百首》力图反映长城古诗在艺术性上的多姿多彩，

在诗体选择上有叙事诗，也有抒情诗，既有长诗，也有短诗。在古风、乐府、民歌、律诗等各种诗歌载体上及各种风格流派与气韵上择取佳篇丽制，努力艺术地反映长城的各种特性和诗人们的复杂情感，也是该书的一个特点。

林林总总的长城诗，涉及有关长城的许多知识，可以说，没有这方面的丰富的历史与地理的综合知识，没有对长城古今的准确了解，要做好长城诗的注释工作是不可想象的事情，而我们从《长城古诗二百首》中可以感受到，该书的注释工作，特别是对长城的注释，是严谨认真的，很有特色的，我们读诗读注释，一定有助于加深对长城的了解和认识。

巍然屹立在中国大地上的长城，作为古代军事防御工程，已经完成了它的历史使命。在告别 20 世纪，迎接 21 世纪的今天，历史已赋予长城以全新的意义，1987 年联合国教科文组织把长城列入世界文化遗产的名录就是一个很好的诠释。长城的诗作也开始在光大长城古诗的基础上，跃入一个全新的意境和时代。透过新世纪的曙光，我们看到了更加宏伟壮观的万里长城，感到了更加博大雄深的长城文化。读一读《长城古诗二百首》，对您了解长城将会大有帮助的。

罗哲文

1999 年 12 月

序　言　二

得知孙志升同志选注的《长城古诗二百首》即将出版，庆贺之际想起了长城精神，想起了我们以长城精神筹备中国长城学会的那段日子。

我的老家在四川省川北山区，那里远离长城数千里，且交通闭塞，小时候我无法理解长城是什么样子，只是从妈妈那里学的孟姜女哭长城的歌中，朦朦胧胧地感到了它对一个普通农家妇女的影响力。1931 年，我参加了革命，在革命队伍中听到了《义勇军进行曲》，也学会唱了，其中“起来，不愿做奴隶的人们，把我们的血肉，筑成我们新的长城”的歌曲，使我感到了长城的伟大和它所包含的一种不屈精神，正是这种精神，使我们赢得了抗日战争和解放战争的胜利。

党的十一届三中全会以后，我国进入了一个新的历史阶段，全国政通人和，百废俱兴，我们一些老同志成立了中国老年文物协会，我常想，长城是最大的文物，也应该有个群众性的学术研究组织，我不是这方面的专家，但我可以为大家做些服务工作。正在这时，秦皇岛市要成立中国山海关长城研究会，市政府派孙志升找到我和其他一些同志，像金紫光、魏传统等，同时还找了一些专家学者，如罗哲文、侯仁之、郑孝燮、单士元、朱希元等，希望我们能参加这个组织，为修复长城入海处老龙头做些工作，我们都很高兴地答应了。

也就是在我们参加中国山海关长城研究会成立大会期间，邓小平同志“爱我中华，修我长城”的题词发表了，我们都很激动，深感邓小平同志的题词顺乎民意，大得人心。在邓小平同志题词的号召和鼓舞下，一场意义深远的“爱我中华，修我长城”的社会赞助活动在神州大地上轰轰烈烈地开展起来了，无私奉献的长城精神得到发扬光大。

回京后，我们开始为“爱我中华，修我长城”社会赞助活动四处奔忙，同时感到是筹备中国长城学会的时候了。于是在 1985 年年初开始了中国长城学会的筹建工作，并由孙志升同志起草了“建立中国长城学会的倡议书”，这一工作得到了一些党和国家领导人以及各界人士和专家学者们的支持，其中周谷城、严济慈、习仲勋、黄华、刘华清、杨秀山、高厚良、杨静仁、伍修权、廖井丹、司马义•艾买提、阮崇武、白介夫等后来都成了筹委会的成员。筹备的最初阶段成立了中国长城筹备小组，领导成员有魏传统、侯仁之、郑孝燮、单士元、罗哲文、顾行、杨国宇与我，工作班子有孙志升、王国祥、石静，后来还有杨小篇、冯彩章、李葆定、刘杰、张晓雨等一些年轻的同志。当时参加筹备工作没有一分钱的补助，完全是义务做贡献，很多同志废寝忘食、夜以继日地工作，不计名利，以长城精神自勉，苦在其中，乐在其中。由长城学会筹备小组到长城学会筹备委员会，再到长城学会的成立，中间经历了二年多时间，在这二年多的时间里，孙志升同志奔忙于北京和秦皇岛之间，与大家一道为了一个共同的目标，做了很多工作，付出了不少心血。编选历代长城古诗，也是他那时挤时间做的一件事。回想起那段难忘的日子，至今我的心情还是难以平静，因为那时一切都是白手起家，靠的就是长城缔造者留下的奉献精神和百折不挠的坚定信念。

孙志升同志说，编选长城古诗的过程，也是接受长城精神陶冶的过程，有了长城精神，当会荣辱不惊，贫贱不移，富贵不淫，威武不屈。我相信这是他的由衷之言，如今《长城古诗二百首》正式出版了，相信读者从中也会获得同样的感悟和认识。5年前，我曾在《爱我中华，心系长城》一文中讲："我作为中华民族的一分子，有幸和长城结缘，我愿继续做好有关长城事业的工作，和大家一道，把长城建成一个永久性的爱国主义教育阵地，让长城和长城精神永耀千古。"今天，我愿以此与作者及广大读者共勉之。

王定国

二〇〇〇年元月

后　记

按目前的出版程序对《长城古诗二百首》作终校时，觉得自己在又一次接受民族史诗的熏陶和冶炼，我感到，没有其他咏物诗能像长城诗一样精当深刻地反映出我中华民族的伟大精神和崇高品德。

在《长城古诗二百首》出版之际，我真诚地感谢为这本书的编辑出版给予帮助和关心的人们。我所尊敬的罗哲文老师和王定国两位老人在序言中的话实际上是对我的鞭策和鼓励，我敬佩他们的为人，在与他们的相处中，使我对高尚和爱心、正直和无私，有了更深切的理解。我不会忘记 15 年前徒步走长城的吴德玉、董耀会二位朋友在路上帮我收集长城古诗的情形，还有王岳辰、奚学瑶、武四海、王霄等前辈与朋友对我的理解和帮助，也是令我难以忘怀的。

对《长城古诗二百首》，无论从选篇还是注释方面，自感存有不足之处。我期待着读者的批评意见，希望今后会有更多更好的长城诗选本出现，以宣传长城文化，弘扬长城精神。

二〇〇〇年五月五日

《到北戴河看老别墅》引子与后记

到北戴河看老别墅
作者：孙志升
出版发行：湖北美术出版社
版次：2002 年 7 月第 1 版

引子·神奇美丽的地方

大雨落幽燕，白浪滔天，秦皇岛外打鱼船。一片汪洋都不见，知向谁边？往事越千年，魏武挥鞭，东临碣石有遗篇。萧瑟秋风今又是，换了人间。

——毛泽东《浪淘沙·北戴河》

世界上很少有像北戴河海滨这样神奇、美丽、显赫的地方了。

北戴河海滨峰峦起伏，佳木成荫，海湾连绵，金沙铺滩，危矶入海，峭岩壁立。晴丽时鱼翔鸥浮，风涌时惊涛堆雪，浑然一幅“天开图画”。两千多年前，这里就曾是诸侯帝王观海、祭海、求仙的处所。

公元前 215 年，一队浩浩荡荡的人马，簇拥着一位空前显赫的雄主，万里迢迢地来到浩瀚神奇的渤海边，住进了建筑在那里的巍峨宫殿里，进行了诸多神秘而盛大的活动，《史记》载：“三十二年，始皇之碣石，使燕人卢生求羡门高誓，刻碣石门”，“使韩终、侯公、石生求仙人不死之药”。千古一帝秦始皇进行神秘活动的地方，据当代考古发掘证实，北戴河海滨是主要之处。据史籍记载，魏武帝曹操及唐太宗李世民都曾到这里观海并赋诗。

“东临碣石，以观沧海。水何澹澹，山岛竦峙。树木丛生，百草丰茂。秋风萧瑟，洪波涌起。日月之行，若出其中。星汉灿烂，若出其里。”这是多么勾人豪情的景色啊，亏得有才情并茂的曹孟德写出了如此沉雄壮美的诗章！

“披襟眺沧海，凭轼玩春芳。积流横地轴，疏派引天潢。仙气凝三岭，和风扇八荒。拂潮云布色，穿浪日舒光。照岸花分彩，迷云雁断行。”这是多么撩人情怀的景色啊，也亏得有风骚毕呈的李世民写出了如此平远秀美的诗行！

山海如此多娇，怎不引风流人物竞折腰？

然而不知是什么玄机，曾显赫一时的北戴河海滨突然湮没在了历史的长河中，一岁一枯荣的荒草年年覆盖着秦始皇行宫的废墟，一晃就是两千年。

两千多年后，先人出海求仙未果的地方却住下了从遥远的西方、从大洋彼岸跑来的金发碧眼者。

沉寂了两千年的北戴河海滨突然再次显现于世，其机缘还真可向那些已有百年历史、具有异国情调的别墅楼叩问。

北戴河的别墅楼里藏着太多太多的故事，美的，丑的，有趣的，无聊的，外国人的，中国人的，感人心脾的，令人愤慨的……也正是这各种各样的故事构成了一个个具体鲜活的形象，组成了一幅幅真实生动的场面，连同它们的见证物，向后人展示着中国那段特殊时期的独特历史。

现在，就让我们通过北戴河的别墅楼来感受那已逐渐远去的风韵独特的建筑艺术魅力，认识那段已被人们有意无意地封存起来的历史吧！

后记·与老别墅的情缘

四十六年前，那时我还没到戴红领巾的年龄，便随筹办疗养院的父亲，从杭州西子湖畔来到渤海之滨的北戴河，一家五口住进了一座解放前盖的外国人别墅楼里。

这座别墅楼不大，但却一下子住进了来办疗养院的三家人，再加上原来看楼的一家，四家近二十口人开始在这里和睦共处。

别墅楼有很宽阔的廊，廊占南边和东边，我们几个孩子常常在廊里游戏，因为廊是水泥地面，所以特别适合做跳房子和打陀螺一类的游戏。当时年龄小，不大领会走廊遮阳的作用，倒是下雨天，这里便成了我们小孩的乐园。

我家占用了西面的两间，这两间是南北连着的，南北都有门，我和哥哥住在北面的房间里，可以开北门进后面的小院，小院的北面是称作下房的二间小平房，平房前也有廊，只不过很窄。

别墅楼的窗户很特别，像火车上的窗户，是上下拉动的，那时社会治安很好，各家的窗户常常不上栓。我们放学回来忘带开门的钥匙时，总可以从窗户爬进爬出。别墅楼的门窗都安有百叶窗，有人住的别墅楼的百叶窗往往是开着的。我家房间因靠西，所以下午会关上百叶窗，但总不会把窗叶完全拉下，以便光亮能顺着一条条缝隙洒进房间来。

我家住的房间里有只壁炉，四周用石头围砌，但我们从来没有用过它，冬天是另装铁炉取暖的。铁炉的好处是同时还可以烧水做饭。壁炉成了装饰，但我也会想象是否会有什么精灵从壁炉里钻出来，给我们带来惊喜与玩具。

别墅楼前有几棵松树，还记得有棵松树是斜长的，我们很容易爬上去玩，再前面便是一条沟，沟对面的院里有一幢很漂亮的别墅楼，那里好像常年有人来来往往，间或也有外国人，因为那是中共秦皇岛市委与市政府的招待所。后来听说这座楼里住过与毛泽东主席谈过话的美国著名记者安娜•路易斯•斯特朗，还有马海德与路易•艾黎等贵宾。招待所院内有口井，我们几家吃用的也是这口井里的水。

我们居所的西边是一小片松树林，过松树林有一个带有月亮门的院子，院内小道两边有高大的柏树，小道直通一幢雅致的别墅楼。这楼坐西朝东，四面有廊，后面有院，院的西边是下房。这楼要比我们居住的楼高大，并且还有个二层平顶阁楼，我们有时也到走廊上去玩耍，但总有些忐忑不安，唯恐有人会赶我们走，幸运的是，这样的事从没发生，因为那时这楼一年四季基本空闲，连看楼人也不住在这里。

这个别墅楼前有几株老藤，攀附在老高老高的大树上，我非常喜欢或站或坐在藤树上摇来晃去，享受着那份翩跹飘盈的奇妙感觉，那份忘却一切的心醉。

那时候，逢不用上学的日子，我常常到父亲工作的疗养院去玩。走自己寻踏出来的捷径，那要经过几个建有别墅楼的院子。那些院子的院墙都很低矮，我们孩子都可以迈越过去。从形态各异的别墅楼前经过时，我有时也想，这些别墅楼的主人是谁呢？他们长得什么样子？为什么不再住在这里？而当有时天黑经过这些别墅楼时，心里总不免有些紧张，想象着楼里会跑出金发碧眼的怪物来。

在父亲工作的那个水电工会疗养院里，也有好几幢老别墅楼，特别是一幢被称为瑞士小姐楼的楼房，在当时很引人注目，它地处北戴河中部高处，院落很大，高高的毛石院墙顶上插着带棱角的石片，楼分三层，下层是地下室，二、三层是生活用房，在北面的二层平台上，有长城般的雉堞围绕，站在平台上眺望，几乎能看清北戴河的全貌，那时周围还没有高出它的建筑。

从居所到刘庄小学上学或去海边游泳，也都要经过几处别墅楼，在那时，北戴河海滨给我的印象是到处都是老别墅楼，连我们上课用的教室，也有占用了别墅楼的。

三年后，正是我要上中学的时候，我家搬到了新盖的疗养院家属宿舍楼，这是建在北岭路旁庄稼地里的二排平房，虽说是平房，但却保留了别墅楼带廊的特点。新居所的东边二百米处是外国人墓地，墓地旁有一个尖顶的教堂，教堂常年关闭，给我印象深刻的是它的瓦竟是彩石片。墓地里竖有很多带十字架标志的墓碑，有的墓碑上还印有照片，当时我很奇怪，照片怎么能印到石头上呢？而且还擦抹不掉！

从照片上看，有老人也有孩子，但叫我难忘的还是几位外国姑娘的漂亮玉照。

新居所离莲蓬山不远，山上有许多松树，松叶是很好的烧灶燃料，于是莲蓬山又成了我们游玩和拾柴的好去处。拾柴时常常满山乱窜，于是又见到了不少山中别墅。那时山中春秋冬三季警戒不严，我们还可以半光明正大地跑到山中别墅院内拾柴游玩，特别是朱家坟一带，自然成了熟悉地，附近的别墅楼，也不知转过多少回。不过头脑里问题也就产生了，这奢华的坟地到底是谁的？那山中的别墅又都是谁盖的？现在又是谁住在那里？这里为什么有军人把守？特别是在莲花石旁盖起了一座新的灰色别墅楼（林彪楼）后，我们不解为什么连解放前开辟的公园都变成了常年禁地。

后来我考上了大学，便离开了家乡，离开了这些别墅楼，再后来便是毕业分配工作，先是到外地农村与县城，后来又调到秦皇岛，随着年龄与阅历的增加，知道了不少关于别墅楼的故事，但假日回北戴河看望父母时，还是无暇也无心思去与别墅楼打照面，因为这些别墅楼越来越多地被机关单位占有，进机关单位大院可不能随随便便，我越发地怀念少年时自由地徜徉于别墅楼中的那段自在时光了。

然而时局总会发生叫人想象不到的变化，中国共产党十一届三中全会召开一个多月后，党中央机关报《人民日报》于 1979 年 2 月

4 日在报眼的特殊部位（在“文革”中这个部位常常发表毛泽东主席的“最高指示”）发表一条重要消息：《党中央、国务决定：北戴河休养区拨给旅游部门接待外宾使用》。消息讲：“北戴河是驰名世界的避暑胜地，南临渤海，北依莲蓬山，到处是苍松翠柏、亭楼别墅。南天门、骆驼石、老虎洞等 24 景引人入胜。还有大片海滨可供游泳休息。解放以来许多机关团体又建造了不少宾馆、招待所、疗养院。但据记者了解，北戴河设备很好的建筑物和风景区，大多为中央和河北省的许多单位所占有，利用率不高，一年中有三分之二的时间空闲着。有的招待所只是开会时才用一下。而为外国朋友准备的旅馆、招待所却很少，供外宾游览的地段也不大。近年来外国朋友到北戴河去游览的日益增多，甚至发生外国朋友住不上设备较好的旅馆的情况。据记者了解，全国各地许多游览胜地也存在类似的问题。”

这条简明新闻犹如一石激起千层浪，不仅引起有关部门与地区的高度重视，也引起了海内外舆论界的密切关注。国内庐山、杭州、济南、大连等地纷纷仿效，把高级招待所交给旅游部门办旅游。

中央的这一决定，是中共十一届三中全会决定把全党工作重点转移到社会主义现代化建设上来后的一项极为重要的特殊举措。正是这一举措，引发了中国旅游事业大发展的新局面。

把“北戴河休养区拨给旅游部门接待外宾使用”，于是那些过去只为领导人服务的别墅楼统统倒出来接待游客，我则因参与刚组建的中国青年旅行社的旅游接待工作，有机会接触到过去无法见到的许多老别墅楼，包括颇为有名的“吴家楼”“段家墙”以及做过张学良行辕的章家大楼等。这些具有半个多世纪历史的老别墅楼保存基本完好，但作为现代国际旅游用房，就多少显得落伍了，比如，卫生间的设施、暖水供应等等。但这没影响国家旅游总局请来的业内美籍华人的积极评价，美国耶鲁大学讲师赵浩生当时就说：“我今天简直像是发现了一座金山，如果把这些房子利用起来，那么黄金就会滚滚而来！”

我接待过的住这些老别墅楼的外国和港澳游客，他们的反应是“感觉好极了”。我还知道，此后还有不少外国人、中国人来北戴河海滨寻访他们童年及他们父母住过的房子，为的仅仅是寻找一种美好的感觉，而非寻讨遗失在历史尘埃中的所谓产权。

北戴河海滨的老别墅，见证着北戴河的历史，也见证着中国历史。在北戴河海滨被中央政府辟为各国人士避暑地百年之际，我怀着挚爱撰写的《大雨落幽燕——北戴河百年风云》一书付梓出版，在撰写该书的过程中，北戴河老别墅的整体形象更真切实在地显现在我的面前。进入 21 世纪，北戴河旅游部门推出了北戴河别墅游的旅游项目，反响颇为热烈，然而由于种种原因，所能推出的别墅有限，由这些别墅串起的历史也就不够全面和连贯。正值此时，在一个秋雨飘洒的日子，工作在长江之滨的湖北美术出版社的袁飞编辑辗转找到我，希望我撰写一本能比较全面反映北戴河老别墅面貌的书，作为老别墅丛书出版。我非常高兴他给了我能对北戴河老别墅表达特有情感和理念的机会，答应尽快尽力去做好这件事。

北戴河的老别墅，在时光的流逝和社会的变动中留下的是越来越少了。就在今年，也就是 21 世纪的岁首之年，一些已有七八十年乃至近百年历史的老别墅被拆除或列入被拆除改建的行列了。此时，我不禁想起了著名电影导演谢晋在 1988 年接受我采访时的谈话，他建议当地要保护好北戴河洋房一类的旧建筑。他说：“1963 年我来这里住的那栋小楼就是过去的旧建筑，很有特色，旧建筑千万不能都拆了，要保护，而且要整体地保护一批，上海外滩，天津一些街区就保存得很好，我下次来一定要看看这里的带有异国情趣的旧建筑。如果保护得好，我们拍一些片子就不用跑国外了。”然而，从 1988 年到今天，不知有多少老别墅已被拆除或改建得面目全非了。对于此类举动，当地政府都感到无力制止，且不用说有时还没有意识到要去制止了。

百年在历史的长河中不过瞬间，然而这历史的瞬间催发了无数推动历史车轮加速度般向前滚动的故事，这些故事的见证物能更长久一些地留存在这个飞速变化着的世界上吗？好在越来越多的人已意识到了在科技迅猛发展的今天，建筑物已是代表一个时代一个地区文化的美好见证，并且具有发展旅游业的经济价值。现在保护好北戴河老别墅楼的呼声越来越高。愿我摄下写下的这些照片和文字，除了作为“文存”外，也能为保护北戴河老别墅楼起一些推动作用，为人们认识那段尘封的历史起一点借鉴作用，为发展中国现代旅游业摇篮的北戴河的旅游业起一些宣传作用。

2001 年岁末初稿于北戴河海滨家中
2002 年清明定稿于秦皇岛寓所

《中国长城》前言与后记

中国长城
作者：孙志升
出版发行：中国文史出版社
版次：2005 年 8 月北京第 1 版

前　言

中国长城，作为中华民族伟大力量的象征，世界古代工程的奇迹，伟大的历史丰碑，安定和平的保障，文学艺术的宝藏，旅游观光的胜地，其蕴含的人类文明的共同价值已被越来越多的人所认识所尊崇，国际友人来到中国，也总是希望能登临长城，感知中华民族的伟大，感受人的创造力的伟大！

为宣传长城，保护长城，维修长城，很多人为此做出了努力。今天，孙志升同志编著的《中国长城》一书出版了，我作为一个与长城结下了不解之缘、半个世纪来一直奔走在长城线上的老兵，感到由衷的高兴，因为作为世界文化遗产的中国长城和由此产生的“长城学”的研究和宣传，需要更多的人更多的方面做出更大的努力。

记得 1985 筹建中国长城学会时，筹备小组认为应该搞些宣传长城的材料，这类工作自然落实到了几位比较年轻的同志身上。当时孙志升同志是筹备小组工作班子的主要负责人之一，又是毕业于中国人民大学新闻系的编辑记者，有较深厚的文学文字功底，所以除了起草《建立“中国长城学会”倡议书》外，还负责编辑图文并茂的《万里长城》宣传画册和编选《历代长城诗选》的工作，这两项工作他都很好地完成了，其中《万里长城》宣传画册经新加坡黄顺忠先生的帮助出了样书，而《历代长城诗选》则以《长城古诗二百首》的书名在15年后付梓出版。

中国长城学会成立后，孙志升同志回到新闻工作岗位，但对于长城，他仍然情有独钟，不仅无报酬地兼任《长城学刊》的副主编与编辑部主任之职，还参与了《长城百科全书》的编纂工作，担任该书编委和文学艺术分支的主编，撰写了不少有关词条，同时他一直关注着长城学的进展情况，出席了1994年在北京召开的国际学术研讨会和2001年在香港召开的长城历史文化研讨会，撰写了一些研究、宣传长城的文章书籍。今天这本《中国长城》，可以说是作者对我与同仁们提出建设发展长城学以来众人研究成果的科学汇总，当然其中也包括他本人的一些独到见解，反映了他扎实的学问功底，表达了他对长城的全面而深刻的认识。

中国长城的内容非常丰富，将长城作为一门学科的“长城学”也方兴未艾。新发现、新情况、新成果不断出现，围绕长城开展的各种活动也非常活跃。现在还有许多长城地段没有综合考察，还有许多问题没有弄清，在研究、宣传、保护、维修、开发、利用诸方面还有许多课题、许多工作需要去做。《中国长城》的出版，不仅为想全面了解真实长城的人们提供了一份有益的参考，而且也给人们以启发：中国长城，不仅是中国的，而且也是全世界的、全人类的，伟大的长城永远以无穷的魅力显示其永恒的价值。

罗哲文

二〇〇三年九月二十日

后记·长城有约

对于绝大多数中国人来说，世上没有比长城更能影响、更能震撼心灵的古迹了，不管他是到过长城，还是没有到过长城。

我三生有幸，从少儿时代能由西子湖畔来到了渤海岸边，在长城雄关山海关的辖地北戴河海滨开始感知大海与长城的人生。

或许是长城有约，记得刚到北戴河海滨不久，便随大人们去山海关游览，现已记不清当时对长城有什么样的认识，也记不清是否与国歌歌词中的长城做过比较，只是记得，抬头仰望那似乎看不到顶的高墙，举目远眺那几乎望不到边的长城，我那幼小心灵受到的震撼，绝不是大人们轻易能感觉得到的，那既高且大又长的长城，给儿时的我留下了几多疑问，几多惊奇！记得那次还去了山海关外的孟姜女庙，孟姜女的故事，在江南故乡似乎就曾听说过，而这次得以瞻仰那一脸忧愁的孟姜女塑像，一种说不出的感觉从遥远的过去袭来，我似乎感到长城的另一面，那在漫长岁月中与物质的长城共存的一种东西，一种反映普通老百姓，包括儿童天性所追求的东西，这种当时能感受到但又说不出的东西，到后来稍大些了才懂得是长城的文化与精神。

以后，便是从书本和大人的讲述中进一步了解长城，记得在中国特有的“文化大革命”时期，由于中华人民共和国与军队的缔造者毛泽东主席“还我长城”的一声号令，便使得军队不可动摇的信念更加深入人心，而长城在人民心目中的地位也在这种信念中得到相应的巩固和加强。特别是很多人都能背诵的毛泽东的“不到长城非好汉”的词句，更是给人以激发向上的情绪感染，吸引了很多人立志要去登临长城，去感受“好汉”的情怀。

当中国的历史在世界潮流的影响下进入改革开放的年代，中国发展旅游业所能吸引外国人的东西，神话般的长城成了极其重要的一项。或许还是长城有约，当时我正好负责刚刚组建的中国青年旅行社在秦皇岛地方的接待工作，出于工作的需要，对长城便有了更多的接触和了解，那时每一个到秦皇岛北戴河来旅游的外国人及港澳台同胞，毫无例外地都要游览山海关长城。在接待工作中，我亲眼目睹、亲耳聆听了国际友人及爱国同胞对长城表示的那份挚爱和尊崇。后来，机遇叫我负责秦皇岛市“爱我中华，修我长城”的社会赞助活动，在工作中我又一次强烈感受到了中国各阶层人士共同怀有的那份炽热的爱国热忱，以及各国友好人士对长城这一伟大人类遗产所表现的强烈关注。

长城有约，令我难以忘怀的是 1984 年 5 月随华夏子（董耀会与吴德玉的化名，一个月后又加入了张元华）徒步考察长城时那最初的 6 天日子，这不仅是对体力的考验，也是对意志的考验，在峻峭的山上常常不得不手脚并用地爬长城时，我除了对先人们修筑长城所付的艰辛表示惊叹外，还能对长城说些什么呢？

长城考察中，有时孤单单地站在四周无人的山岭之巅或戈壁滩上，环顾荒凉寂静的四周，一丝胆怯会从心头生起，但当看到脚下的长城在延续不断地伸向遥远的天边，又会产生“一声呐喊，千里呼应”的感觉，孤独和胆怯便会跑开。此时此刻，我会感到穿越时空，和古代戍边爱国将士进行真情的交流和激励。

在荒无人迹的深山中，站在每块砖石都体现出沧桑的长城上，望着脚下的长城沿着山脊向远处伸展着，伸展着，直至消失在视野中，而心中又知道这种伸展几乎是无限的，它伸向黄土高原，伸向戈壁，伸出万里之遥，而它的另一头，又连着大海，在亘古不变的自然地貌上面，在无际天幕的笼罩之下，矗立着一道由人工建造的千年不颓万里延绵的高墙，触景生情，谁都会情不自禁地感受到作为人的庄严和自豪。作为中国人，又会感悟到祖先对天人合一、和合圆融理念运作的玄机，生出更多一分豪情与骄傲。

长城有约，机遇又叫我参与筹建中国山海关长城研究会与中国长城学会，随之便是参加各种各样的活动，正是在宣传、研究、保护、维修、开发长城的诸项活动中，在与同仁们的交往交流中，我对长城的认识不断深化，把这种深化了的认识告诉给想了解长城的人们，便成了我所愿意做的事情。近几年，我写了一些有关长城的文章与书籍出版，并在大庆石油学院旅游系及一些导游培训班上做有关讲座，自己的认识也得到进一步提高。现在，大庆石油学院旅游系根据教学实践决定率先开设有关长城的课程，并选定我 2003 年应湖北美术出版社之约而写的文字书稿作为教材，对此我在深感责任重大的同时，也希望并相信有关长城和长城学的研究在长城旅游不断升温与教学相长的氛围中得到深入和发展。

1985 年 5 月，我在代中国长城学会筹备小组起草的《建立“中国长城学会”倡议书》中写道：“当今世界上，研究长城已成为一门新兴的学科。根据国内外专家学者的呼吁，为更准确、系统、全面地向人类展示这一世界文化遗产的雄风古彩，我们倡议成立‘中国长城学会’，以团结组织有志之士建立健全‘长城学’，使其在传播中华文化、加强民族团结、促进国际交流中发挥积极的作用。”如今，“中国长城学会”已于 1987 年成立，中国长城也于 1987 年被联合国教科文组织世界遗产委员会列入了世界文化遗产的名录，由罗哲文等专家学者倡导建立的“长城学”正方兴未艾。深入地研究长城、全面地保护长城、重点地维修长城、科学地宣传长城，已成为二十一世纪长城事业面临的重大课题。《中国长城》的编著，本意是想体现与反映这些时代的要求，然而能否做到这一点，除了自感有很多不足和遗憾外，还是希望能得到读者的批评指正，以便能像侯仁之先生所说，真正“吃透它那雄浑绵长的人文精神，有自己充满睿智的感受与颖悟。”

《中国长城》的编著，参考了许多同仁的书籍文章，正如罗哲文老师在书的“前言”中所说，这本书是“众人研究成果的科学汇总”。

在此，我向为建立建设长城学而不懈努力的同仁们，包括那些已经故去的朋友致以诚挚的敬意和谢意。

长城有约，愿这本《中国长城》能践约以偿，给愿意了解长城的人们以帮助和启发，使长城得以保护，使长城所展示的文化精粹得以发扬光大。

2005 年 7 月 7 日

附：

目　录

第一章 长城的历史

1．最早的长城

2．战国时期长城

燕国北长城　赵国北长城　秦国长城　齐国长城

楚国长城　魏国长城　郑韩长城　中山国长城

3．第一条万里长城——秦始皇长城

4．最长的长城——汉长城

5．鲜卑族与鲜卑化王朝修的长城——北朝长城

北魏长城　北齐长城　北周长城

6．再度统一的帝国长城——隋长城

7．唐代高丽政权修筑的千里长城

8．女真族王朝修的万里长城——金长城

9．集历代长城的大成之作——明万里长城

第二章 长城结构与构件

1．长城城墙

2．长城关隘城堡

3．烽火台（墩台）

4．长城建筑构件

第三章 长城的修建与防务

1．修建长城的人力来源

2．修建长城的原则和方法

3．长城的防务

第四章 长城的功能与作用

1．长城阻止了北方游牧民族的侵扰

2．长城开拓发展了中国北方交通

3．长城开发带动了中国北方经济的发展

4．长城促进了中华民族的凝聚和融合

第五章 长城文化及象征意义

1．长城文化的总主题和总风格

2．长城的象征意义与认识演化

后记：长城有约

《北戴河——中国现代旅游业的摇篮》前言与后记

北戴河——中国现代旅游业的摇篮
作者：孙志升
出版发行：北京燕山出版社
版次：2001 年 11 月第 1 版

序

在我国，北戴河的名字几乎家喻户晓，一则因为它是著名的滨海旅游胜地，二则因为它是党和国家领导人夏季办公和避暑的地方。但是恐怕很少有人知道它是我国滨海避暑度假的发源地，在中国近现代旅游发展史上具有重要的地位。

由北戴河休疗旅游管理委员会策划，由《大雨落幽燕——北戴河百年风云》一书作者孙志升撰写的《北戴河——中国现代旅游业的摇篮》一书，向读者简明而生动地记述了一百年来北戴河旅游的发展轨迹：

1893 年中国第一条超百公里的标准轨距铁路津榆铁路通车，在北戴河设站。随后，这个秦皇巡游、曹操和唐太宗观海赋诗的地方，西方传教士纷至沓来，建别墅、设教堂、开浴场，开始成为滨海休闲地。

1898 年 3 月，清政府宣布秦皇岛为“自开口岸”，允许中外人士在毗邻的北戴河“避暑居住”。这在一定意义上可以说，北戴河是由中国政府批准的第一个向中外人士开放的旅游度假区。

那时饭店、旅行社、餐馆、商店在这里红火一时；网球、垒球、裸浴、高尔夫球等外来体育休闲活动在这里出现；北京至北戴河夕发朝至的旅游专列与2小时即至的旅游包机在这里首办；团队优惠、往返打折等经营方式在这里实行；烟火、歌舞、电影。……曾把这里搞得热闹非凡。今天我们所说的“行、游、住、食、购、娱”，20世纪初在这里曾一应俱全。

当然，在那个年代，来北戴河休闲度假的不乏海伦•斯诺、詹姆斯•贝兰特、韩素音、梅兰芳、徐志摩等中外文化名人，但游客的主体必然是中外富商、士绅权贵。当时北戴河的旅游业深深地打上了半殖民地半封建社会的历史烙印。

新中国成立以后，北戴河成为中华人民共和国的第一个休疗基地。从1954年起，又成为中共中央、国务院的夏季办公地，成了闻名中外的“夏都”。从此，它又与中国的政治风云紧紧地联系在一起。北戴河的工作，尤其在夏季，主要围绕着“为中央服务”这个中心进行。虽然这里也接待过外国友人、劳动模范、战斗英雄和民主人士，但是在众多的平民百姓眼中，北戴河是一个可望而不可即的圣地，是一个神圣又神秘的地方。

1979年邓小平在谋划中国改革开放的总蓝图时，把眼光投向了旅游业，而且首先投注到北戴河。在他的直接过问下，党中央、国务院决定把北戴河休养区拨给旅游部门接待外宾使用。1979年7月中国国际旅行社北戴河海滨旅游公司正式开业，9月又在这里召开全国旅游工作会议。这是北戴河旅游发展历史上的一个里程碑，也是中国现代旅游发展史上的一个里程碑。

从此，中外旅游者像潮水般地涌向北戴河。虽然从1984年夏季起，中共中央、国务院恢复在北戴河暑期办公，北戴河仍承担着为中央服务的重任，但平民百姓无疑已成为这里旅游的主体。

20 多年来，北戴河旅游业经历了从政治接待到旅游接待的转变，从事业型向产业型的转变，从接待少数政要为主向接待海内外旅游者为主的转变。2000 年，北戴河区接待中外旅游 259 万人次，旅游经济总收入 55145 万元。旅游已成为北戴河区的主导产业，秦皇岛市的新兴支柱产业。

一个世纪以来，北戴河经历的“自开口岸避暑地”—“夏都”—大众海滨度假旅游胜地的历史性变迁，是中国近百年旅游“闭关锁国—被迫开放—改革开放”曲折进程的一个侧影。本书提供的历史资料和披露的邓小平同志及胡耀邦总书记等在我国历史性转折时期对北戴河发展旅游的指示与意见，无论对研究中国近现代旅游发展史，还是总结近 20 年中国旅游发展的经验，都是弥足珍贵的。从中人们可以得到不少启迪，例如邓小平曾指示，军队的疗养所全部交出搞旅游，设在他别墅路口的警卫岗哨统统撤掉；胡耀邦同志指示搞海上俱乐部、消夏俱乐部，海上俱乐部可以发动专业户，不搞官办，这样服务态度还好；赵紫阳总理肯定城镇居民和农民办个体旅馆等。

回顾历史是为了开辟未来。北戴河的旅游业面临新世纪、新任务、新挑战。作为中国第一个政府批准的向国内外人士开放的休闲度假地，作为中央的夏季办公、休闲地，作为环渤海湾地区历史最悠久的海滨旅游地，应该成为首都的东部滨海花园，成为中国滨海旅游的一个著名品牌，并且向国家旅游度假区的目标挺进。

北戴河处东北、华北之咽喉，交通与百年前相比有天壤之别，沿京沈高速公路从北京驾车 3 小时即可抵达。旅游基础和接待设施基本齐全。以华北、东北地区为主的客源市场，具有丰富的开发潜力。河北省和秦皇岛市把北戴河列为优先发展的重点旅游区。北戴河旅游有条件、也必须来一个新的飞跃、登上新的台阶。

北戴河要进一步从滨海旅游向滨海、山岳、森林、文化和生态等多种旅游转变，从主要是夏季旅游向全年候旅游转变，从观光度假向海上运动、体育竞技、会议修学、文化交流、观鸟探险等多元旅游产品转变，从大众旅游进一步向新婚蜜月游、老年休疗游、青少年修学游等多层面客源群转变；要进一步挖掘古代帝王巡游、近代名人休闲、现代“夏都”的文化内涵，激扬名人效应；进一步绿化、美化环境，完善市政建设，开发文娱项目，丰富夜生活，把全区作为一个大景区推出，从景点旅游向全区旅游转变，从而使北戴河成为中国北方以巡游文化、夏都文化为特色的综合性、多样化滨海度假旅游基地。

为此，北戴河区的旅游管理体制和经营机制也必须顺应社会主义市场经济体制和加入世界贸易组织后双向开放的形势，进行全方位的改革。对区域内的旅游企业要进行全面整合，对定点的、非定点的行、游、住、食、购、娱服务单位，都要纳入旅游管理的范畴；凡是经营性的国有企业，不管是中央的还是省、市的直属、直管企业，都要实行政企脱钩、事企分离，按照现代企业制度改制转型；仍有政府接待任务的服务单位，在保证完成既定任务的同时，要敞开大门、面向社会、服务游客；要兼顾政府接待与旅游接待，减少扰民活动，以民为本、倡导与民同乐的新风尚；要大力引进外方资本、民间资本进入旅游业，促进非公有制旅游经济的大发展，形成多种所有制经济平等竞争、共同发展的局面；要着力培育骨干旅游企业，打造跨地区、跨部门、跨所有制、多种服务相配套的旅游名牌企业；要在市场经济的大潮中升起产品经营、企业经营、资本经营、品牌经营、形象经营相结合的北戴河的旅游明星。

读完书稿，掩卷遐思。再过一百年，后人来续写本书时，北戴河将变得如何呢？

“萧瑟秋风今又是，换了人间。”我不禁想起了独具文韬武略的一代伟人在北戴河写下的这句千古绝唱。

王兴斌
2001 年 6 月 18 日
于北京中国旅游学院旅游科学研究所

自　序

二十世纪的最后两年，也就是北戴河海滨被清政府辟为“允中外人士杂居”的“避暑地”百年后的两年，旅游热潮在神州大地呈现出汹涌澎湃之势，许许多多的城市、乡镇乃至村寨都举起了大力发展旅游业的旗帜，以期振兴经济，致富一方。其中也有地方开始深入考虑发展旅游业的终极目的，注重科学规划和环境保护。作为中国第一个被中央政府确定为“避暑地”,用今天的话语说也就是“旅游度假区”的北戴河，自然顺应这股潮流，努力奔腾向前。

刚刚迈进新世纪的门槛，为北戴河旅游业的发展费心尽力的北戴河休疗旅游管理委员会的负责同志向我建议，希望我能在旧著《大雨落幽燕——北戴河百年风云》的基础上，写一部关于北戴河旅游发展史的专著，因为在《大雨落幽燕——北戴河百年风云》一书中，追述的历史事实在展示发生在那里的政治风云的同时，一条关于北戴河海滨在中国近现代旅游发展史上的地位和作用的线索也明显地呈现出来：北戴河海滨，可以称之为是中国近现代旅游业的摇篮。

称北戴河海滨是中国近现代旅游业摇篮，终归有些文学意味，但放眼中国，又有哪个地方像北戴河海滨那样从得名起就是为旅游业服务的呢？又有哪个地方曾在二十世纪初叶开创了中国旅游史上的诸多第一呢？现在众多的旅游教科书上都讲旅游业是十九世纪末二十世纪初出现于外国，二十世纪五十年代即第二次世界大战后才在世界各国有了较快发展的产业，至于中国，旅游业的兴起和发展是在改革开放后的八十年代。此种说法不符合历史事实，历史事实是，早在二十世纪二三十年代，北戴河海滨就已成了闻名世界、东亚第一的旅游避暑胜地了。而中国改革开放伊始中央大办旅游的第一个举措也是在北戴河海滨实施的。

借此，我答应尽快完成书稿。写作时，职业习性又一次起了作用，我努力真实地反映历史，如同写新闻稿时真实地反映现实一样，这自然增加了难度。在这本书中，我修正了自己过去作品中的一些差错，也订正了社会流传的一些不确切说法，我只想用历史的真实和新闻的真实来阐明这样一件事实：北戴河不愧是中国现代旅游业的摇篮。

北戴河旅游业的发展历史表明，旅游业不仅是经济事业，也是文化事业、和平事业，其终极目标应是营造一个更适合于人类生活的美好环境，这对一个国家来讲是如此，对一个地方来讲更是如此。现在，世界经济一体化已进入了实际操作的阶段，如何使各个旅游区在保持自己独特文化的基础上跟上时代的步伐，在不牺牲生态环境的情况下做可持续发展，这实在需要有大手笔的运作。

二十世纪初叶，朱启钤等公益会的骨干们，在开发北戴河旅游时，尽管是惨淡经营，但毕竟不愧是当时的干才精英，做出了令世人称赞的业绩。中国新民主主义革命胜利后，正是由于中央的关注和对某些方面的直接管理，北戴河才成了新中国第一个大规模的休疗养基地，而夏都的影响和辐射作用对北戴河旅游业的健康发展也大有益处，至于历届中央高层领导的有关指示和要求，更成了北戴河旅游得以持续发展的强有力保证。

北戴河有此得天独厚的条件，地方当局理应对历史负责，对人民负责，对未来负责，继续做好北戴河旅游发展的大文章。“江山代有才人出，各领风骚数百年”“我劝天公重抖擞，不拘一格降人才”。只有在各方人才的合力下，北戴河“天开图画成乐土，人住蓬莱似列仙”的景象，才不单是康有为在诗文中描绘的个人感受，而成为广大民众生活中的美好现实。

愿北戴河这一中国现代旅游业的摇篮，在新世纪里为中国旅游业做出更大的贡献。

后　记

我的青少年是在北戴河海滨度过的。

北戴河独特的美丽风光和神奇魅力深深地吸引着我、震撼着我，以致后来对它的历史有所了解后，心里便萌发了要真实描绘它的念头，并终于在北戴河海滨被中央政府辟为中外人士避暑地的百年之际，写出并出版了旨在以一隅之纲，织九州风云之网的《大雨落幽燕——北戴河百年风云》一书。我在该书的《后记》中写道："在北戴河海滨这个神奇而美丽的地方发生过许多值得书记的事情，由于篇幅和材料掌握所限，很多事情本书没有涉及，真希望今后能有机会弥补这一点，同时弥补本书中将由热心读者指出的诸多遗憾。"今天，给我机会以弥补一些缺憾的，是北戴河休疗旅游管理委员会的领导张家林先生和徐晓红女士，正是他们的策划与帮助，才使《北戴河——中国现代旅游业的摇篮》得以今日问世。我想，既是一本关于北戴河旅游史的著作，其他的方面也就不去涉及或不多涉及了。

本书的写作，得到了诸多朋友的帮助和支持，特别感谢曾担任过北戴河区区长、区委书记，现任秦皇岛市政协副主席的李书和为本书扉页题写书名，他还提供过很多有价值的资料；感谢北京第二外国语学院暨中国旅游学院旅游科学研究所所长王兴斌为本书写序，感谢秦皇岛市档案馆、北戴河区档案馆、北戴河展览馆筹备组以及各有关方面与朋友给予的帮助和支持。

书是写出来了，缺憾总还是有的，真诚地希望广大读者及乡亲师友予以批评和指正。

2001 年 7 月于秦皇岛寓内

《中国旅游圣地北戴河》前言与后记

中国旅游圣地北戴河
作者：孙志升
出版发行：中央文献出版社
版次：2005 年 6 月第 1 版

前　言

北戴河，一个神奇、美丽的地方，以其独特的魅力吸引着越来越多的中外游人。

在今日中国，北戴河的名字几乎家喻户晓。在今日世界，北戴河的知名度也超过了一些知名城市。这不仅因为它早在二十世纪二三十年代就是世界闻名的避暑胜地，更重要的它是新中国党和国家领导人夏季办公和休息的地方。但是，对北戴河在中国近现代旅游发展史上所处的重要地位和所起的重要作用，则还不为多数人所知晓。

今天，《中国旅游圣地北戴河》一书，以图文并茂，生动严谨地记述了北戴河作为中国旅游圣地那艰辛而光辉的发展历程，展示了北戴河作为中国旅游圣地那壮阔而旖旎、神奇又亮丽的迷人风采。

公元 1893 年，由于中国第一条超百公里标准轨距铁路津榆铁路的建成通车，需在古称渝河的戴河岸边的北戴河村附近设站，于是便有了北戴河海滨这个令世人瞩目的地名。于是这个曾引秦始皇、汉武帝来此祭海求仙，引魏武帝、唐太宗来此观海赋诗的古碣石之地，跑来了遥远西方、大洋彼岸的金发白肤人。他们在此建别墅、设教堂、开浴场，把北戴河海滨视为不可多得的滨海避暑地。

然而，把北戴河海滨建设成被当时的中外人士赞誉为“东亚罕有其匹”的优秀避暑旅游地的，是中国的那些有眼光又不失爱国心的精英干才们。北戴河海滨是中国清朝政府自行开放的第一个也是唯一一个“允中外人士杂居”的“避暑地”。

在这里还开创过中国旅游发展史上的许多第一：第一条旅游铁路专线；第一条旅游航空专线；第一幅外文旅游招贴画；第一个避暑地自治组织——北戴河海滨公益会；第一个旅游避暑特别行政区——北戴河海滨自治区。那时饭店、旅行社、商店在这里异常红火；网球、垒球、海水浴、日光浴、高尔夫球等外来体育休闲活动在这里时尚得很；外国人来这里也多得很；今天我们所说的“行、住、食、游、购、娱”旅游六要素当时在这里已一应俱全。

中华人民共和国成立后，北戴河海滨成了新中国创建最早、规模最大、单位最多的休疗养基地。1954 年，北戴河开始成为党中央、国务院的夏季办公和休养之地，于是北戴河又成了人们心目中的新中国“夏都”，党和国家领导人和众多的劳动模范、先进工作者以及国际友人、外交官们每年都会到这里度过一段美好的休假时光。

1978 年年底，党的十一届三中全会决定把全党工作重点转移到社会主义现代化建设上来，其中一项重要举措，也是改革开放大办旅游的第一个举措就是在北戴河实施的。1979 年 2 月，党中央、国务院决定把北戴河休养区拨给旅游部门接待外宾使用，这在北戴河旅游发展史上是一个重要里程碑，在中国现代旅游发展史上也是一个重要里程碑，正是中央的这一决定，引发了全中国的旅游热潮，成千上万的中外游人涌入北戴河，北戴河成了中国当时最为热闹的旅游热点。

此后，北戴河的旅游事业顺应时代的要求和发展，在中央及有关部门的关注和支持下不断健康发展，这里召开了改革开放后的第一次全国旅游工作会议，举办了新中国历史上第一次商业运作的国际会议——第一届国际矿山规划开发技术讨论会，开办了第一个中美学生夏令营，产生了改革开放后中国最早的一批个体旅馆饭店。总之，从某种意义上讲，北戴河起到了引领新时期中国旅游事业发展的作用。

从回顾历史中真实地展示北戴河的迷人风韵，是《中国旅游圣地北戴河》的另一个鲜明特点。感谢作者和摄影师为我们留存了如此大量的摄影作品，从这些新老照片中我们可以感受到仙气氤氲甲天下的绝妙景色和气韵。九十年前的才女吕碧城就曾把北戴河比喻为“清气高亢、气象万千”的“西方美人”。而一代名流康有为更是把北戴河誉为“天开图画”的“蓬莱”“乐土”。今天我们从书中的460余幅照片中依然能感受到“一种自然的伟大”和“那无边无际的海”的“引诱”（北大第一位女教授陈衡哲语）。当然，让我们感受更深的是经过建设者百年的努力，今日的北戴河已成生态乐土，这里百鸟翔集，锦鳞游汇，蓝天、碧海、绿树、金沙以及点缀在万绿丛中的点点红顶别墅，组成了最为赏心悦目的美景。伟人毛泽东就曾说过：“北戴河的空气、阳光、大海最是吸引人。”的确，这里正在成为最适宜人类生活的好地方。

回顾历史和展示风韵都是为了开辟未来，面对世界经济一体化的汹涌浪潮，作为中国旅游圣地的北戴河首当其冲受到前所未有的挑战，保护生态环境，挖掘文化底蕴，丰富旅游内涵，提高服务质量，自然成为当今北戴河发展现代旅游业的必要举措。

历史与世界旅游发展潮流向北戴河的发展定位提出了新要求：北戴河应该成为一个生态型、园林式、国际性的旅游休闲度假区。

为此，北戴河开始寻求和实施从海浴旅游向生态旅游的转变，从暑期旅游向四季旅游的转变，从观光旅游向会议展览、海上运动、体育竞技、文化交流、观鸟探险等文体旅游的转变，从大众旅游向面向高档市场的休闲度假康体旅游的转变。顺应历史潮流，在科学发展观的统领下，坚定地走可持续发展的道路，使北戴河的空气清新，天空湛蓝，海水清澈，植被丰茂，沙滩洁净，文脉传承，直到永远永远。人与自然和谐相处，人与社会共同进步，把北戴河真正建设成“生态型、园林式、国际性旅游休闲度假区”，让北戴河这块中国旅游圣地永具活力、永远辉煌。

我们每一个热爱北戴河、关心中国旅游事业发展的人，都愿意为此而努力。

杨泰安

二〇〇五年五月

后　记

在对北戴河海滨不断深化的感悟、认识和对历史追述的写作过程中，一个观点在我的脑海中越来越清晰地显现与形成：神奇美丽的北戴河海滨无疑是中国旅游的圣地。

今天，在中共北戴河区委、区政府的大力支持下，我终于如愿地把这种认识得以用图文竭诚编纂后告之乡亲和读者，告知旅游界业内人士，与大家共享北戴河海滨那份独特的美丽、辉煌与魅力；并希望以此引起世人的注意，旅游业不仅是一种经济事业，也是文化事业、和平事业，是一种需要不断创新、追求完美的事业，是一种人与自然、人与人必须和谐相处的事业。北戴河旅游发展的历史一再表明，环境是发展旅游事业的基础，这环境既指自然环境，也指人文环境，从阳光、海洋、沙滩、绿树、湿地等基本吸引物到具有独特吸引力的历史遗留、风情风物和特别建筑物（对于北戴河而言，特别是那些正在消失的老别墅），我们都应该给予更多的关注和保护。为确保旅游圣地北戴河的优越环境不受破坏，为使游客能获得康健愉悦的旅游体验，当地应该坚定不移地走可持续发展的道路，防止风景名胜区的都市化倾向，以继续发挥引领中国旅游事业健康发展的作用。

本书的编著，得到了有关方面和同仁朋友的热心帮助，感谢他们提供了自己拍摄的宝贵照片和保存的一些资料，感谢中共秦皇岛市委常委、中共北戴河区委书记杨泰安为本书作序，感谢在以往的著书过程中给过帮助的秦皇岛市档案馆、北戴河区档案馆、秦皇岛市地方志办公室、北戴河区地方志办公室、秦皇岛市图书馆以及其他部门朋友与有关参考资料的著作者们。

真诚感谢一切热爱中国旅游圣地北戴河，为北戴河的健康发展尽自己微薄之力的人们。

附：

目　　录

一、各国人士避暑地的开辟

　　修建津榆铁路与避暑地的发现

　　秦皇岛港的开埠与避暑地划定

二、石岭会与公益会

　　石岭会与外国人租地盖房

　　朱启钤与公益会

　　公益会对北戴河海滨建设的贡献

三、世界著名的避暑旅游胜地

　　旅游资源的发掘与利用

　　中国第一条旅游专用铁路支线

中国第一条旅游航线
现代旅游饭店与商店
形形色色的旅游活动
张学良三驻北戴河
中外名人笔下的海滨旅游生活
西方文化的影响和作用
四、日伪统治和水深火热
日伪导演政治闹剧
忍看华屋成山丘
水深火热中的海滨百姓
五、换了人间
新中国第一个休疗区
毛泽东与《浪淘沙·北戴河》
休养区的划分与规划
幸福的休疗养生活
六、全党工作重点转移的特殊举措
旅游热潮在这里兴起
邓小平在北戴河
七、夏都的再次确立与建设
规划北戴河海滨风景游览区
胡耀邦谈中国旅游业的发展方向
强调开放改革不可逆转
夏都作用的发挥
八、面向二十一世纪
改革开放新热潮
江泽民在北戴河
二十一世纪的旅游发展蓝图

《天开海岳秦皇岛》后记

天开海岳秦皇岛
作者：孙志升
出版发行：中央文献出版社
版次：2009 年 4 月第 1 版

后　　记

在切身感受半个多世纪以来秦皇岛市翻天覆地变化的同时，对秦皇岛市的历史文化有了特别的感悟。于是在用文字与图片对北戴河海滨、山海关古城和万里长城的历史及历史文化作了一番追述后，开始用同样的方法记述秦皇岛市的历史与历史文化。

写此类书籍，自然跳不出“谁不说咱家乡好”的窠臼，但秦皇岛自然环境的独特禀赋、历史文化底蕴的丰富厚重却也是事实。

我是学新闻学的，后来又长期从事新闻工作，我始终认为，新闻与历史是血缘父子、孪生兄弟：今天的新闻，就是明天的历史，昨日的新闻，就是今天的历史。新闻讲真实是第一性的，历史又何尝不是如此呢？因此，我在著编《天开海岳秦皇岛》时，力求真实地记录这个城市迄今发展的历史和历史文化，让人们感受到秦皇岛市真实的历史发展过程和其给予的启示，为秦皇岛市今后的科学发展提供借鉴与服务。

在此书即将交付出版时，我不禁又一次地对关心、鼓励、支持和帮助我的朋友们萌生感谢之情。一本书的完成，需要仰仗各方提供的资料和借助前人同道的研究成果，我所做的，只不过是凭自己的学识、见解和理念，沉下心做专业的记录整理及设计编排罢了。此书的完成，还得到中共秦皇岛市委常委、秦皇岛市政府常务副市长马誉峰和中共秦皇岛市委常委、宣传部部长时晓峰的鼓励和支持，对于真诚关心和支持文化教育及精神文明建设的各级公务员，人们会打心眼里尊重他们。

2008 年是秦皇岛开埠 110 周年，秦皇岛解放和建市（秦榆市）60 周年，又恰逢我国改革开放 30 周年，秦皇岛市是得我国改革开放风气之先的城市，有许多值得记录、记取的东西，2009 年是中华人民共和国成立 60 周年，秦皇岛正式命名为“秦皇岛市”60 周年，这本书也可作为纪念这几方面的一份礼品吧。

愿秦皇岛这个历史悠久而年轻的城市在坚持科学发展、建设生态文明的道路上不断取得新成就。

2008 年 12 月　于海滨萃庐

附：

目　　录

一、天开海岳形胜地

二、古之贤人的故乡

三、秦皇求仙与秦皇岛由来

四、千古观海名胜地

五、剑火斩烧不断的中华传承

六、万里长城精华集萃
七、天下第一关——山海关
八、警钟长鸣的甲申山海关之战
九、“自开口岸”秦皇岛的开港风云
十、中国第一个自主开放的避暑地
十一、中国桥梁工业和玻璃工业两摇篮
十二、红色之旅地的缅怀与铭记
十三、打响长城抗战第一枪
十四、秦皇岛市的建立与行政区划的演变
十五、新中国第一个休疗养基地与中央休养区
十六、中国改革开放大办旅游的首要举措
十七、中国首批进一步对外开放前沿城市
十八、协办亚运会、协办奥运会

《长城》（中国名片丛书）绪言

《长城》中文版（中国名片丛书）
作者：孙志升
出版发行：新星出版社
版次：2012 年 12 月第 1 版

《长城》英文版（中国名片丛书）
作者：孙志升
英文翻译：威廉
出版发行：新星出版社
版次：2012 年 12 月第 1 版

绪　　言

在世界的东方，在广袤的中国土地上，腾跃着许多条土、石之躯的巨龙，其中有长达万里的巨龙，它腾戈壁，跃沙漠，跨草原，翻群山，从逶迤起伏的燕山飞身而下，向着渤海昂头飞驰，继而把头伸入大海，天天在那里掀澜拨浪，吞吐云烟，显示着永不衰竭的活力和魅力。

中华民族倾心倾力把心中的图腾筑造在了自己的国土上。

这就是中国的长城和万里长城。

华夏子孙用辛劳和智慧，生命与鲜血建造起来的长城，不仅包含着两千多年来中国政治、军事、经济、文化以及其他各方面的重要内容，而且体现了人类伟大的创造能力，它已成了标志着人类历史文明高峰的伟大艺术品。

绵亘十多万里的历代长城沿线上，建有不计其数的形制多样的关隘、城堡、楼台、烽燧，遗存着丰富多彩的珍贵文物和用不同质地不同方法筑造的伟大墙体，这些不仅是了解中国古代军事科学、交通往来、建筑艺术的重要实物，而且也是探索中国北方经济文化发展不可缺少的论据；长城翻高山，越峡谷，跨江河，穿大漠，作为中国农牧区的界墙和天然防护“墙带”，是研究中国古代农牧业、气象、水文等学科的重要依据；长城是一座丰富的文化艺术宝库，千百年来，作为千古绝唱的主题，孕育了无数壮丽优美的诗篇，产生了无数动人心弦的故事；长城身上，凝结着中国历代各族劳动人民的智慧和血汗，是联结中华各民族的神圣纽带，雄辩地展现了中国多民族形成发展的历史进程……可以说，长城像一部中国两千多年历史的百科全书，包括众多的已知和未知的科学内容。

长城，作为中华民族的象征，中国人民的骄傲，古往今来，它唤起过无数热血志士热爱中华的豪情壮志，同时也寄托着海外赤子眷恋祖国的一片真情。作为人类文化遗产，更吸引着越来越多的各国友好人士。其永恒的崇高价值，已为世界所公认。

中国长城永不倒，中华民族将永远屹立于世界民族之林。

万里长城永不倒，长城所显示的人的创造能力及人文精神将永放夺目之光彩。

（此文也曾作为《中国长城》的绪言）

《长城雄魂》（秦皇岛历史文化览胜丛书）前言

长城雄魂

作者：孙志升

出版：燕山大学出版社

发行：全国新华书店

版次：2014年7月第1版

前　　言

秦皇岛是一个与长城有着深厚缘分的城市。

这里是引发秦始皇修筑秦朝万里长城的地方。《史记》记载，从秦皇岛入海求仙的方士卢生，把从海上带回的录有“亡秦者胡也”的图书奏献给了秦始皇，从而引发了秦始皇“乃使将军蒙恬发兵二十万人北击胡，略取河南地（今宁夏和内蒙古黄河河套地）”，并随后“修筑长城而守藩篱”的举动。

南北朝时由北齐王朝修的“东至海”的长城和北周王朝修的“东至碣石”的长城至今在秦皇岛境内仍有清晰的段落遗存。

宏伟的明代万里长城集中国两千多年来历代长城建筑之大成，而明代万里长城遗留在秦皇岛境内的部分，又集明代万里长城之精华。贯穿秦皇岛市东西500余里的明代万里长城，东自山海关区南海岸边老龙头的入海石城，西至青龙满族自治县杏树岭上的叉楼敌台，其气势风光之雄伟壮丽、建筑形式之精美齐备、文物遗存之丰富多彩、非物质文化遗产之丰厚与民间故事之美妙动人，为万里长城其他地段所莫及。

秦皇岛市是万里长城和汪洋大海交汇交融的地方，老龙头入海石城直插大海，气吞海岳，长城似巨龙腾跃在面海的高山之巅。站在长城之上，南望茫茫渤海，北瞰苍苍燕山，其气势的磅礴雄伟、风光的壮丽秀美，给人以强烈的震撼。

秦皇岛长城把山、海、关、台连成一体，既是中国古代完整科学的卓越军事防御工程体系，在建筑上又有很高的价值，而且整体保存基本良好，个别地段堪称完好。明代不同时期不同形式的长城建筑及其精妙之处在这里均有分布和发现。长城建筑的各种结构，包括一些只有在秦皇岛才有的独特的建筑结构，充分体现了长城筑造者的聪明才智和高超技能。

秦皇岛市境内长城沿线存有大量具有文物科考价值的筑城纪事碑、文字刻石、精美的砖石雕刻、丰富的城防武器以及长城建材采造遗址。其数量之大和质量之精为长城其他地段所少有。

秦皇岛长城的文化遗产还表现在历代大量的长城诗文和以孟姜女故事为主的长城民间传说故事。诗文中反映长城与大海相连的雄姿神韵是秦皇岛长城文化的特色。作为中国四大民间爱情故事之首的孟姜女的故事（另三个是白蛇传、牛郎织女、梁山伯与祝英台），在秦皇岛一带更因有历史悠久的孟姜女庙和姜女坟而流传得更为久远、广泛和深入，故事情节也更为完整更具代表性。孟姜女的故事反映了长城文化极其悲壮的一面，体现了长城历史文化的博大精深与光辉人文精神。

秦皇岛境内的长城连燕山、襟渤海，是兵家必争之地。从明朝开始，秦皇岛长城沿线烽火频仍，既有驻军抵御外敌侵扰的战役，也有决定影响中国历史走向的战争。其著名的有明代隆庆年间抚宁“傍水崖之战”，1644 年导致明清皇朝交替的“甲申山海关之战”，

1924年导致直系军阀政权退出历史舞台的“第二次直奉山海关之战”，1933年打响抗击日寇侵略的长城抗战第一枪的“榆关抗战”，以及1945年为八路军先机挺进东北，建立战略后方打开通道的“山海关解放与保卫战”。这些战役在中国历史上书写了浓墨重彩的一笔。

本书记录有关秦皇岛长城的历史和现状，冀为有志研究秦皇岛及中国长城文化的人留一份参考资料；并期望有更多的人投身到长城与长城文化的保护工作中来。市政协文史委特邀委员吴晓松在本书的写作过程中起了重要作用，有些篇章就是他执笔写的，他的努力和才能一定会在今后取得更大的成果。

毕竟，在历史的河流中我们都是过客，而伟大的长城，却可以实现永恒。

2014年3月

附：

目　录

秦皇求仙引发筑万里长城

东至海与至碣石的北朝长城

隋唐时期的长城边关——榆关

明代长城之精华段

天下第一关——山海关

长城烽火警中华

　隆庆傍水崖之战

　甲申山海关之战

　两次直奉大战

　榆关抗战

　山海关保卫战

长城诗文传千古
美妙动人的长城民间故事
　孟姜女的传说
　孟姜女庙对联的故事
　萧显写匾的故事
　“媳妇楼”的传说
风云人物聚长城
　徐达
　戚继光
　熊廷弼
　孙承宗
　袁崇焕
　秦良玉
　顾炎武
　安德馨
爱我中华 修我长城

其他著作书影

秦皇岛旅游　河北人民出版社
1990 年 2 月出版

直奉大战　社会科学文献出版社
1990 年 2 月出版

长城百科全书　吉林人民出版社
1994 年 8 月出版

万里长城入海处老龙头
文津出版社
1996 年 2 月出版

历史名人与秦皇岛
中国文联出版社
2003 年 1 月出版

浪漫之旅·秦皇岛
社会科学文献出版社
2003 年 7 月出版

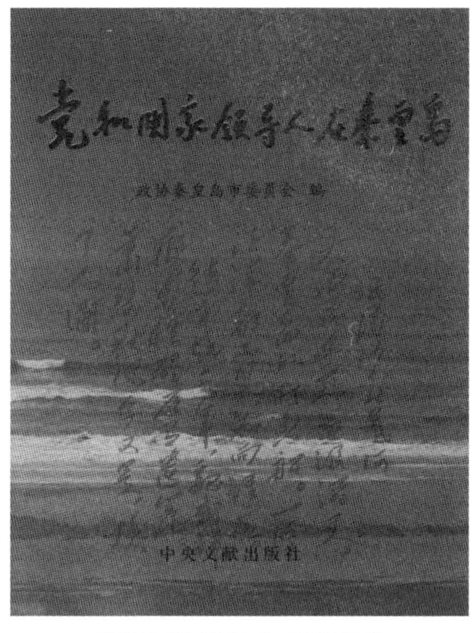

党和国家领导人在秦皇岛
中央文献出版社
2006 年 1 月出版

秦皇岛之源海港区
中国文史出版社
2007 年 12 月出版

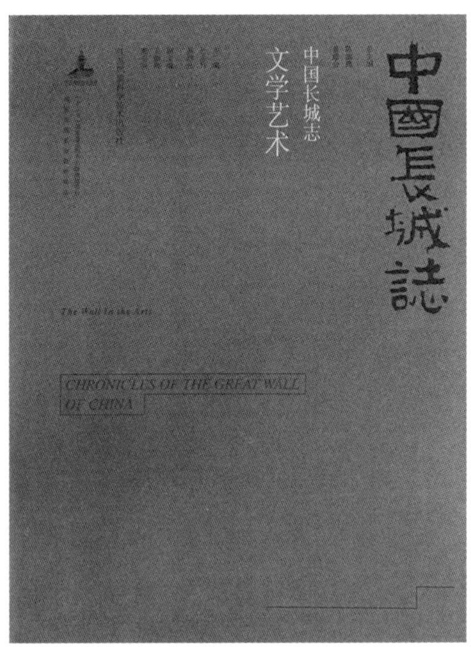

中国长城志 文学艺术
江苏凤凰科学技术出版社
2016年8月出版

秦皇岛实用导游手册
秦皇岛市地方志办公室编
1985年6月印刷

永恒的怀念
共青团秦皇岛市委员会编印
1977年10月印刷

秦皇岛旅游
北京燕山出版社
2001年4月出版

《中国旅游圣地北戴河》的四种外文版本（曹子玉作序）

英文版

俄文版

韩文版

日文版

摄影篇

SHEYINGPIAN

我的摄影

我的摄影，更多的是着重记录，这是一种比笔记更真实、更形象、更能反映我个人感受和寻觅的记录。

半个世纪前我上大学学新闻学时，系里刚开设摄影班不久，新闻摄影的理念就此进入脑海，虽然后来我没有从事专业新闻摄影工作，但总觉得摄影是一种用相机进行瞬间定格的记录，不管这种定格对象是人物还是风物，是静态物件还是动态事件。并且，摄影者是必须直接面对记录对象的，这就比文字记录要多一些辛苦，也多一些成就感。

世上的一切都是变化着的，孔夫子曾站在岸边看着流水说："逝者如斯夫，不舍昼夜。"在岸边看到的流水，委实每时每刻都是不一样的，但摄影，也许能记录下流动变化着的水的瞬间倩影，记录下时光流逝的瞬间印象。当今，借助数字化的摄像录像设备，人们不必再在感光及焦距等方面大伤脑筋就可能摄下自己钟情的景象了。但有一点，就是对过去的情景影像，还是要从过去的照片上认识。

通过摄影，我圆了少年时喜欢涂鸦的念想，也明白了光影的奥妙。我觉得摄影镜头有时比人的眼睛更能捕捉到万物在光的照映下所表现出的不同色彩和形变，而人如能用眼睛观察到这一点并用绘画等手法表现出来，就可成为伟大的艺术家。

通过摄影，我更真切地感受了自己感兴趣并愿意"墨笔操牍"记录下的东西，一幅需直面相对拍摄下的画面所展现的种种，要比文字记录的更丰富更真实，更能引发对画面之外的联想与回忆。

通过摄影，将眼睛的感知和心灵的追求艺术地捕捉、定格、记录下来，以便不断地进行感念、认知和欣赏，充实心智，净化灵魂。这是每个摄影爱好者所以放不下摄影的原因。

这也是我喜欢摄影的缘由。

摄影作品

曲颈向天

1982 年摄于北京动物园

古城

1984 年摄于永平府（卢龙县）西门

渔耘图

1985 年摄于卢龙桃林口河畔

冰幻浮玉盈海湾

2003 年 12 月摄于北戴河西海滩

潮涌

2002 年摄于北戴河

红月

2003 年摄于北戴河

万千白马夺势雄（北戴河鸽子窝观潮）

2004年秋北戴河鸽子窝观潮摄

观于海者难为水

2008年秋摄于北戴河鸽子窝

热闹的海滩

2006 年 7 月摄于北戴河东海滩

悠游的海滩

2000 年 8 月摄于北戴河中海滩

老别墅印象
1993 年摄于北戴河东山

老别墅印象
1983 年摄于北戴河西山

美哉大潮坪

2002 年摄于北戴河鸽子窝

长城盘旋群山巅

2013 年秋摄于金山岭长城

烟雨长城

2009 年摄于慕田峪长城

戈壁长城

1985 年 9 月摄于嘉峪关

长城印象

2013 年秋摄于金山岭长城

壁垒森严

1993 年冬摄于山海关长城

龙腾山脊

2005年摄于河北板厂峪长城

龙驰原野

2009年8月摄于河北抚宁界岭口西段长城

水墨山色

1997 年 1 月摄于黄山

水墨山色

1997 年 1 月摄于黄山

山岚清寂

1997 年 1 月摄于黄山

巨幅神品

1997 年 1 月摄于黄山

绿染山水天

1995 年夏摄于富春江

欸乃一声山水绿

1995 年夏摄于富春江

镜影

1998 年初冬摄于杭州三潭印月

泉

1985 年 9 月摄于敦煌月牙泉

幽深高远

1998年10月摄于四川九寨沟

彩色油画

1998 年 10 月摄于四川九寨沟

童话色彩

1998 年 10 月摄于四川九寨沟

神池奇色
1998 年 10 月摄于四川九寨沟

青城山纪幽
1998 年 10 月摄于青城山后山

准备礼拜

2010 年 8 月摄于青海西宁东大寺

祈愿

2010 年摄于青海日月山

法国波尔多解放纪念柱

2000 年 10 月摄

法国兰斯大教堂大门柱上的圣母像

2000 年 10 月摄

泰晤士河畔

2000 年 10 月摄于伦敦

塞纳河畔

2000 年 10 月摄

莱茵河畔

2010 年 5 月摄

阿尔卑斯山山麓

2010 年 5 月摄

宁静的庄园

2000 年 10 月摄于英国丘吉尔庄园

对称的艺术

2000 年 10 月摄于法国凡尔赛宫花园

广场雕塑

2010 年 5 月摄于佛罗伦萨

街头木偶戏

2000 年摄于荷兰阿姆斯特丹水坝广场

皇宫前的皇家马队

2004 年 11 月摄于泰国曼谷

僧侣用餐

2010 年 5 月摄于罗马

乡情乡愁乡恋

2004 年摄于江苏无锡荡口

后记

时光流淌，不急不缓。

《澄海楼漫笔集》的出版，距《澄海楼漫笔》的出版已经过去22年，距我确立“三观”（世界观、人生观、价值观）的大学时代更有半个世纪了。

这半个世纪，中国社会变化之大出乎世人所料，努力真实地记录下这种变化和这种变化对自己的影响以及自己的思考和感悟，得益于我读过的许多书、经历过的许多事、接触过的许多人。

上中学时，很喜欢颂读范仲淹的《岳阳楼记》，其文的最后一段更是印象深刻，影响深远：“嗟夫，予尝求古仁人之心，或异二者之为，何哉？不以物喜，不以己悲，居庙堂之高则忧其民；处江湖之远则忧其君。是进亦忧，退亦忧，然则何时而乐耶？其必曰‘先天下之忧而忧，后天下之乐而乐’乎。噫！微斯人，吾谁与归？！”

一位受人敬重的前辈，1938年参加革命的老共产党人曾给子女书赠他的《自律诗》：“修身敬业，自强不息，耻谋权贵，秉心唯常。”今恭录于此，谨记以诫勉。

“老至才感多无奈，更觉名利是浮云。”《澄海楼漫笔集》倘能博得同道朋友、知心读者拨冗一顾，会心一哂，也便是遂愿的一件快事了。

大道之行，天下为公。

2018年辞酉迎戌际